経営課題改善
実践マニュアル

魅力的な
課題達成法
を目指して

AFFINITY DIAGRAM METHOD
ANALYSIS OF VARIANCE
ARROW DIAGRAM METHOD
BENCHMARKING
CHECK SHEET/MATRIX
CONTROL CHART
CUSTOMER RELATIONSHIP MANAGEMENT
DATA ORIENTED APPOACH
FAILURE MODE EFFECT ANALYSIS
FAULT TREE ANALYSIS
GRAPH
HISTOGRAM
MATRIX DIAGRAM
MATRIX DATA ANALYSIS
NDUSTRIAL ENGINEERING
PARETO DIAGRAM
PORTFOLIO ANALYSIS
PROCESS DECISION PROGRAM CHART
QC SEVEN TOOLS
QUALITY FUNCTION DEPLOYMENT
QUALITY-TABLE, NECK ENGINEERING, AND PDPC
REGRESSION ANALYSIS
RELATION DIAGRAM
SCATTER DIAGRAM
SEMANTIC DIFFERENTIAL SCALE
TREE DIAGRAM
VALUE ENGINEERING

猪原正守・今里健一郎 編著

日本規格協会

執筆者（五十音順）

猪原　正守　（大阪電気通信大学教授）
今里健一郎　（ケイ・イマジン代表）
高木美作恵　（シャープ株式会社）
西　　敏明　（岡山商科大学助教授）
山岸　　優　（株式会社ティー・ディー・エス）

推薦の言葉

　このたび，畏友，猪原正守教授と今里健一郎氏の，共編著になる好著「経営課題改善実践マニュアル―魅力的な課題達成法を目指して―」が出版されたことを，友人として心から喜びたい。

　猪原教授は，大阪電気通信大学・総合情報学部・教授として，多年，21世紀を目指す品質管理，経営管理技術の研究・教育に従事され，多数の後進を育成されてきた。また，多くの関連学会や，多数の企業・団体との共同研究も実施され，多大な成果をあげておられる。その実力には，定評があり，関連分野において，極めて著名な方である。

　いま一人の共編著者である，今里健一郎氏は，多年関西電力株式会社において，同社の全社的品質管理の推進，管理技術の教育・指導の第一線において，同社の管理技術の発展に多大の貢献をされてきた。退社後は，多くの企業指導に活躍されている。ここ数年，「標準化と品質管理」誌に，「ソリューション・ツール・アラカルト」として，様々な管理技術を，要約，連載し，好評を得ておられる。

　更に，3名の学界，企業のベテラン共著者を得て，特に情報技術の導入，多様な事例の紹介など，内容の深みと厚みの増大に大きく寄与している。

　本書を拝見して，推薦者は，本書の有用性を確信し，本書が，多くの方々に読まれ，各方面で活用されることを期待している。

　一般に，品質管理界では，問題と課題が区別されてきた。前者は，不良・不具合の発生後における，それらの解決を目的とする。後者はいまだ発生してない，将来の発生問題の予見・予防や，社会変化への企業の効果的対応などの予測・予見型の問題解決を意味するとしている。ただし，現在においても，問題・課題の解決は，両者とも必要であるが，その内容が，近年ますます複雑多岐にわたりつつある。

　例えば，自社内に加え，国内企業との協力・競合，更にはその国際的広がり

が，増大している．これに従い，管理技術が従来の下位の職層から，管理職，経営トップに至る，経営運営の道具として，その重要性が増大している．その理由は，経営者の優れたリーダーシップによる，長期的経営戦略・方針の確立が根本であり，それらの全組織（第一線を含む）への具体的展開・実行・成果の確保に，管理技術が不可欠であり，重視されることによる．これに伴い，全社各部門の協業，そのための情報の共有などが図れる．

このような状況に鑑み，企業の抱える課題は，従来の，問題・課題の単純層別では済まない状況にある．すなわち，問題解決の過程に課題が発見され，課題解決の過程で，多様な問題に遭遇するなど，多種類の問題・課題の組み合わせパターンが認められて来ている．これに伴い，従来の品質管理手法に加え，多様な管理技術の活用が要請されている．更に従来は，各管理技術が，ばらばらに教育され，その活用に総合性を欠く面も散見されてきた．

著者等は，上述の時代変化に対応した，総合的な問題・課題解決を企図し，本書において，それ等の解決法を"魅力的な課題達成法"と命名，マニュアル化して使いやすく提案しておられる．もちろん，その完成は，今後の問題・課題の一層の複雑化に従い，更にその内容が，豊富化・発展することと期待している．

本書を拝見して，魅力的な課題達成法は，従来の，QC七つ道具，新QC七つ道具，各種統計手法，信頼性手法，各種創造性発想法，IT技術などが，著者等の提案されている"魅力的な課題達成法"の各ステップに，見事にちりばめられていることを感じる．更に，それらが，読者の活用の便を考え，見事にマニュアル化され，効果的な事例と共に，読者の理解を高める工夫が随所に見られる．

本書が，今後の企業経営において，重要な様々な問題・課題の解決に，真摯に取り組んでおられる，企業の全ての方々に，読まれ，活用されることを期待して，推薦の言葉としたい．

平成15年11月

大阪電気通信大学名誉教授

納谷　嘉信

本書の発刊にあたって

1. 魅力的な課題達成法を目指して

　供給過剰による市場の成熟化はお客様ニーズの多様化，インターネットによる情報化の急進，規制緩和の動きと相まって，各企業では経営戦略の建て直しを余儀なくされてきている。従来は，「お客様を満足させる」という企業側からの発想で商品やサービスを提供してきた。このお客様を満足させるという「お客様ニーズ」は，マスプロ的な調査による結果から導き出された，いわゆる人気商品やサービス，ベストセラーといった世間の平均的な尺度で評価してきた。

　需要が供給を上回っていた時代には，それでも販売すれば売れたものも多い。しかし，このもの余り時代において，お客様ニーズの多様化に応えていくには，今までの考え方を変えなければならない時代になってきている。そのために企業側では，お客様に要求ニーズを求めていくのだが，お客様にとっても何が欲しいのかを具体的に表現することはできないのが実態である。

　そこで，漠然としたお客様の声や評価から企業としての問題を探し出し，この問題を解決するための課題を設定し，そしてこの課題を達成するための経営課題改善テーマを見つけ出さなくてはならなくなってきている。この段階「課題を生成する段階」では，言語情報の活用を基本としている課題達成的なアプローチが有効である。

　一方，従来から現場第一線に顕在化した問題に対し，仕事の結果として発生している不具合を問題と考え，その原因を明らかにした上で，最も大きく影響しているものを特定する。そして，その重要原因に対して対策を施し，本当に効果があるかどうかを確認した上で，同じ原因による不具合が再発しないように歯止めをかけるといった一連の活動，つまり，QC的問題解決法を行うことによって，職場に発生している問題の再発防止を図ってきた。

　ところが近年，改善活動で取り扱う問題も広がりを持つようになり，自部門

だけでは解決することが不可能であり，関連する部門間にまたがるように広がりを持つようになり，問題そのものが国際的にグローバル化するようになってきている。さらに，昨今のマスコミを騒がしているように，現場で発生した問題が現場だけでなく経営の問題として取り扱われるようにもなってきている。これは，一見，単純なように見える問題の根っこを探ってみると，結構複雑にいろいろな潜在的要因が絡み合って発生してきているため，もぐらたたき的対症療法では真の問題解決に至らない。

そこで，取り上げる問題や課題が見つかれば，すぐに対策を考えるのではなく，まず，問題や課題の特徴や生み出している背景，さらには，この問題や課題に関連する他の問題などを解明することから取り組むべき方向性を考えることも望まれてくる。この段階「課題の構造を明らかにする段階」では，数値情報を解析することによって情報を得る問題解決的なアプローチが有効になってくる。

さらに，取り組むべき方向性が明確になったとしても，ありきたりの対策ではお客様は満足し得ない。仮に，お客様が満足するような商品やサービスを提供できたとしても，価格が満足し得なければ受け入れられない。つまり，「高品質だが低価格」な商品やサービスが受け入れられる時代になってきている。

企業側がこの要求に応えていくためには，高品質と低価格化を同時に達成していくとともに，企業側の利益も確保していかなければならない。そのため，単なる商品の改善ではなく，その商品を生み出している仕事のシステムやその仕事に従事している社員の能力レベル段階での改善，それも思い切ったしくみの改善案が必要になってくる。これらの要求を満たすには，いろいろな発想法の活用やベストプラクティスを探求するベンチマーキングなどの方法を取り入れることによって成し得ることになる。また，仕事のやり方をスクラップ・アンド・ビルドという考え方にのっとって，プロセス改善を行うことから課題を達成していくことになる。この段階「対策を具体化する段階」では，課題達成的なアプローチだけでなく，ベンチマーキングやプロセス改革などのいろいろなアプローチ方法が有効になってくる。

以上の三つの段階に分けて企業が抱える問題や課題を達成していくアプローチ方法，数値情報の活用を主とした問題解決型アプローチと，言語情報の活用を主とする課題達成型アプローチの考え方を融合した新しい方法論である「魅力的な課題達成法」を確立することを筆者達は現在，目指しているところである。この「魅力的な課題達成法」は，いまだ完成に至っていないが，本書でその概念なるものを紹介し，皆様方の御批判を受けて，完成させていこうと考えている次第である。

2. 本書の構成

本書は，魅力的な課題達成法を3部構成で紹介する。

第Ⅰ章は，「問題と課題の広がりに対応して」として，企業が取り組まなければいけない問題や課題が従来に増してグローバル化し，広がりを持ってきている。つまり，現場の問題が，今は経営の問題として扱われるようになってきている現状に対する方法論を述べている。

第Ⅱ章は，「魅力的な課題達成法の概念と体系」として，「魅力的な課題達成法」として提言するには，まだまだ道のりは遠い。しかしながら，各方面で取り組まれている活動内容を取りまとめることによって，問題解決のいいところと，課題達成のいいところを取り入れた「魅力的な課題達成法」をまとめることを目指している。現在の時点でまとめてみたものは，経営層から現場第一線の人たちまで使え，また業務の中でも使えるものであると思われる。この「魅力的な課題達成法」の概念と体系をこの章で紹介している。具体的な展開は，第Ⅲ章に詳しく紹介しているが，忙しい方は，まず，この章を一読されたい。

第Ⅲ章は，「魅力的な課題達成法の具体的展開」として，提案を目指すアプローチ方法の具体的な適用手順について紹介している。具体的には，テーマを設定するシステム，テーマを取り巻く構造を明らかにし，要因を解明するシステム，対策を立案し，最適策を選定するとともにこれを実行するシステムの個々の局面に有効な方法を詳細に説明している。そのため，方法ごとに具体例

によって実際的な概念を読者の方々に示すように配慮した．さらに，各システムの考え方と実際手順を解説し，いくつかの留意事項を述べている．さらに，Microsoft 社の Excel を活用した手法を視覚的に作成するための具体的な手順についても解説を加えている．

また，本書では，執筆に際して次の五つのことに力点をおいたつもりである．

1. 基本を必ず強く言う
2. 応用についての考察を述べている
3. Excel を使っている
4. 手法の紹介が多い
5. 初心者から応用者まで使える

注）Microsoft Excel は，マイクロソフト社の登録商標です．
　　本書中では，™, ®マークは明記しておりません．

3. 謝　辞

本書のドラフトは，財団法人日本規格協会における品質管理セミナー「課題達成へのアプローチコース」におけるテキストとして作成され，改訂を重ねてきたものである．したがって，本書を執筆するに際して，筆者達が研究会で参考にさせていただいたすべての参考文献の著者，上記セミナーにおいて貴重な事例を作成いただいた受講生の方々に対して感謝申し上げる．また，本書の出版に際して貴重な事例をご提供いただいた関西電力株式会社，シャープ株式会社，太陽工業株式会社，株式会社ティー・ディー・エス及び日産自動車株式会社の各社に対してお礼申し上げる．

さらに，これまで筆者達をご指導いただいた品質管理の諸先生，特に，筆者の一人が品質管理と出会って以来，その理論と実践について基礎から丁寧にご指導を頂いた大阪電気通信大学の納谷嘉信名誉教授に心からお礼を申し上げる．

最後に，経営に貢献する新しい品質管理のための手法を開発することを企画

し，研究会の発足にご尽力いただいた（元）財団法人日本規格協会事務局次長・北川清一氏，本書の編集，校正はもちろん企画で強力な推進役を果たしていただいた財団法人日本規格協会関西支部次席専門職・古川静男氏に厚くお礼申し上げたい．

　平成15年11月

編著者　猪原正守・今里健一郎

目　次

推薦の言葉 …………………………………………………………… 3
本書の発刊にあたって ……………………………………………… 5

I. 問題と課題の広がりに対応して

1. 問題解決とは何か ……………………………………………… 15
   (1)　問題とは何か ……………………………………………… 15
   (2)　問題とアプローチ ………………………………………… 15
2. 課題達成法の適用事例 ………………………………………… 17

II. 魅力的な課題達成法の概念と体系

1. 企業が取り組む課題とそのアプローチ方法 ………………… 23
   (1)　発生している問題の問題解決 …………………………… 23
   (2)　ありたい姿を追求する課題達成 ………………………… 25
   (3)　活動の目的から見た課題達成の分類 …………………… 28
   (4)　効率化やコスト低減のためのアプローチ方法 ………… 31
   (5)　売上高増加やお客様満足度向上のためのアプローチ方法 ……… 33
2. 魅力的な課題達成法の概念とアプローチ方法 ……………… 35
   (1)　テーマの設定 ……………………………………………… 37
   (2)　テーマの構造を解明する ………………………………… 39
   (3)　テーマの構造をギャップ表によって解明する ………… 46
   (4)　対策の立案 ………………………………………………… 47
   (5)　対策の実行 ………………………………………………… 51
   (6)　効果の確認 ………………………………………………… 52

(7)　歯止めと標準化 ……………………………………………… 54

III. 魅力的な課題達成法の具体的展開

1. 課題からテーマを設定する ……………………………………… 57
   (1) 経営方針からテーマを設定する方法 ……………………… 59
   (2) 経営戦略の議事録からテーマを探す方法 ………………… 63
   (3) 親和図法でお客様ニーズから課題を抽出する …………… 64
       1) 親和図法とは ………………………………………… 64
       2) 親和図の作図手順 …………………………………… 64
       3) エクセルによる親和図の作図手順 ………………… 69
   (4) 目標の設定 …………………………………………………… 73
2. 現状を把握する …………………………………………………… 77
   (1) 課題の構造を明らかにする方法 …………………………… 77
   (2) 背後の問題を考える ………………………………………… 78
       1) 連関図の作図手順 …………………………………… 79
       2) エクセルによる連関図の作図手順 ………………… 81
   (3) 課題の特徴を考える ………………………………………… 87
       1) グラフから情報を得る ……………………………… 87
       2) 重要課題を抽出するパレート図 …………………… 88
       3) ばらつきをみるヒストグラム ……………………… 98
       4) 統計的方法の活用 …………………………………… 109
   (4) 問題の相互関係を把握する ………………………………… 117
       1) 二つの関係をみる散布図 …………………………… 117
       2) 相関係数 ……………………………………………… 119
       3) 相関分析 ……………………………………………… 120
       4) 回帰分析 ……………………………………………… 124
   (5) 問題の構造を図示する ……………………………………… 124

(6) 現状と要望からギャップ表を作成する ………………………… 125
　　　　1) ギャップ表の作図手順 ……………………………………… 127
　事例　バキュームサーボブレーキ真空容量実験の予測型開発化
　　　　への挑戦（日産自動車）………………………………………… 132
3. **対策を立案する** ……………………………………………………… 141
　(1) 系統図による方策の立案 ………………………………………… 142
　　　　1) エクセルによる系統図の作図手順 ………………………… 143
　(2) 系統図で整理して弱点箇所を再検討 …………………………… 147
　(3) 対策系統図による最適策の選定 ………………………………… 148
　(4) アイデアを発想する ……………………………………………… 149
　　　　1) 発想には固定観念の打破が必要 …………………………… 149
　　　　2) 固定観念を打破するには …………………………………… 150
　　　　3) 発想法による想像力の発揮 ………………………………… 151
　　　　4) 発想チェックリスト法とは ………………………………… 152
　　　　5) 焦点法とは …………………………………………………… 155
　　　　6) 組合せ発想法とは …………………………………………… 157
　　　　7) アナロジー発想法とは ……………………………………… 157
　(5) ベンチマーキングによるベスト・プラクティスの追求 ……… 160
　(6) 絡み合った課題をマトリックス図で解明 ……………………… 166
4. **対策を実行する** ……………………………………………………… 173
　(1) こだわりを持って対策を実施する ……………………………… 173
　(2) 必ずやれるという思い込みが課題を実現 ……………………… 174
　(3) 品質機能展開表（QFD）による製品の実現化 ………………… 175
　(4) PDPC（過程決定計画図）による不測事態の打破 …………… 176
　　　　1) エクセルによるPDPCの作図手順 ………………………… 178
5. **プロセスを改革する** ………………………………………………… 181
　(1) プロセス改革とは ………………………………………………… 181
　(2) アロー・ダイヤグラムによる工程短縮の検討 ………………… 181

- (3) アロー・ダイヤグラム法の作図方法 …………………… 183
  - 1) 日程計算の方法 …………………………………… 184
  - 2) エクセルによるアロー・ダイヤグラムの作図手順 ……… 185
- (4) プロセス改革の方法 ……………………………………… 187
  - 1) プロセスマッピングで業務プロセスの問題点を抽出する · 187
  - 2) DOA（Data Oriented Approach）によるプロセス改革 ·· 188
  - 3) 複数の工程を並列化し，工程の短縮を行う ……………… 189
  - 4) 複数の工程をまとめてミスをなくす ……………………… 190
- 事例　プロセス改革で大幅な効率化を実現した事例テーマ：
  通信線配電柱共架「設備貸借業務」（関西電力）………… 191

6. 効果を把握する …………………………………………………… 197
- (1) 効果を把握するとは ……………………………………… 197
- (2) FMEAとは ………………………………………………… 200
- (3) 改善の結果はアウトプット，本当の成果はアウトカム ………… 201
  - 1) 本当の成果を何で評価するのか ………………………… 201
  - 2) アンケートによるアウトカム評価の方法 ……………… 202
  - 3) 仮説は結果系指標と要因系指標で考える ……………… 202
  - 4) 質問は，SD法で設計する ……………………………… 203
  - 5) アンケート結果の重回帰分析 …………………………… 205
  - 6) エクセルによる重回帰分析の解析手順 ………………… 206
  - 7) ポートフォリオ分析 ……………………………………… 214
  - 8) エクセルによるポートフォリオ分析の解析手順 ……… 215

おわりに …………………………………………………………………… 221
参考文献 …………………………………………………………………… 222

I
問題と課題の広がりに対応して

1. 問題解決とは何か

(1) 問題とは何か

問題とは，「望ましい状態と現実との間に差が存在すること」と定義される[1]。例えば，

① 新製品の市場クレームや工程内不良は0であるべきであるが，現実にはクレームや不良がある場合，そこには「問題」が存在している。

② 企業が品質保証を確実に実施するためには，現場第一線における改善提案が積極的に提案され，モラル向上や不具合再発防止につながっていることが望まれる。しかし，現実には改善提案が出ないとすれば，「問題」が存在する。

③ 新製品の開発が期待される納期で開発できることが望ましい状態であるけれども，現実には設計変更に伴う納期遅れが発生しているとすれば，そこには「問題」がある。

④ 中国をはじめとする生産拠点の海外移転が加速する中で，生産性を数倍増できる生産体制の構築が望まれている。しかし，現実には，従来の流れ生産方式からU字生産を実現するための多能工化が遅れているとすれば，そこには「問題」がある。

このような「問題」は解決されなければならない。すなわち，解決のためには有効な手段を講じなりればならない。

(2) 問題とアプローチ

問題解決とは，「現実の状態から望ましい状態に到達するための手段を与え

ること」であることが分かった。また，問題には，前節の①で紹介したような発生した悪さや不具合を解決し，その原因を再発防止しなければならないという問題と，②のように"あるべき姿"を実現しなければならないという問題と，③や④のように，未来の"ありたい姿"を実現しなければならないという問題がある。なお，「問題」には，いくつかの種類がある[2)~4)]。ここでは，納谷教授による次の分類を採用することにする。

［発生型の問題］

大雨による雨漏り，工程での不良品発生，市場でのクレーム発生，テクニカルセンターにおける補給品の欠品発生などのように，現実に悪さや不具合が発生している問題。

［予測・予見型の問題］

長期間を要する新素材開発などにおいて，望ましい状態を実現するため，予想されるトラブルを予測・予見することで，これを予防，克服して効率よく目的を達成する問題。

問題には，前節③，④のように"ありたい姿"を構築してこれを達成するものと，②のように"あるべき姿"を明確にして，これを解決するものとがある。ここで，"あるべき姿"と"ありたい姿"は，現在の状態と未来の望まれるレベル及び想定される未来の状態との比較によって，図0.1のように理解することができる。

ところで，問題の解決を行うためには，従来の延長線上に対応策を求めるアプローチと，従来の延長線上では対策案が求まらないために，全く新しいシステムや仕組みの構築によって対策を構築するアプローチとがある。

例えば，「新製品売上高の倍増をめざす」，「従来の開発日程を半減する」といった問題に取り組むとき，従来の新製品開発システムやしくみを温存したままで，解決策を導くことは不可能に近い。そのような場合，全く新しいシステムや仕組みの構築によって解決を図らなければならない。

本書では，このように，これまでの延長線上では解決策を求めることができない状況で，全く新しいシステムや仕組みを構築することによって解決策を求

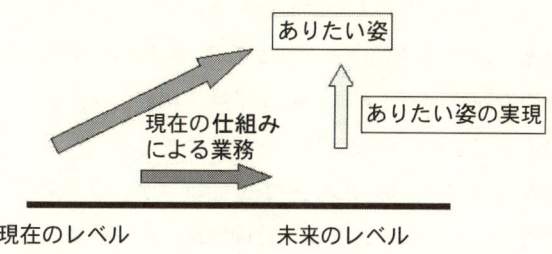

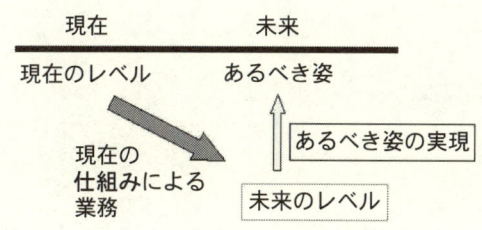

図 0.1 「ありたい姿」と「あるべき姿」

める問題解決のアプローチを"魅力的な課題達成法"として考えてみることにした。

2. 課題達成法の適用事例

　大学生が数理統計学の問題を解くためには，数学や確率統計学に関する基礎知識が必要である．自動車のディスクブレーキ鳴き問題を解くためには，機械工学，金属工学などの専門知識が必要である．また，製造条件の最適制御問題を解くためには，専門技術と実験計画法などの高度な数理統計学の技術（これも一つの固有技術である）が必要である．

　また，卵焼きをつくる場合であれば，工程の全貌を見ることができる上に，工程の状態に応じて対処できることから固有技術のみで対応できるかもしれないが，半熟ゆで卵を作る工程では，工程の中に見えない部分があるため，作業工程をマネジメントする作業標準などのしくみがなければ，たとえ熟練したプ

ロでも，固有技術のみでは対応できないことがある。

　企業における問題は，工程の全貌が見えない問題や全員が熟練者ではない人々の協同によって解決活動が推進されることがある。そのため，固有技術や経験のみによって問題の解決を行うのではなく，多くの人が活用して効率的に問題を解決するためのシステムや仕組みが必要である。

　本書では，従来の延長線上に問題解決策を求めることができない問題に対して，全く新しいシステムや仕組みの構築を求める"課題達成法"を進めるための手順を，

① 課題を生成する段階
② 課題の構造を明らかにする段階
③ 対策を具体化する段階

の三つの段階に区分して紹介する。

　まず，"課題達成法"に対する理解を深めるために，従来の延長線上に解決策を求める事例を紹介する。

　事例1　ある工場では，複数の製品（A, B, C, D, その他）を生産しており，あるQCサークルが「工程内における不良率の低減」という問題をとりあげ，改善活動を行った。まず，現状を把握するため，製品別の不良品発生件数をパレート図に整理したところ，図0.2の左図のようになっていた。そこで，製品Aの不良現象別パレート図を作成すると，図0.2の右図ように，「バリ不良」が最も発生頻度が多いことから，「製品Aにおけるバリ不良の低減」をテーマに設定して問題解決活動を行っている。

　次に，従来の延長線上には解決策を求めることができない問題に対して，新しいシステムや仕組みの構築を行うことによって問題を解決した事例を紹介する。

2. 課題達成法の適用事例

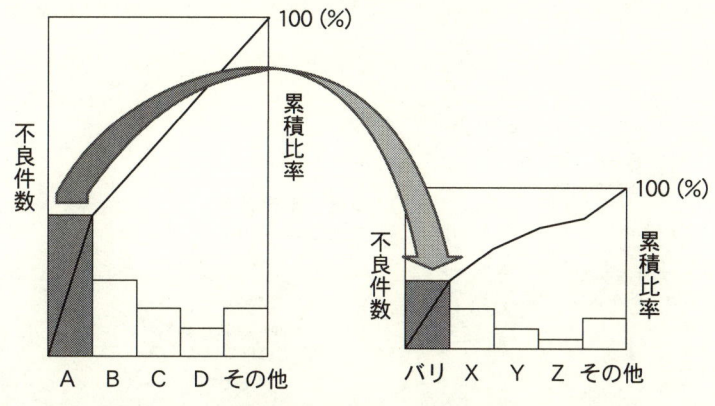

図0.2 問題とテーマの関係

事例2 ある会社で，"新商品Xの売上向上"という課題を設定した。まず，支店別，顧客業界別の売上計画値と実績値のデータを入手し，支店別あるいは顧客業界別に**層別**して整理すると，商品Xのある系列X-1がR業界において売上未達であることが分かった。そこで，この原因を**連関図**によって追求するため，営業マンの**生の声**を収集したところ，「現在の技術サービス支援マニュアルがP業界のお客様にとって専門性が強い」ということが分かった。

しかし，「技術サービス支援マニュアルをP業界のお客様向けにする」という対策で課題が解決できるほど構造は単純でない。事実，これまでに

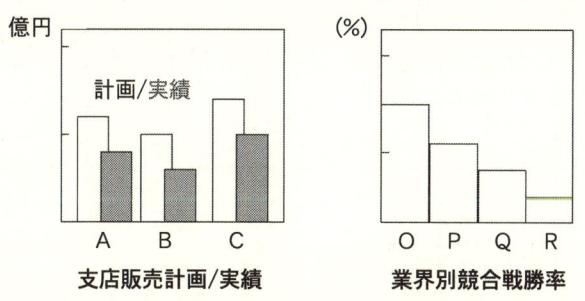

図0.3 支店別販売計画/実績と業界別競合戦勝率

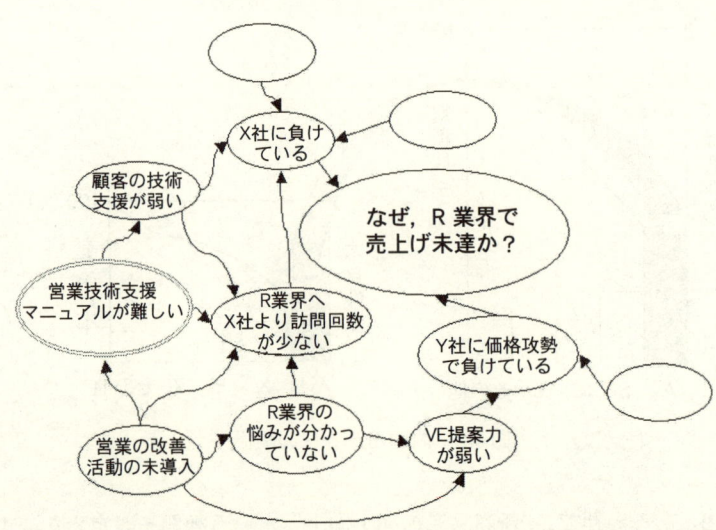

図 0.4 「なぜ，R 業界で売上げが未達か」の連関図

もお客様ニーズを反映するため，技術支援マニュアルの改訂を繰り返してきている。問題は，これまでの努力によっても，お客様技術支援に役立つマニュアルが整備できていないことであって，何か隠れた根本原因が存在していることが考えられる。

そこで原点に立ち返って，お客様や営業マンのニーズとマニュアルで記

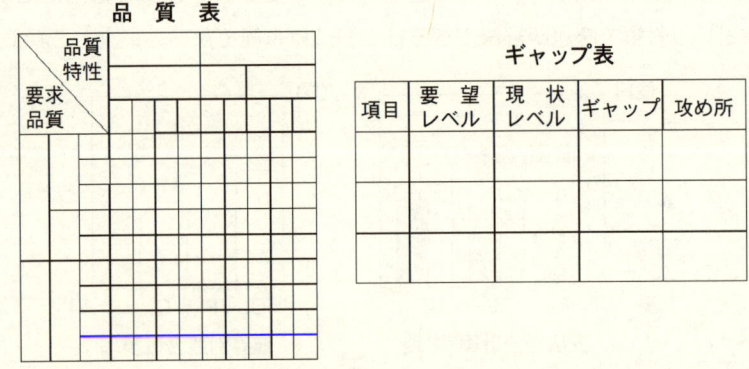

図 0.5 品質表とギャップ表

述すべき内容を**品質表**に整理し，行と列の各交点に，これまでに取り組んできたこと対策を記述することにした．その結果，お客様や営業マンのニーズと対策の間にずれがあることが明らかとなった．しかも，それは，これまでの対策が，「望まれる対策」ではなく，「実施できる対策」になっていたことが原因であることが明らかとなった．すなわち，対策に対する要望レベルと現状レベルの間に**ギャップ**があることが明らかとなった．

そこで，このギャップが発生する根本原因を追求するため，ギャップの発生項目毎に，**ギャップ表**を作成して，攻め所を明らかにすることで，対策すべき内容を明確にした．

事例3 ある会社の経理部門におけるQCサークルでは，部門方針である「さらなる業務の効率化」を受けて，「日常業務の見直しによる経理業務の処理時間半減」をテーマとした活動を行うこととした．

現在の業務に不具合があるわけではないが，目標を達成するためには，現在の業務における実態を把握することが必要である．そこで，各業務における処理時間を収集したところ，いくつかの業務において標準処理日数を短縮しなければならないことが分かった．

しかし，これらの業務における処理時間を短縮することで，業務全体に影響が発生する可能があったため，経理処理工程における業務内容を処理工程ごとに整理し，業務に要請される目的と，その目的が達成されているかどうかを測る特性値を業務品質保証表（表0.1）として整理した．

I. 問題と課題の広がりに対応して

表 0.1 業務品質保証表

工程	業務内容	保証項目	特性値	要望レベル	現状レベル	攻め所
A	A-1	A-1-1				
		A-1-2				
	A-2	A-2-1				
		A-2-2				
		A-2-3				
B	B-1					

　その上で，特性値ごとに，要望レベルと現状レベルから発生しているギャップを明らかにし，重要なギャップを解消するための対策を系統図によって追求することで，具体的対策を明らかにしている．

II
魅力的な課題達成法の概念と体系

1. 企業が取り組む課題とそのアプローチ方法

(1) 発生している問題の問題解決

　私たちが仕事をしていくなかで，仕事とは一体何をすることなのかということを意識することは少ないかもしれない。しかし，仕事がうまくいかないと感じ，うまく進めるための方法が欲しいと思っている人は多いのではなかろうか。そのような人にとっては，「仕事とは問題解決そのものである」ということの意味を理解し，問題解決のための方法を修得することが大切である。

　事例A　K社のS営業所では，販売代金を口座振替えする事務手続きにおいて，お客様の代金口座振替申込書への記載間違いが多く，事務処理の遅れなどによってお客様にご迷惑をおかけしていた。そこで，記載間違いを見つける都度，その間違い箇所の訂正をお願いするのではなく，「なぜ記載間違いが多いのか」について，お客様の立場から申込書のもつ不具合を解消する活動を行うことで，再発防止を行った。

　事例B　L社のT営業所では，お客様から「お宅の営業所では，電話をかけても担当者が電話口に出るまでに時間がかかって不愉快だ。もっと早く電話に出てほしい」という苦情が多く聞かされていた。そこで月別の電話受付実態を把握するため，担当者を決めて電話を受けてから担当者が電話口に出るまでの時間を測定することにした。つまり，お客様担当営業係の者が不在なときと，そうでないときの時間を層別してヒストグラムにすることで，担当営業係の者が不在なときに時間を要していることが判明した。

そこで,「なぜ,お客様担当者が不在なのか」について「なぜ」,「なぜ」と5回繰り返すことで,その根本原因を解消することができた。その結果,電話を受け付けてから担当者が応対するまでの時間短縮が図られ,お客様からのお褒めの言葉をいただけるようになった。

これらの問題解決では,図1.1における問題解決の手順が採用される。まず,顕在化している不具合(悪さ加減)を表す特性値と,不具合を構成する問題を明らかにする。その上でパレート図などを用いて,不具合に対して最も重要な問題を明らかにする。そして特性要因図などを用いて,この重要問題を発生させている要因を追求し,ヒストグラムや散布図,あるいは統計的手法などを活用することで,浮かび上がった重要要因と特性値との因果関係を検証する。これら一連の因果関係の解析によって明らかとなった要因に対して,その因果関係を解消するための対策を実施する。さらには,成果のあった対策を定着させるための標準類を整備し,関係者に対する教育・訓練を実施することで対策の恒常的な成果につなげる。これが一般にいう「問題解決型のアプローチ」である。

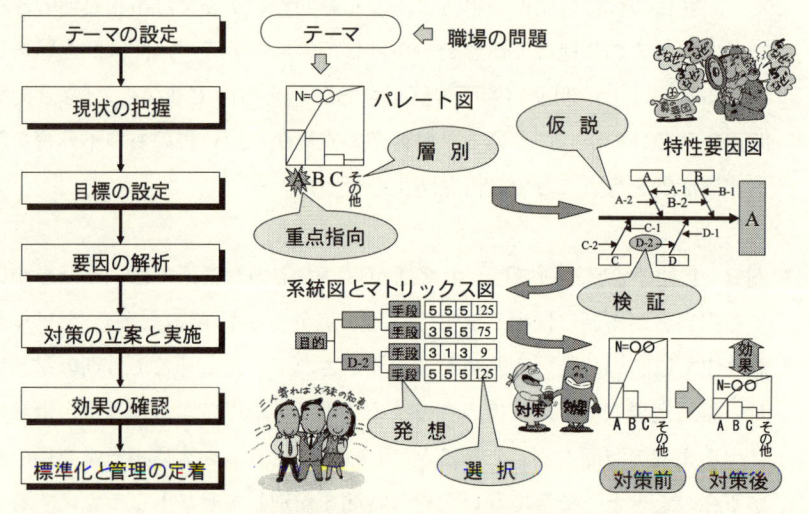

図1.1 問題を解決するための基本的な手順

(2) ありたい姿を追求する課題達成

こういった発生している問題に対する改善活動を永年にわたって実施してきた結果，多くの問題が解消されてきた。そのため，これからの活動には，

○潜在している問題の顕在化を図る活動

○不透明な社会・政治情勢の動向，企業環境の変化などに対応して発生が予想される問題への対応

○お客様要求の多様化・個性化によって要求される業務を実現するために潜在している問題の顕在化

○業務の大幅な現状打破，あるいは一歩踏み込んだお客様への対応を実現するための新しい発想の提案とその推進を阻害する要因の予測・予見による対策の効率的で確実な実施

など，従来の発生している悪さ加減から出発するのではなく，図1.2のように経営方針や社会情勢の変化から達成すべき課題を明らかにし，これを達成していく活動が期待されている。

こういった課題を達成する活動においては，これまでの問題解決型アプローチだけではうまくいかないことがある。まず，解決を迫られている問題自体が

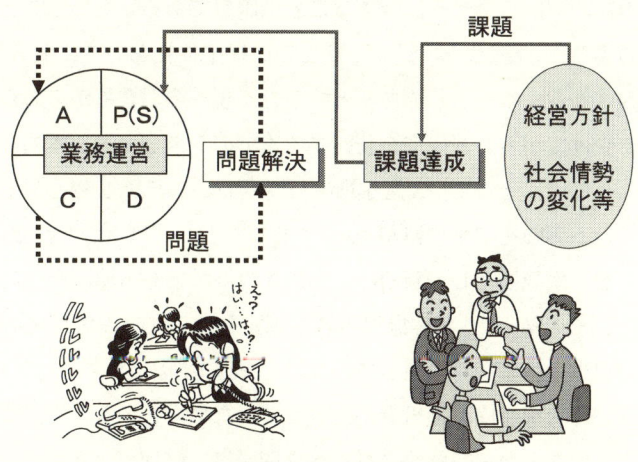

図1.2　問題解決と課題達成

明らかになっていない。そこでは，ありたい姿を実現する上で障害となる問題を顕在化し，これを解決することが重要である。

具体的には，私たちが仕事を行う上で"こうありたい"という"ありたい姿"を創造するとか，私たちの業務は本来"このようにあるべきである"という"あるべき姿"を設定することから始まる。そして，この"ありたい姿"や"あるべき姿"を阻害している要因を明らかにする。次に，それらの要因に対する現状レベルと要望レベルとのギャップを発生させている要因を顕在化することで，解決すべき問題が明らかとなる。この様子は，以下の2事例で示される。

事例C Y営業所の技術センターにかかってきたお客様からの修理依頼電話に対して，担当者がお客様宅に出向いたところ，交通渋滞でお客様宅に到着するのが遅くなり，ご迷惑をおかけした。調べてみると，このお客様の地域は曜日や時間帯によって交通渋滞がひどく，平均の到着時間は40分であるけれどもばらつき（標準偏差）が20分もあることが分かった。ここで，「担当者がお客様宅へ到着までの時間のばらつきを低減する」というテーマで取り組もうとすると，「交通渋滞のあるのは外的要因が支配的で，本質的なばらつきを低減することは困難である」ということになる。

この場合，"ありたい姿"は，「この前提条件において，お客様宅へ20分以内に到着すること」であるとすると，現在のお客様からの電話による要請を受けてからお客様宅を訪問するまでのシステムを抜本的に変えなければならない。そこで，X営業所では，現行システムを変える上で障害となっている問題を"平均値が40分であること"，"ばらつきが20分であること"を一次要因とし，新QC七つ道具の一つである連関図法によって追求した。その結果，「お客様担当者が固定していて，お客様宅の近くにいる別の担当者に応援を依頼していない」，その原因として，「担当外のお客様設備修理状況を修理担当者が把握していない」ということが明らかとなった。このことから，解決されるべき問題は，修理担当者がすべてのお客様設備修理状況を把握できていないことから，担当者ごとでも設備修理技

術力とお客様設備修理状況周知度をアンケート調査することで，テーマ解決に成功した。

事例D Z警備保障機器メーカーのU支社では，最近のコンピュータやインターネットなどの導入によって，お客様対応のあり方が変わろうとしている。そこで，U支社では，「2年後のわが社におけるお客様対応はどうあるべきであろうか？」ということを考えることにした。しかし，2年後のお客様対応がどのようになっているかは分からない。そこで最初に，2年後のお客様対応について，"ありたい姿"を明らかにすることから始めた。

そこで，これまでにお客様対応の際に寄せられた要望やお叱り，新聞や関連技術情報誌に掲載された情報などを言語データとして整理し，新QC七つ道具の一つである親和図法によって分析した。その結果，24時間いつでも対応できることを"ありたい姿"として抽出した。しかし，24時間の完全なお客様対応は困難であった。そこでお客様の要望を詳細に分析した結果を対応内容別パレート図に表現し，設備故障復旧マニュアルで処理できる内容が80%を占めていることを明らかにした。そして，"なぜ既存の整備復旧マニュアルで対応できないか"を特性要因図を用いて明らかにし，抽出された重要要因と未対応事例数の因果関係をパレート図で解析することで明らかにしている。なお，U支社では，"お客様第一"との基本的な考えから，マニュアル整備のみでは解決できない根本的な問題を新しい発想によって解決することに成功している。

これらの2事例に共通しているのは，現状の不具合データを取って，その要因分析を行うのではなく，まず"ありたい姿"を明らかにし，その現状レベルと要望レベル差を比較することで，達成すべき課題を設定する活動になっている。また，抽出された重要要因と課題に対する特性値との因果関係を定量的に解明することを必要とすることである。その意味で，図1.3に示した問題解決型のアプローチと課題達成型のアプローチを折半した課題達成のための方法論

II. 魅力的な課題達成法の概念と体系

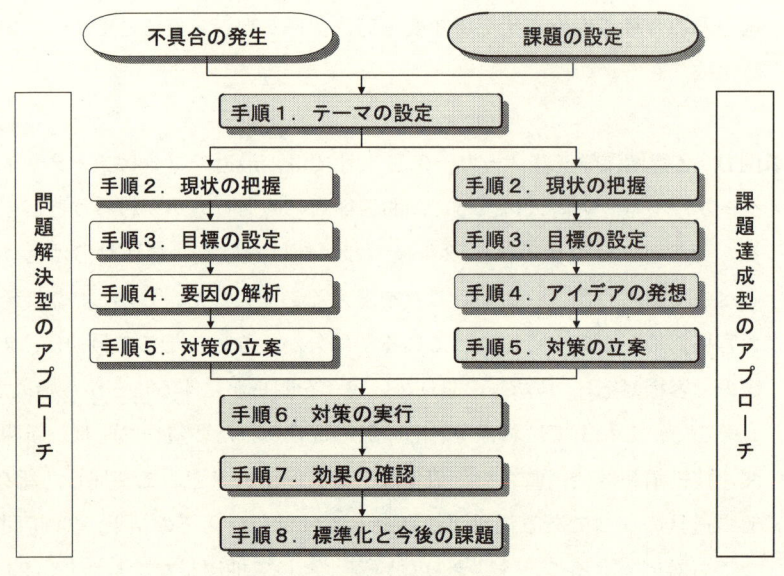

図1.3　問題解決と課題達成の手順

を含んでいる。

(3) 活動の目的から見た課題達成の分類

取り組む対象をもう少し分けてみると，＜事例A＞＜事例B＞では，「申込書の記載間違い」や「長時間の電話お待たせ」といった不具合発生の再発を防止することを目的とした改善活動が行われている。これに対して＜事例C＞＜事例D＞は二つに分けられる。＜事例C＞では，「お客様宅への到着を最大20分以内に短縮する」という"ありたい姿"の実現を狙い，現状システムの抜本的な改善によってこれを達成することを目的に課題達成活動が行われている。これに対して＜事例D＞では，お客様ニーズの多様化，高度化に対応したこれからの営業所におけるサービス体制の"ありたい姿"を想定し，"ありたい姿"と現状との違いがこれまでのサービス体制のどこで作りこまれているかを明らかにした上で，お客様ニーズに対応するサービス体制の確立を目的にした取組みである。

1. 企業が取り組む課題とそのアプローチ方法

すなわち，取り組むべき課題に対し，＜事例A＞や＜事例B＞では「発生している悪さ加減の改善」ということが目的になっているが，＜事例C＞や＜事例D＞では「潜在化している悪さ加減を顕在化する」ことによって，解決するための現状打破やさらなる業務やしくみの向上を目的としているといえる。

次にここで述べている新しい課題達成のための方法を，適用している方法論の観点からみてみると次のように分けられる。「発生している悪さ加減の改善」を目的とした＜事例A＞＜事例B＞では，"悪さ加減"を発生させている問題の構造を明らかにした上で，その要因を特性要因図や連関図によって展開し，取り上げられた要因と問題を表す特性との因果関係を定量的に解明するものであって，要因と特性との因果関係の仮説は技術・技能あるいは経験に基づく演繹的方法に基づき，問題解決のコアである仮説の検証は統計的データ解析を中心とした帰納的アプローチによって行う。これに対して，「ありたい姿の達成」を目的にした＜事例C＞では，従来の知識や経験に基づいて導出された仮説（アイデア）を実験によって検証するアプローチで，そこでは演繹的方法がコアとなる。また，「ありたい姿の実現」を目的とした＜事例D＞では，ありたい姿に対し，グループメンバーのもつ固有技術・技能や経験的知識などに基づいた発想に基づく仮説の設定と，その仮説と現状レベルとの比較に基づく課題の設定が重要な要素であり，発想的方法がコアをなしているといえる。

以上の活動の目的と活用するアプローチの方法の関係を図1.4に示す。ここで，問題解決を目的に解析的方法のうち帰納的方法でアプローチするものを「タイプI」とよぶ。課題達成を目的とするものには，二つのアプローチがあり，一つは解析的方法のうち演繹的方法をとる「タイプII」と発想的方法をとる「タイプIII」とする。

＜事例D＞にみられる発想的方法を採用するタイプIIIは，既存の課題達成型アプローチ的であるが，ここで提案される方法では，仮説に基づく課題の設定と課題に対する要因の因果関係の検証を重視している。

しかし，現実の場面において，問題解決型アプローチによる「顕在化した悪

ねらい・目的	活用する方法	解析的方法		発想的方法 タイプⅢ
		帰納的方法 タイプⅠ	演繹的方法 タイプⅡ	
問題解決 タイプA	顕在化している悪さ加減の解決	◎ <事例A> <事例B>	×	×
課題達成 タイプB	"目標とする"姿の達成	×	◎ <事例C>	○
	ありたい姿の実現	×	○	◎ <事例D>

注)＜事例A＞「申込書の記載間違い」
　　＜事例B＞「長時間の電話お待たせ」
　　＜事例C＞「お客様宅への到着を20分以内に短縮する」
　　＜事例D＞「これからの営業所のありたい姿」

図1.4　活動の目的と活用する方法の種類

さ加減」の解決活動と「"目標とする姿"の達成」を目的とした課題達成活動の違いは不明瞭なことが多い。そこで，取り組もうとしているテーマがタイプAなのかタイプBなのかという判断をつける一つの方法を示してみると，図1.5のようになる。

　例えば，現状データでヒストグラムを書いてみて，データが存在する範囲（データの最大値と最小値の間）に目標値を設定する場合には，問題解決型アプローチで取り組むことになる。しかし，目標値を特性値の分布の外に求める場合には，仕事のしくみを大幅に改善するなど，大胆な対策を必要とするため，課題達成型アプローチを活用することが一般的である。

　また，パレート図に示される顕在化された問題や不具合の減少を目標に設定した場合には，問題解決型アプローチにより取り組む。しかし，現象として現れていない潜在問題や不具合までも起こさないという，例えばトラブル0を目標値として設定する場合には，潜在的要因を予知・予測することで課題達成を図るためFTAやFMEAなどの信頼性手法を活用することになる。

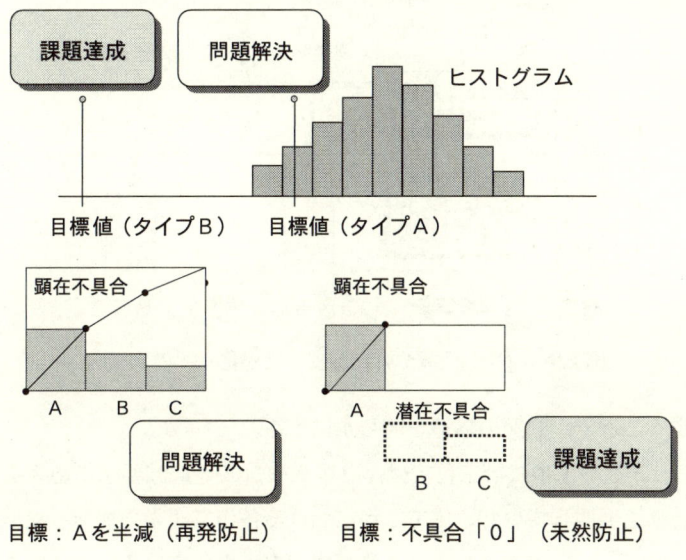

図1.5　目標値によるアプローチ方法の違い

(4) 効率化やコスト低減のためのアプローチ方法

　効率化やコスト低減の取組みには，図1.6に示すような二つの取り組み方がある。生産工程に限らず私たちの業務には，価値を生まない作業や工程と価値を生む作業や工程がある。前者の作業や工程を削除することをムダの削除といい，トヨタにおけるコスト低減の基本はこのムダの継続的な削減にある。

　一方，厳しい企業環境下にあっては世界No.1の納期と原価で企業活動が行われなければならない。その際，自社外の先進企業をベンチマークすることで，自社の現在の業務体系ではムダとは考えていないムダな作業や工程を発見する必要がある。このような観点に立つと，私たちの業務における時間やコストには，「ムダな時間やコスト」と「必要な時間やコスト」とに分けられる。

　例えば，ムダなコストや時間を低減するには，パレート図でムダの大きい工程を抽出し，その工程における作業要素に対する機能を明らかにした上で，現在では価値を生まない作業要素を明確にする。そのムダな作業要素群について，作業の保証特性や作業の管理特性などの作業特性を中骨とした特性要因図など

II. 魅力的な課題達成法の概念と体系

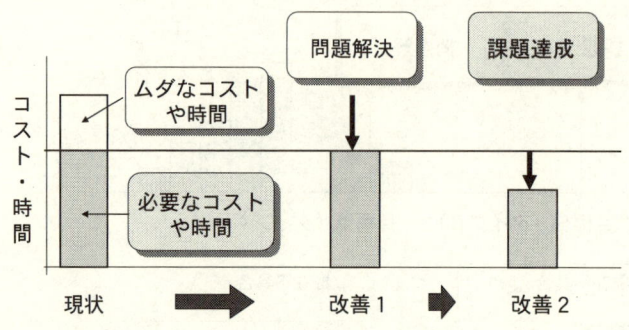

図1.6 コスト低減や時間短縮（効率化）への取組み

を活用することで，問題の構造を明らかにする。

　例えば，J社の工事設計工程では，お客様のコスト低減要求に応えるため工期低減活動を展開していた。施工工程における各作業要素の機能を機能系統図によって展開し，要素ごとに設計作業標準で規定されている所要時間を併記した。これに対して，過去の工事設計における実績を比較した結果，標準に逸脱する作業が明らかとなり，重点的に改善すべき対象を絞り込んでいる。

　このように，重要工程における問題発生要因を探索し，問題との因果関係を明らかにする問題解決型のアプローチが採用される。

　これに対して，現在の業務規程で定められた業務について，企業間競争を考えたとき業務あるいは工程自身を削除しなければならないことがある。この場合，削除の対象となる業務がその業務自体の品質レベルの低さによるとしている場合と，前工程における関連する業務の品質レベルの低さによる場合，あるいは工程間における引継ぎ業務の品質レベルの低さによる場合など，業務の品質レベルの低さに問題があるならば，これを改善することで問題解決が図られる。

　しかし，業務品質の向上によってもなお目標値に到達できない問題の場合，業務全般にわたる改革が必要となる。この場合，全工程の業務を洗い出し，その機能及び業務の前後関係を明らかにした上で，日程管理手法の一つであるアロー・ダイヤグラムなどによって業務や工程の短縮化や並列化の可能性を検討することになる。

例えば，H企画会社では，お客様から受注を受けた教育プログラムの企画を従来の納期1週間を3日で行うため，これまでの全業務を洗い出し，現行の業務に対するアロー・ダイヤグラムを作成した。その中でクリティカルパス上の業務のいくつかを並列作業化できるかどうかの可能性を検討した。そして対象となる業務について，並列化を可能にするための方策を展開した。実際には，その方策実施に際して発生すると予想される障害を読み切ることが最も重要で，これについてはPDPC法などを用いて課題達成に迫っている。ここにおけるポイントは，方策の立案と実施上の障害の読み切りにある。

また，原価低減を行う場合，原価を従来の材料費，加工費，運搬費といった分け方に基づいて単にパレート図を書き，大きな金額の要素に目をつけて，これを低減させようとすると，品質問題を発生させる危険性がある。このような場合，まず各業務あるいは工程の原単位及び利得を明らかにすることから始まる。そのために，要素別に原価を分析し，各要素の利得と必要コストの比較によるVE（価値工学）などが活用される。ここで，一般には，利得に対して原価面からの悪さをもっている業務に着目して，その悪さの原因を明らかにする方法が考えられる。これが問題解決型のアプローチである。

一方，例えば，材料メーカーの工程能力や生産性を向上させることによって従来の在庫を伴う大量生産方式から一品受注生産方式に変更することができるならば，原価本体を大幅に低減することが可能となる。

このように，業務の利得（この場合は，材料購入業務に伴う利得）と原価の対比を行うのではなく，原価本体を低減する（利得を高める）ための抜本的なシステムの変更を検討することで，困難ではあるが本質的な攻めるべき課題として，材料メーカーの工程能力や生産性を協働で高めることが浮かび上がってくる。このアプローチで用いられる方法がここで提案している魅力的な課題達成法である。

(5) 売上高増加やお客様満足度向上のためのアプローチ方法

「新商品の売上高を増加する」といった課題達成では，まず市場調査から始

め，既存商品のマーケティングシェアと市場の成長性に基づいてプロダクト・ポートフォリオ分析を行う。

市場には十分な成長性があるが，自社商品の相対マーケットシェアが低い。まず，売れない原因を特性要因図などによって探ると，2種類の要因（内的要因と外的要因）が明らかになるはずである。例えば，内的要因として商品品質レベルの低さ，商品の魅力度が低いことや商品の市場への投入タイミング遅れなどが取り上げられる。これに対して，商品企画段階のおける市場の品質要求分析の甘さ，競合他社の商品開発動向に対する分析の甘さ，技術開発におけるスケジュール管理の甘さなどを徹底的に分析し，新商品開発プロセスに潜む悪さ加減を顕在化するための工夫が必要である。これについては，納谷[5],[6]などに詳しい。

今ひとつの外的要因，例えば，法的規制の変更，市場の環境保護に対する考え方の変化，消費者の価値観の変化などが考えられる。これらの要因に対しては，国・地方自治体の動向，消費者の価値観の変容動向などを絶えずみているとともに，開発におけるトラブル回避の可能性を絶えず予知・予測することが必要で，PDPC法などを使った開発管理が必要である。例えば，納谷[5]における(株)安川電機製作所のエポキシ樹脂効果促進剤の開発に関するPDPC（pp. 128～132）を参照されたい。

この要因を条件として売れる方法を探っていくということになる。このとき，ベンチマーキングや各種の発想法を駆使して独創的なアイデアを思考してみる必要がある。

さらに，市場分析の結果，市場の成長性はあって自社商品の相対シェアも高い（スターと呼ばれる）商品領域の場合を考える。この場合，他社の急激な参入が予想され，市場の飽和状態が直前に迫っていると考えられる。

この場合には，利益を度外視しても積極的に投資を行い，生産能力や販売力を高め，自社商品の売上の成長と市場の成長を同期化させることが必要である。投資効果を高めるためには，生産能力や販売力を高めるための具体的な方策を立案し，その方策の効果，実現性，経済性などを適切に評価した上で，選択さ

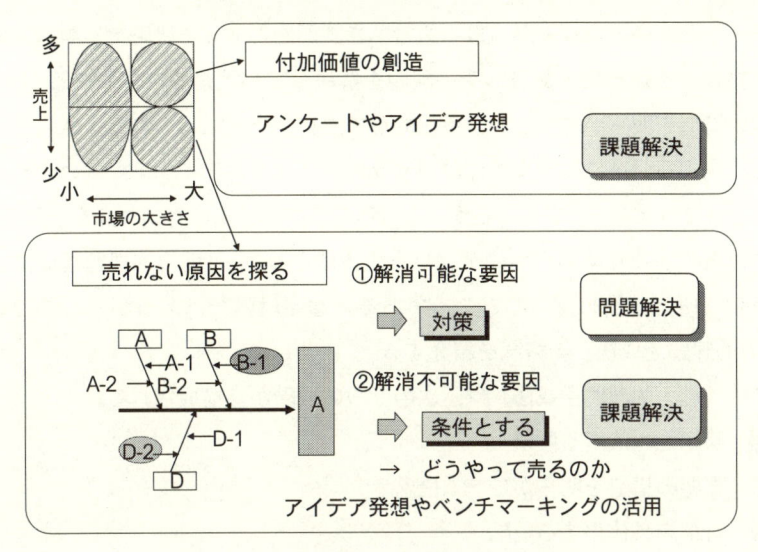

図1.7 売上げ増加や満足度向上への取組み

れた最適策のリスクを明らかにし，実施計画を策定することが必要である．すなわち，方策の立案，評価，選定，リスク分析といった計画段階における課題の明確化が最も重要であることが分かる．このための経営戦略の立案については長田[11]の第4章（pp.144〜149）に詳しい．

2. 魅力的な課題達成法の概念とアプローチ方法

　経営に貢献する魅力的課題達成法とは，企業の部課長・スタッフが，経営方針を受けた重点課題に取り組んだり，お客様の声よりお客様が満足する製品やサービスを提供するには，もちろん経験や固有技術が必要であるが，その固有技術に管理技術を組み合わせることによってより効率的に成果に導くことができる．
　企業に課せられた課題を達成していくためのアプローチ方法を決定するときに，問題解決で取り組めばいいのか，課題達成で取り組めばいいのか，と単に二者選択すれば解決できるものでもなさそうである．漠然として経営方針や多

様化したお客様の声などから取り組むべき課題を形成する段階では課題達成的なアプローチが有効であり，その課題を解決していくためにまずやることは，課題の構造を明らかにする問題解決的なアプローチが求められる。さらに，課題を達成する対策には今までにないドラスティックなアイデアが求められるようになってきている。このことから，両者のアプローチの有効な点を取り入れ，経営に貢献するための一つのアプローチ方法として，「魅力的課題達成法」を目指して研究を進めているところである。途中段階ではあるが，ここでその「魅力的課題達成法」の概念を紹介する。

　この「魅力的課題達成法」は，次の三つの段階から構成される。
① 課題を生成する段階
② 課題の構造を明らかにする段階
③ 対策を具体化する段階

①の「課題を生成する段階」では，経営方針から解決すべき課題を設定する。これまでの研究開発プロセスや営業プロセスにおける反省から合理的で効率的なプロセスを構築する際に解決すべき課題を設定する。お客様の価値観の変化やお客様の要望の変化などから潜在するお客様ニーズを実現する際の克服すべき課題を設定するシステムである。ここでは，課題の設定根拠と課題の達成度を最もよく表す特性を設定するとともに，その目標値を可能な限り定量的に設定する。

　②の「課題の構造を明らかにする段階」では，課題の構成要素を明確にするため，課題に関連するいろいろな問題を列挙することから始める。この問題を列挙することを仮説を立てるという。具体的には，課題に関連するいろいろな問題，「背後の問題」，「関連する他の問題」や「問題の特徴」などを考えてみる。この仮説に基づいて事実データを収集し，解析することで検証を行い，課題を解決するために必要な情報を引き出す。得られた情報と目標とした「あるべき姿」から課題を解決するための攻め所を抽出する。

　③の「対策を具体化する段階」では，②で得られた攻め所から目標値を達成するための対策を考える。このとき，いろいろな発想法を活用して思い切った

対策を考え，あるいは，ベンチマーキングを活用して先進企業のやり方を参考に，自所の改善案を企画することも必要となる。そして，対策を実行した後には，目標値が達成されたのかどうか効果の把握を行う。効果の把握は，単に対策の実行結果である「アウトプット評価」だけでなく，収益向上，顧客満足や売上増進などの経営的評価である「アウトカム評価」まで行い，活動が経営に貢献できたかどうかまで把握する。

(1) テーマの設定

我々が直面する課題達成は，年度の会社方針，会社の将来計画，社会及び技術動向に対する情勢分析，あるいは過去・現在の問題分析などから抽出される課題の明確化から始まる。

会社方針には，「新商品開発力の向上（目標値：売上高の20％アップ）」とか「競争力のある原価体質の構築（目標値：原価の20％低減）」とか一般的には抽象的な表現が多い。このままでは，テーマとして漠然としているため，図1.8のようにこの会社方針を達成するための手段を系統図法などによって展開し，重要度，緊急度，拡大性などによって評価する。そして，取り上げる重点施策を課題として選び出す（図1.8）。その際，過去・現在の問題分析から得られた体質上の悪さや会社の将来計画及び社会や技術動向分析を併せて評価する必要がある。例えば，納谷[6]の第4章（pp.90〜94）に詳しい。

会社方針として「お客様満足度の向上による売上高のアップ（目標値：売上高30％アップ）」が取り上げられているとする。このとき，図1.9のように，親和図法などを用いてお客様の声から課題を抽出する。お客様の声は，十人十色といってお客様に聞いてみると様々な声が出てくるので課題を明確にするとき悩ましいことが多い。しかし，それらのお客様の声を言語データとしてカード化してみると，表現は異なるが内容が類似しているものが多いことに気づく。このように，親和図法を活用して達成すべき課題を整理してみると，案外少数の課題を親和データとしてまとめることができる。

このようにして会社方針やお客様の声から明確になってきた課題に基づいて

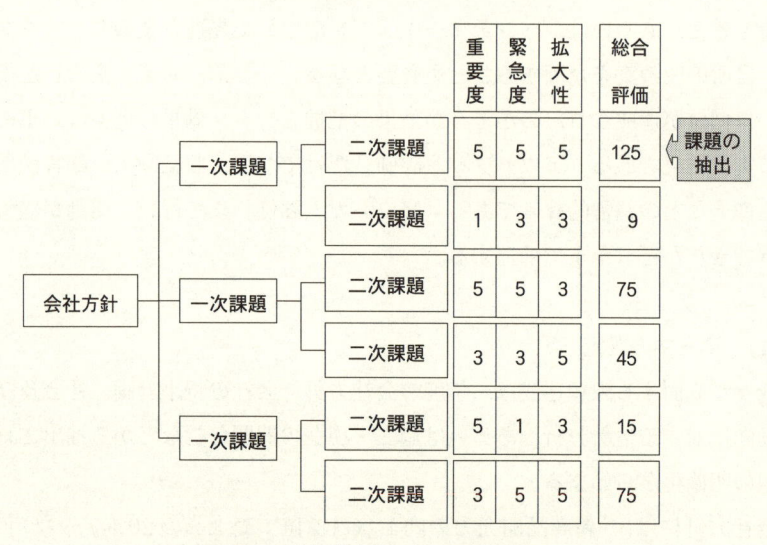

II. 魅力的な課題達成法の概念と体系

			重要度	緊急度	拡大性	総合評価	
	一次課題	二次課題	5	5	5	125	← 課題の抽出
		二次課題	1	3	3	9	
会社方針	一次課題	二次課題	5	5	3	75	
		二次課題	3	3	5	45	
	一次課題	二次課題	5	1	3	15	
		二次課題	3	5	5	75	

図 1.8 会社方針から課題の抽出

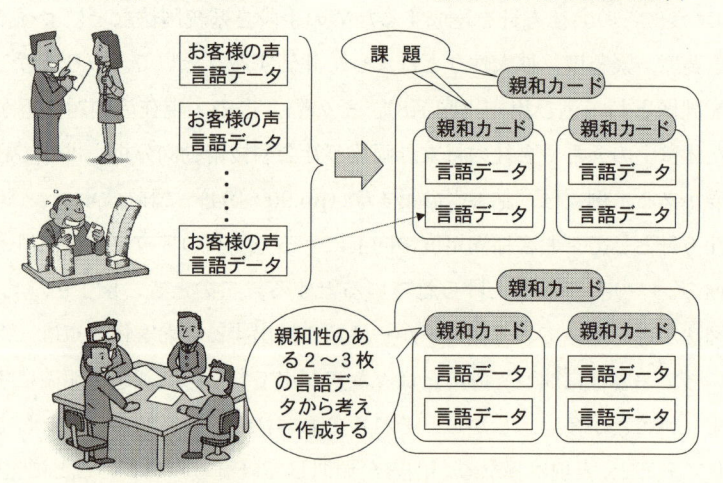

図 1.9 お客様の声から課題を抽出

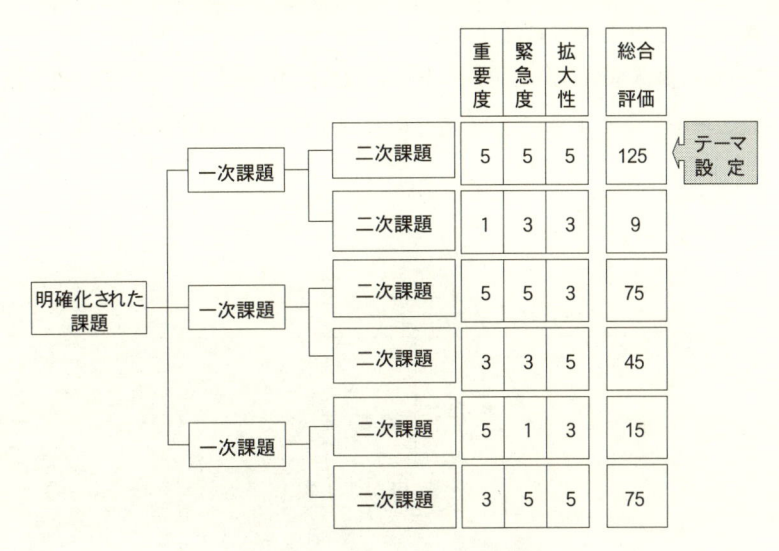

2. 魅力的な課題達成法の概念とアプローチ方法   39

			重要度	緊急度	拡大性	総合評価	
明確化された課題	一次課題	二次課題	5	5	5	125	← テーマ設定
		二次課題	1	3	3	9	
	一次課題	二次課題	5	5	3	75	
		二次課題	3	3	5	45	
	一次課題	二次課題	5	1	3	15	
		二次課題	3	5	5	75	

図1.10 課題からテーマの設定

　解決すべきテーマを決めるには，さらに系統図を活用して具体的な実現策をテーマとして設定する（図1.10参照）。このとき，多数の実現策としてテーマの候補が挙げられた場合，重要度，緊急度，拡大性などで評価し，一つのテーマに絞ることは前述の会社方針の場合と同じである。

(2) テーマの構造を解明する

　テーマが設定されると，直ちに対策が頭に浮かんでくることもある。このとき，この対策を短絡的に実行してしまうと結局テーマ解決に到らずに頭を抱えてしまうことがある。なぜなら，設定されたテーマは，いまだ漠然としており焦点がはっきりしていない場合が多い。また，表層的なとらえ方であって背後に潜む根本的な問題が見えていないかもしれない。さらに，単独に現れたかに見える問題でも，関連する多くの問題が相互に輻輳しており，二つの問題を同時に考えなければテーマを解決することができないかもしれない。

　そこで，図1.11に示すように，取り上げたテーマに対するプロセス要因の構造関係を明らかにすることによって，真の解決しなければならない重要要因

を問題として抽出しなければならない。

「テーマの構造を明らかにする」ためには，図1.12で，テーマを中央に置いてみると理解できるように，「テーマにおける特性値の統計的な特徴」と「背

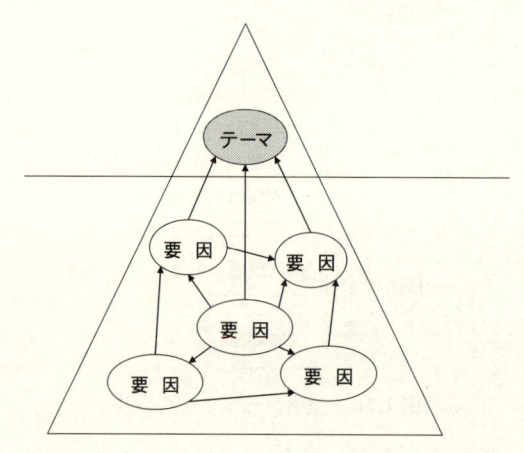

図1.11 テーマに対するプロセス要因の構造関係

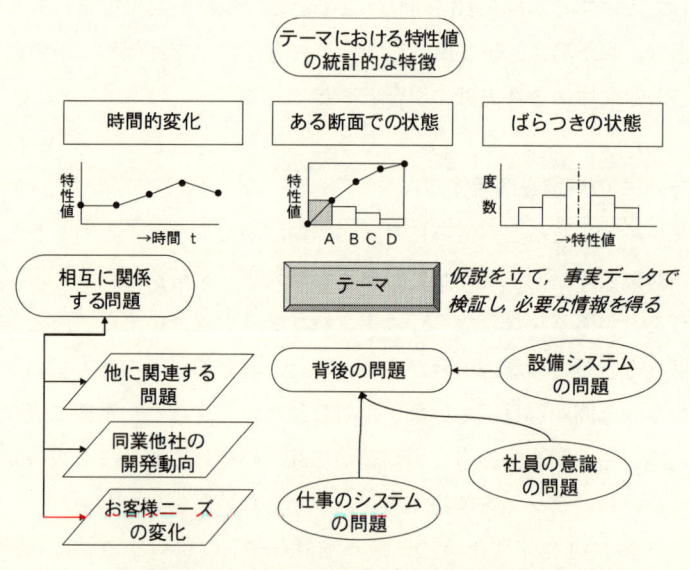

図1.12 テーマの構造を明らかにする図

2. 魅力的な課題達成法の概念とアプローチ方法

後の問題」を考える必要がある。また，場合によっては，テーマを構成する構成要素について，個別に現状レベルと要望レベルのギャップを考察する必要のある場合もある。これについては次項で解説する。

「テーマにおける特性値の統計的な特徴」とは，テーマに関連する特性値の統計分布を調べると，特性値になんらかの傾向が見られるといったように，特性値の数値データから時間的変化やある断面での状態あるいはばらつきの状態などを把握することを意味している。

これに対して，「背後の問題」とは，テーマを支配しているプロセス要因であり，これをテーマの背後にある問題として理解することを意味している。例えば，会社方針として「売上高の新商品による寄与率アップ（目標：寄与率：20％）」が取り上げられた。それに対する重要課題として「新規○○商品の売上高向上（目標値：30％）」を選定する。これに対するテーマとして「販売支援マニュアルの早期完成度向上［現状：完成度△△→目標××（納期：西暦200x年○月）］を取り上げたとき，「販売企画担当者が新商品のセールスポイントを早期に理解できていない」，「新商品の販売における販社側の重要因が明確にならない」などがある。場合によってはこうしたプロセス要因の中には，相互に関係し合っている要因（「相互に関連する問題」といってよいかもしれない）が存在している可能性があり，これに注意する必要もある。ここで，身近で少し具体的な例を紹介しよう。図1.13は，「職場におけるムダの排除による原価低減（目標値：3億円）」という会社方針に対して「ムダなコピー枚数を低減させる（目標値：現状の50％減）」というテーマを取り上げた。

このとき，「テーマにおける特性値の統計的な特徴」では，4月以降のコピー枚数を時系列グラフに表したところ，「6月以降，特に8月に急にコピー枚数が増えてきている」という結果を得た。次に，8月のコピー枚数について課別の使用実態をパレート図によって層別したところ，営業課のコピー枚数が全体の60％を占めることが分かった。

そこで，営業課における，社内資料として用いられる印刷物の印刷費用とコピー枚数の因果関係を散布図によって調べてみたところ，図1.13の左の散布

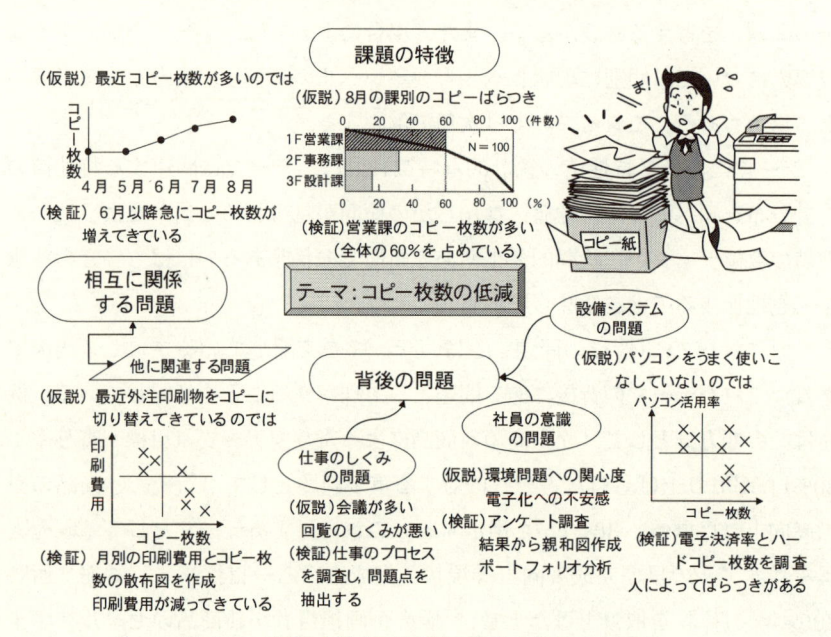

図1.13 仮説と検証で課題の構造を明らかにする

（図中テキスト）

- 課題の特徴
- （仮説）最近コピー枚数が多いのでは
- （検証）6月以降急にコピー枚数が増えてきている
- （仮説）8月の課別のコピーばらつき
  - 1F営業課
  - 2F事務課
  - 3F設計課
  - N=100
- （検証）営業課のコピー枚数が多い（全体の60%を占めている）
- テーマ：コピー枚数の低減
- 相互に関係する問題
- 他に関連する問題
- （仮説）最近外注印刷物をコピーに切り替えてきているのでは
- （検証）月別の印刷費用とコピー枚数の散布図を作成 印刷費用が減ってきている
- 背後の問題
- 仕事のしくみの問題
  - （仮説）会議が多い 回覧のしくみが悪い
  - （検証）仕事のプロセスを調査し，問題点を抽出する
- 社員の意識の問題
  - （仮説）環境問題への関心度 電子化への不安感
  - （検証）アンケート調査結果から親和図作成 ポートフォリオ分析
- 設備システムの問題
  - （仮説）パソコンをうまく使いこなしていないのでは
  - （検証）電子決済率とハードコピー枚数を調査 人によってばらつきがある

図が示すとおり，負の相関関係にあることが分かった。すなわち，営業課では，これまで外注していた社内資料の印刷物をコスト低減のために社内のコピーに置き換えられているという実態が明らかになった。

したがって，安易に社内コピー枚数を削減すると，印刷物の外注が増加し，全体の印刷費用増加をもたらす可能性がある。

さらに，コピー枚数が多く発生している「背後の問題」を検討すると，"仕事のしくみ"では「会議が多い」とか「回覧のしくみが悪い」ということが考えられたので，仕事のプロセスを調査し，問題点を抽出することとした。その結果，「会議で不必要な資料まで配布されている」ということが分かった。また，"社員の意識"についてアンケート調査を行ったところ，「環境問題への関心度が低い」とか「電子化への不安感がある」ということが分かった。

これらの重要問題に対して，個別に特性要因図を作成し，得られた重要要因について系統図法を用いて対策案を立案し，最適策を実施したところ，ムダな

2. 魅力的な課題達成法の概念とアプローチ方法

手順1．対象業務プロセスの選定

手順2．業務プロセスの現状分析

手順3．業務プロセスの問題点把握

◆ プロセスマッピングの作成

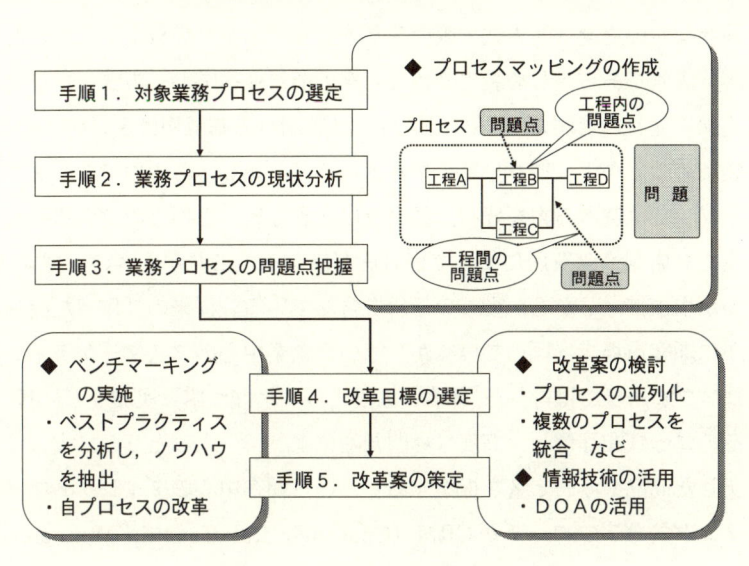

プロセス　問題点　　工程内の問題点
工程A — 工程B — 工程D　　問　題
　　　　　工程C
工程間の問題点　問題点

◆ ベンチマーキングの実施
・ベストプラクティスを分析し，ノウハウを抽出
・自プロセスの改革

手順4．改革目標の選定

手順5．改革案の策定

◆ 改革案の検討
・プロセスの並列化
・複数のプロセスを統合　など
◆ 情報技術の活用
・DOAの活用

図1.14　プロセス改革の進め方

コピー枚数が60%低減され，印刷費用は従来の30%も低減した。

　ところで，A社では，課題としてトップ方針に関係して，「新製品開発における設計移行審査の効率化」などの業務上のしくみを改善する課題に取り組んでいる。そこでは，図1.14に示すように，対象となるしくみを構成しているプロセス（工程）を明らかにした上で，図1.14に従ってプロセス革新を行っている。詳細は紹介できないが，最初に，革新を必要としている業務の開始から終了まで書き出し，これをプロセスマッピングという，このプロセスマッピング上で問題点となるものを抽出する。改革案を検討する際，個々のプロセスを単独で変えるだけでなく，プロセス全体を見渡して，ベンチマーキングやDOA（データ中心アプローチ）によるプロセスや部門間の壁を乗り越えた問題抽出と方策の検討により，工程の並列化や統合，分離など，全体的な視野からベンチマーキングの検討を行っている。

　事例E　イトーヨーカ堂の鈴木敏文氏[12]によれば，顧客は「わがままである」という。イトーヨーカ堂のある店舗では，おでんをお客自身が鍋から

好きなものを選べる方式で販売したところ，あまり売れなかった。ところが，店側があらかじめ袋に詰めて，鍋の前に並べておく方式に切り替えた途端，売れ行きが3〜4倍に伸びた。「店舗への購買層は主婦が多いため，袋詰めの方が手っ取り早くて楽に感じる。しかし，そのおでんもセブンイレブンでは選べる方を好む。袋売りは売れない」というのである。同じ商品でも店舗や購買層によって売れ筋が異なる。これが顧客の心理である。わがままで，しかも，多くの矛盾を含んでいる。従来の「作った商品をいかに顧客市場でさばいていくか」という企業中心のマスマーケティング的なアプローチではなく，「顧客一人ひとりの嗜好や購買履歴などに基づき，そのニーズを理解し，高度な専門知識によって一人ひとりのニーズにマッチした商品やサービスを提案する」という顧客中心のダイレクトマーケティング的なアプローチがCRM（Customer Relationship Management）である（図1.15参照）。

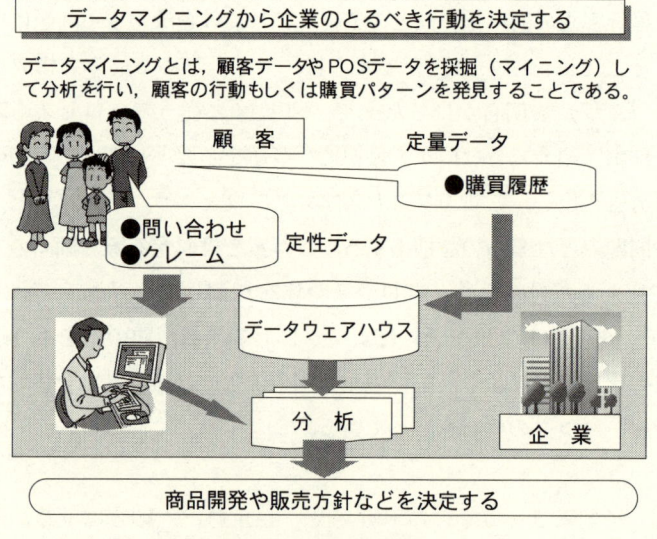

図1.15　CRMの概念

2. 魅力的な課題達成法の概念とアプローチ方法

「例えば，野菜や魚類は日本人ほど鮮度にこだわる国民はいない。牛肉も鮮度を重視するなら，ブロックで買って，食べるときスライスした方がいいのに，肉は鮮度より銘柄にこだわる。あるいは，ブランド物はいかに安く買ったかを自慢するのに，スーパーの洋服は品質がよくても，安すぎるからとスーパーで買ったのが分かるのを嫌がる。こうしたわがままで矛盾したお客様の心理といかに歩調を合わせるかが重要である」[10]と指摘している。

こういったお客様を満足させることで売上高を向上する課題の達成では，一般にお客様ニーズの的確な把握から始まる。そして，明らかとなったお客様ニーズを参考に，取り組むべきテーマを決める。しかし，この段階で決まったテーマは，"あるべき姿"や"ありたい姿"に近いもので，実際に取り組むべき問題の構造は明らかになっていないことがある。したがって，テーマの構造を明らかにした上で，取り組むべき方向を決定する必要がある。

ここでは，時系列グラフ，パレート図，散布図，特性要因図，系統図などを活用しているが，なお，詳細については，それぞれの専門書に委ねるが，一般には，以下のような手法が有効である。

① テーマにおける特性値の統計的な特徴をみるのに有効な手法
　1．グラフ：データの構造が一目で分かる手法
　2．パレート図：重要問題が見られる手法
　3．ヒストグラム：データのばらつきが見られる手法
　4．検定と推定：規定値と母集団や二つの母集団を比較する手法
　5．分散分析：ばらつきから三つ以上の母集団を比較する手法
② テーマにおける特性値に関連する他の特性値の関係把握に有効な手法
　1．散布図：二つの対になったデータの関係から予測する手法
　2．相関分析：二つの関連性を見る手法
　3．回帰分析：結果を生み出す要因の関連度合を見る手法
　4．重回帰分析：結果に影響する二つ以上の変数の関係度をみる手法
③ 背後の問題を探すのに有効な手法
　1．連関図法：問題と原因の構造を探る手法

2. 特性要因図：問題の原因が整理できる手法
3. FMEA：部品の故障モードからシステム影響度を評価する手法
4. FTA：トップ事象に対する故障原因を追求する手法

テーマに対するプロセス系の要因として重要要因が選定され，これの解決を問題として取り上げてきた。この重要要因について望ましい水準を設定する必要がある場合には，従来の問題解決型QCストーリーにおける実験計画法などの統計的な方法に準じればよい。詳しくは，谷津[9]，細谷[1]を参照されたい。

(3) テーマの構造をギャップ表によって解明する

テーマを構成している要素別に，その現状レベルと要望レベルを書き出して，その差をギャップとして把握する。明確になったギャップの大きさに基づいて，テーマを解決する上で重要な構成要素を問題点として選定する。

ギャップ表を作成するポイントは，次のとおりである。

① 現状レベルには，言語データだけでなく，数値データも記入する。
② 要望レベルには，単に，現状レベルの裏返しを行ってはいけない。
③ 要望レベルには，「将来こうしたい」，「本来ならこうすべき」など，フリーディスカッションなどの将来のビジョンやグランドデザインから得る必要がある。この際，親和図法，系統図法，マトリックス図法などを活用する（図1.16参照）。

表1.1に簡単な例を示す。ここでは，「製品出荷対応業務の時間の短縮」をテーマとして取り上げている。出荷対応業務には，在庫確認作業，出荷依頼書確認作業などの幾つかの作業がある。これらの現状レベルを調査によって把握している。一方，それらの要望レベルは，担当者によるグループディスカッションによって明らかにしている。現状レベルと要望レベルのギャップを解消するため，「在庫確認作業のシステム化」，「出荷依頼書確認作業における記載内容の自動チェック化」などを攻め所として抽出している。

2. 魅力的な課題達成法の概念とアプローチ方法

把握項目	現状レベル	要望レベル	ギャップ	攻め所	備　考
				ギャップ表	

親和図

① 現状レベルには，言語データだけでなく，数値データも合わせて記入する。

② 要望レベルには，単に，現状レベルの裏返しを行ってはいけない。
③ 要望レベルは，「将来こうしたい」，「本来ならこうすべき」などなどフリーディスカッションなどから将来のビジョンやグランドデザインを得る必要がある。ベンチマーキングなどを行ってベストプラクティスから要望レベルを見つけることも一つの方法である。

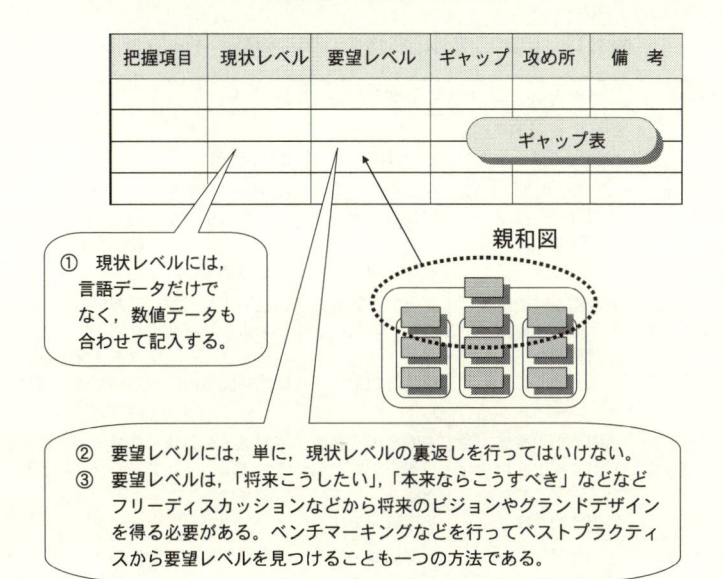

図 1.16　ギャップ表作成のポイント

(4) 対策の立案

この段階で，達成をせまられている課題に対して，具体的なテーマが設定され，そのテーマを達成するために克服しなければならない要因が"問題点"として明らかになってきた。そこで，次のステップとして，我々が直面している課題の分解で明らかな問題点を解決するための対策案を検討することになる。

例えば，顧客ニーズの多様化や個性化あるいは IT 化の促進による新製品のライフサイクル短命化に対応するため，"CAE の活用による試作レス化の促進"という課題に対して，具体的には"CAE による計算精度の向上"というテーマを取り上げ，そのための問題点として"数値計算モデルにおける誤差因子の特定"が取り上げられたとき，「誤差因子をどのようにして特定するか？」に対する対策案が望まれる。また，自社製品のユーザー企業が米国に現地工場を設立による本格的な海外進出を計画している。この際，会社としてもユーザー企業に対して従来に増して短納期で製品を納める必要があり，部門長から"顧客要求に応える生産体制の確立"という課題を受けた。これに対して，"米国

表1.1 「製品出荷対応業務の時間の短縮」ギャップ表

把握項目	現状レベル	要望レベル	ギャップ	攻め所
特性値	製品出荷対応業務4～6H/日	2～3H/日	2～3H/日 減	
在庫確認作業	メール,電話,FAXで問合せ,確認処理時間60分	在庫がシステム的に自動出力する。処理時間15分	手作業→自動化により45分短縮処理時間45分	システム化 IT活用による必要情報の共有化
出荷依頼書による出荷指示作業	記載項目の確認及びヌケモレの確認確認時間30分	間違いと記載ヌケモレのない仕様書確認時間10分	間違い・記載漏れの減少及び使いやすさ確認時間20分	記載内容の自動チェック化 フォーマット化 使いやすく信頼度の高い書式
業務で頻度の少ないお客様対応作業	不明事項の確認,内容がすぐ引き出せない処理時間6H	不明事項,必要情報がすぐに引き出せる処理時間1H	不明点・必要情報の活用短縮5H	低頻度の業務対応でも滞りなく作業が可能マニュアル化 データベース化
業務処理能力	担当が新配属のため,作業にとまどう時間が多い。標準ロスタイム2H	新配属でも業務がスムーズに処理される。標準ロスタイム0.5H	作業処理能力の差標準ロスタイム1.5H	作業ノウハウと資料の活用 教育訓練による作業能力の向上業務(作業)のフローの見直し

出典:(株)ティー・ディー・エス チームわかば 作成 山岸優

に工場を設立する"という方策を立案し,適当な工場立地先を探すというのでは短絡すぎる。"顧客要求に応えるために,自社の生産体制はどのようにあるべきか"から始まり,具体的に解決しなければならないテーマを明らかにした上で,それが解決できない現状の問題点を連関図法など各種の要因分析法を駆使して明らかにする。そして,その問題点を克服するための複数の方策を立案し,最適方策を選択するというアプローチを採用することが望まれる。

このように,明らかにされた重要要因(問題)に対して,与えられている制約条件の下で,これを解決するための対策を立案する方法について説明する。

これまでに,新QC七つ道具による課題達成においては,与えられた制約条件の下で重要要因(問題)を解決するため,系統図法を活用した方法論が具体的かつ論理的に説明されている。

これまでの課題達成法では,仮説として取り上げられた(重要)要因に対す

2. 魅力的な課題達成法の概念とアプローチ方法

る系統図法などでの方策立案が行われている場合がある。従来の統計的ものの見方・考え方に基づいたアプローチでは，仮説として取り上げられた要因が真にテーマで取り上げた特性値と因果関係をもつかどうか，QC七つ道具をはじめとする統計的手法を駆使して検証した上で対策を立案していた。この因果関係の検証は，課題達成において極めて重要なプロセスであり，部課長・スタッフが直面する混沌として困難な課題達成においても，このプロセスを軽視することはできない。我々は，そのための方法として，ギャップ表の活用を提案する。図1.17において，連関図法や問題点解析のためのギャップ表によって絞り込まれた重要要因（問題）について，現状レベル（現状値）と要望レベル（あるべき姿やありたい姿）とを比較し，そのギャップを定量的あるいは定性的に明らかにした上で，取り上げた要因が真に解決すべき問題点であるかどうかを検証する。その結果，必要な場合には，重要要因からさらに展開された内容を"真の問題点"として登録する。

この検証プロセスを経て明らかとなった"真の問題点"に対して，これを克

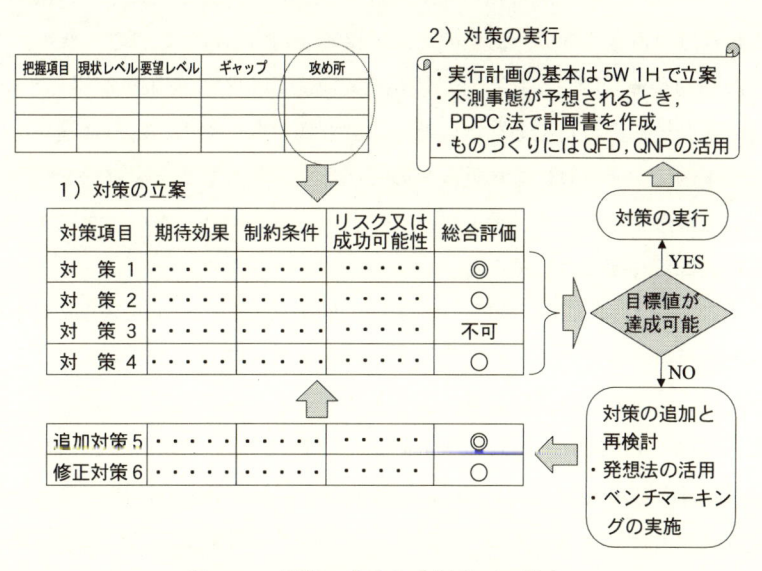

図1.17 対策の立案と実行計画の策定

服するための対策は，系統図法を含めた各種の発想法によって立案し，対策の「期待効果」，「成功の可能性」，「想定される制約条件」及び対策実施上の「リスク」などを検討して，最適策を選定する．この段階で，「想定される制約条件」と「リスク」が軽視されることがある．例えば，筆者の個人的な経験で恐縮であるが，次のようなケースを考えると理解されるであろう．

　来春には，我が家の娘と息子がそれぞれ高校と中学に進学するとして，子供達に個室を与えたいが現状の賃貸マンション（3LDK）では実現できない．そこで，いろいろな対策を検討し，「期待効果」，「成功の可能性」を比較して最適策を選定し，最終案として「都心から公共交通機関を利用して100分の地に分譲住宅を取得する」という案が選択されたとする．毎日の通勤に100分の時間を要する地に家を立てることによって発生する「リスク」は，父親の睡眠不足からくる健康障害，職場の仲間とのノミニケーション減少による非公式組織との遊離など考え始めると枚挙にいとまがない．さらに，自宅には自動車が1台あるが，運転免許は父親のみが取得しているため，新興住宅地内には適当なスーパーがなく，母親が自動車運転免許を取得した上でさらに1台の自動車を購入しなければならないし，そのための車庫を用意しなければならない．このような制約条件を明らかにしない段階で最適と思われる方策を採用した結果，毎日の通勤地獄に苦しむあなたの苦労は計り知れないものとなるに違いない．

　この事例は，あまりにも卑近なものであるが，我々がテーマ解決を行う上で選択した最適策について，その「リスク」と「制約条件」を明らかにすることの重要性はご理解できたであろう．

　さらに，図1.17では，実行する対策を実施した結果，目標が達成できるかどうかを予測し，今考えられた最適案で目標を達成することができないと予想された場合は，新たな対策を考えて追加することを示している．

　さらに図1.17においては，この段階でアローダイヤグラム法やPDPC法あるいはQNP（Quality-table, Neck engineering, and PDPC）法[13]などを用いて対策実施計画を策定することを提唱している．このことは，既に指摘されていることであるが，実施対策の実施可能性を読みきることが重要であり，不透

2. 魅力的な課題達成法の概念とアプローチ方法

明感の残る対策では，最後に泣きが入る危険性を指摘したものである。

ここまでは，対策立案の方法として系統図を活用することを中心に説明を行ってきたが，対策立案の方法としてこれまでに提案されているいろいろな発想法やベンチマーキング法を活用することもできる。

発想法とは，いろいろなヒントからアイデアを発想していく方法で，「発想チェックリスト法」，「焦点法」，「アナロジー発想法」など目的によっていろいろなものが考案されている。また，関連分野における事例を参考として，そのベスト・プラクティス（最高の活動を行っている内容）から，ノウハウを取り入れるベンチマーキングも有効である。第Ⅱ章で具体的に説明する。

(5) 対策の実行

課題達成を行うための基本的アプローチは計画の充実であるが，計画段階で慎重をきすあまり実行に移されないのでは意味がない。その意味で，課題達成の真の基本は，"まず，やってみること"である。また，企業においては，この"まず，やってみること"を支援する風土と体質の構築が重要であり，経営トップの経営思想に委ねられているといってもよい。

しかし，一度実行に移された対策が手戻りすることで，課題達成の納期遅れを起こし，ひいては課題達成そのものの質を低下させることになっては意味がない。そのため，誰が（Who），いつ（When），何を（What），どこで（Where），なぜ（Why），どのように（How），と5W1Hを明らかにした実施計画書を作成する必要がある。実施計画書があいまいであったため，課題達成の途中で突然他部門の協力を要請する必要が発生し，十分な課題に対する共有化を得ないことが原因で失敗する例は，筆者らが多く経験することであり，非常に残念に思うことでもある。また，現場第一線のQCサークル活動においては，課題達成そのものとともにサークルメンバーの参画意識を向上すること，そしてメンバーの課題達成に対する意欲を高揚することのためにも実施計画書を作成することが重要である。

特に，せっかく苦労して考えた対策が実のあるものになるためには，"やり

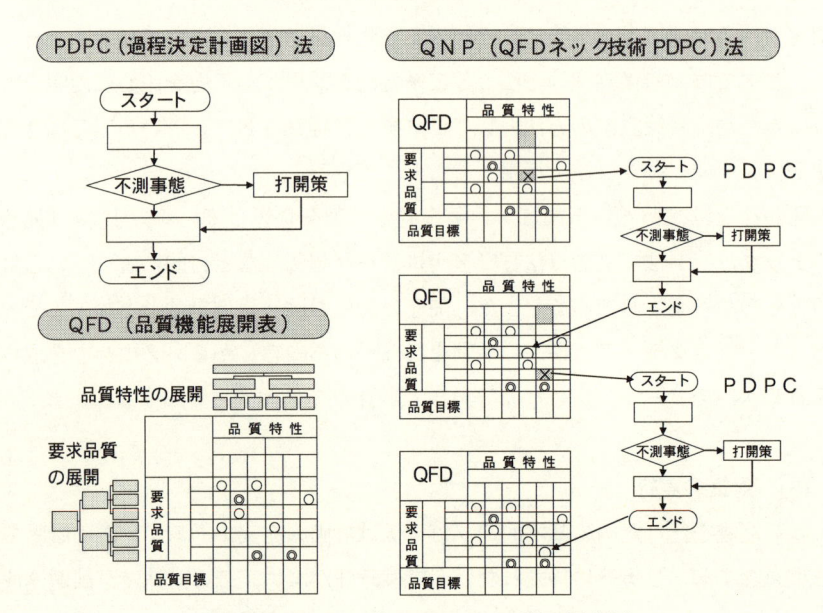

図 1.18 PDPC法，QFD, QNP法の概念図

遂げる"ということが大切であり，そのためには，各メンバーに課せられた目標（目標値と納期）を明らかにすることが重要である．その上で，「何とかしてやる」，「絶対やりあげる」というこだわりも必要である．この課題達成に対するこだわりを"みえる化"するための方法として，図 1.18 における PDPC 法や QFD（品質機能展開表），あるいは PDPC 法と QFD を融合した QNP 法の活用が望まれる．特に，対策を実行していくプロセスでネック技術といわれる技術的な不測事態が発生した場合に，そのネック技術を乗り越えるため，これまでに取得している技術情報と課題達成に必要な要素（顧客要求や製品に期待される機能など）の関連に注目することで，不足している技術を明らかにする方法として QNP 法が有効である．

(6) 効果の確認

これまでのプロセスを通じて課題が達成したかどうか，効果の確認を行うことになる．効果の確認とは，現状把握において抽出された課題が達成されたか

2. 魅力的な課題達成法の概念とアプローチ方法

どうかを確認することであり，取り上げたテーマが解決したかではない。

これまでに説明した課題達成のプロセスにおいて，テーマを設定し，その解決のための重要要因を問題点として抽出した上で，この解決を行うことを述べた。しかし，問題点の解決によって，最終的に課題達成で求められていた目標が達成できたのかどうかということを把握しなければ，問題は解決できたけれども課題は未達成ということになる。

例えば，"品質保証レベル向上"という課題に対して"品質保証レベルの向上による外部失敗ロスコストの低減"というテーマに対して，苦労に苦労を重ねて設定された外部失敗コストの低減目標値を達成できたとき，課題で要求されていた"品質保証レベルの向上"が達成できたかの確認が重要である。

また，"職場における5Sの徹底"という課題に対して"職場におけるムダの低減"というテーマを解決するプロセスで，重点目標とした運搬や移動に関する作業上のムダは低減できたが，課題の目標であった5Sが徹底できたかどうかを確認することが大切である。

そのためには，課題で取り上げられた特性に対して，その目標値を明らかにしておくことが絶対要件であるが，テーマで取り上げられた特性とその目標値が達成されたかを同時に確認することが望まれる。

具体的には，図1.19に示すように，テーマで取り上げられた現状の問題（"悪さ加減"）が対策前後で目標とするレベルに到達したのかどうかを，対策前後のパレート図を横に並べることで確認する。あるいは，時系列グラフで対策実施後に，不良率やロス金額などの特性がどれだけ減少したか，満足度や売上高などがどれだけ増加したかを把握する。しかし，これだけでは不十分であり，品質保証レベルや5Sの徹底度を適当な特性によって確認する必要がある。

ところで，課題達成といえば，対象となる特性を望ましいレベルにすることであると理解することが多い。しかし，様々な対策が効果的に実施された結果，これまでの業務のあり方に何らかの変更や変化を発生させていることがある。そうした場合，対策実施による業務品質への副作用などに及ぼす悪影響の評価をきっちりと行うことが大切である。

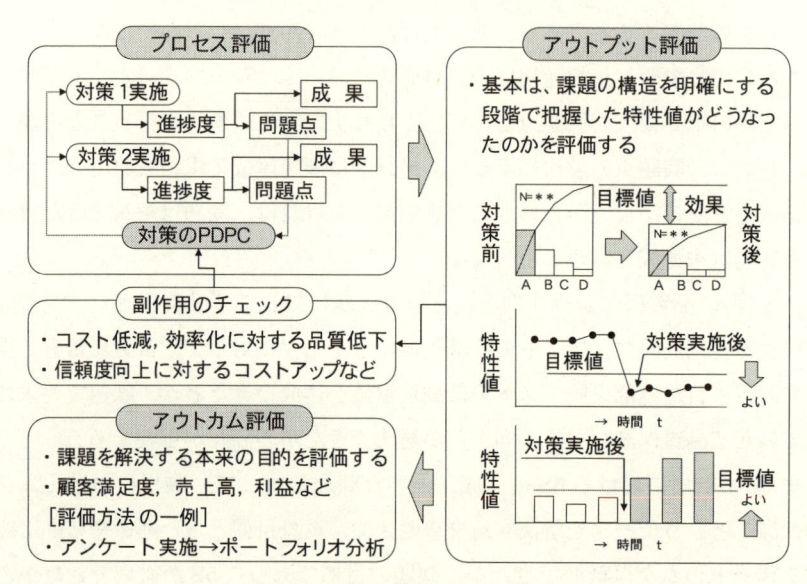

図1.19 効果を把握するしくみ

プロセス評価
- 対策1実施 → 進捗度 → 成果／問題点
- 対策2実施 → 進捗度 → 成果／問題点
- 対策のPDPC

副作用のチェック
・コスト低減，効率化に対する品質低下
・信頼度向上に対するコストアップなど

アウトカム評価
・課題を解決する本来の目的を評価する
・顧客満足度，売上高，利益など
［評価方法の一例］
・アンケート実施→ポートフォリオ分析

アウトプット評価
・基本は，課題の構造を明確にする段階で把握した特性値がどうなったのかを評価する

（対策前→対策後のグラフ：目標値，効果）
（特性値の時間推移：対策実施後，目標値）

望ましくは，対策立案後の評価における「リスク」評価の段階で行われるべきであるが，"まず，やってみる"との意気込みで対策を実施することが少なくないため，効果確認のこの段階で，再度，他への悪影響（副作用，反対特性など）を予測し，きちんと評価することが必要である。

特に，近年の厳しい経営環境の中で，コスト低減，時間短縮，業務効率化などが品質に優先して取り上げられた場合，品質，信頼性，安全性，環境性などを必ずチェックすることが必要である。

(7) 歯止めと標準化

課題達成活動の最終段階である"歯止めと標準化"ほど，今日の課題達成活動で軽視されているものはない。様々な課題は，課題を取り巻く環境（顧客ニーズ，技術発展，社会の価値観などの）変化によって引き起こされている。また，課題達成のために実施された手段は，現在の技術水準や材料，設備などの品質を含めたプロセスの入力条件の下で有効なものである。したがって，こう

2. 魅力的な課題達成法の概念とアプローチ方法

した環境や入力条件の変化によって，今回有効であった対策は陳腐化し，効力を発揮しなくなると予想される。

そのため，これらの環境や入力条件を明らかにした上で，今回の対策が長期にわたって効力を発揮しつづけるための"歯止め"と"標準"の作成が必要であり，さらには作成された標準を活用することで，さらに"標準の改訂"を促す活動としての"標準化"が必要である。

課題達成において，"水平展開による未然防止"という言葉が重要視されるが，水平展開を可能とするためには，今回の対策がいかなる環境条件の下で有効であるかを明らかにし，環境条件が変化した場合，どのように工夫しなければならないかを明らかにしておくことが必要なのである。

ところで，"課題達成の本来の目的は何か"ということを忘れることもある。例えば，"営業技術支援システムの構築による顧客サービスの向上"という課題を取り上げた活動を行った場合，

①現状把握の段階で，顧客に対するアンケート方式による顧客満足度の測定
②効果確認の段階で，顧客に対するアンケート方式による顧客満足度の測定

ということがなされる。しかし，何の目的で"顧客サービスの向上"に取り組んだのかを考えれば，このことによって顧客からの引き合いの増加，引き合いの増加による顧客における設計図面における自社図面の採用（これをA指名化ということがある），最終的には，売上高の向上ということが目的である。

あるいは，設計部門において"CAE活用による試作レス"を課題として取り組んだ場合，試作レス化が促進することは重要な目的であるが，これによって開発・設計の時間短縮が図られ，技術スタッフの創造的活動のための時間が確保されなければならない。また，製造現場第一線のQCサークル活動において，"5Sの徹底によるムダの削減"に取り組んだ場合，結果として作業上のムダが削減されることが第一の目的である。しかし，究極的には，工程・工数削減による固定費の削減や品質の向上が求められる。

例えば，効率化に取り組んで業務のIT化を進めたとしよう。今まで手作業で行っていたものをパソコンで行うことになり，結果として作業時間が1/10

になったことで目標を達成したと祝杯をあげる．でもよくよく考えてみると，パソコンを導入することによって作業時間が 1/10 になることは当然のことである．この場合，作業時間が 1/10 になったことで，お客様がどう満足されたのか，あるいは，残業時間や作業人員が減ることにより，かかる人件費がどの程度減ったのか，あるいは余裕ができたことによって，どんな新しい仕事ができるようになったのかを把握する必要がある．このように，課題達成においては，課題に直接的に関係する特性（これを「アウトプット指標」と呼ぶことがある）とテーマ解決で取り上げられた要因（これを「プロセス指標」ということがある）と同時に，経営指標である売上高や固定費などの特性（これを「アウトカム指標」ということがある）を評価することを忘れてはならない．

一般的な改善活動では，「プロセス指標」と「アウトプット指標」で改善の効果を確認して活動を終える場合が多い．しかし，「アウトカム指標」は総合的な結果であり，改善当事者だけでは制御できないこともある．また，「プロセス指標」から「アウトプット指標」は一般的に 1 対 1 につながっている場合多いが，「アウトカム指標」は複数の「アウトプット指標」から構成されることが多い．したがって，改善活動の結果「アウトプット指標」がどの程度「アウトカム指標」に寄与しているかを把握することが必要になってくる．このとき，「アウトプット指標」を構成している「アウトプット指標」を明らかにした上で，売上高や固定費などの財務指標と各種のアウトプット指標を説明変数とした重回帰分析を実施することで，定量的に評価することが望まれる．

III
魅力的な課題達成法の具体的展開

1. 課題からテーマを設定する

　課題の抽出とは，経営方針を具体的に展開することやお客様の声を整理することである。抽出された課題から取り組むべきテーマを決定する。テーマとなり得る課題としては，①経営課題の達成に向けた課題の解決，②自社を選んでいただくためのお客様サービスの提供，③大幅なプロセス改革などが挙げられる。

① 経営課題の達成に向けた課題の解決

　予想される課題とは，販売促進や新商品の開発や，現在問題とはならないが将来のことを考えると今，手を打つ必要がある課題とか，新しい業務の導入によってその仕事のやり方やしくみを作る必要があるものへの対応をいう。具体的には，企業の中期経営方針や年度経営計画などから自部門へ具体的に展開することによって導きだされる課題である。

　テーマ例「営業活動における販売台数の向上」―最適営業活動方法の設定―
　　（株）前田製作所[20]
　　市場の低迷から販売台数が減少傾向であり，また営業活動を実施していく上で各担当者のレベル差があり同様な訪問をしても実績に差異が発生している。そこで，各担当の訪問状況を把握し最適な訪問効率を導き出し，それに沿った活動を展開して実績を上げるために，上記のテーマに取り組んだものである。

② 自社を選んでもらうためのお客様サービスの提供

お客様の要望や希望をお客様の立場に立って考えると，新たな魅力的サービスの提供や新商品の開発が浮かび上がってくる。このために多様化するお客様の声を整理し，取り組むべき課題を抽出する必要がある。

テーマ例「塗膜防水材の開発と改善」（株）竹中工務店[20]

　　エンドユーザー対象のアンケート結果より，建物の防水に対する開発・改善のニーズが大きいことが分かった。その中で，塗膜防水工法が汎用工法としての確立が望まれていたが，成膜条件や調合上の問題，耐久性に対する不信感等山積みされている課題を達成しなければならないことから，テーマとして取り上げたものである。

③ 大幅なプロセス改革

大幅なプロセス改革とは，ねらいを達成するために方策や手段を追求して，そのねらいを達成する仕事のやり方をつくり出して大幅に仕事のプロセスを改革することをいう。

例えば，従来のやり方で仕事を行っていたが，時間がかかり過ぎて問題になった場合，大幅な時間短縮できるやり方を新たに創造して目標を達成するような活動をいう。他に，○○サービス業務の省力化や設備費，工事費のコスト低減などがある。このように大幅な改善を行う場合には，ある一部の要因の水準を変更することだけでは不十分のため，何らかの新しい方法を導入することが必要となることがある。

テーマ例「樹木管理方法の改善」関西電力（株）[20]

　　配電線事故原因には，雷，風雨などの気象条件や鳥獣，樹木などの外的要因によるものが大半を占めている。このうち，樹木に起因する事故は増加傾向を示していた。そこで，樹木接触事故の発生事象から，配電部門の品質保証体系の各工程で不機能要因を抽出したところ，運用保全工程の管理方法に不備があることが分かり，仕事のシステムを改革することをねらいに上記テーマに取り組んだものである。

1. 課題からテーマを設定する

(1) 経営方針からテーマを設定する方法

　経営方針や部門方針など上位方針は，抽象的な概念であることが多い。そこで，この抽象的な概念を目的として設定し，この目的に対するアプローチすべき内容を列挙することから始める。アプローチすべき内容とは，目的に対して関心あることから考えてみる。この関心事から問題や課題を分離抽出するわけであるが，このときに上位の概念から下位の具体的な問題や課題を順次ブレークダウンすることは非常に難しいことが多い。したがって，メンバー間でのディスカッションや自分自身で考えて出てきた問題や課題についてカードに記入し，親和図法で整理してみるのも一つの方法である。

　出来上がった親和図を参考に，目的である経営方針などから抽出された問題や課題をテーマ化し，取り組むテーマ候補まで系統的に展開する。このとき，親和図を単に系統図に置き換えるのではなく，親和図を参考に目的から具体的テーマを展開していく。そして，得られたテーマ候補を重要度，緊急度，拡大性などで評価を行って取り組むべきテーマを決定する。

　具体的な手順は，次のとおりである。

手順1　経営方針や部門方針から，取り組む方針を設定する。
（目的の設定）
　　（例）○企画部門の業務効率化
　　　　　○お客様サービスの向上

手順2　目的に対するアプローチ内容の列挙
　目的に対して，アプローチする内容を考える。例えば，次のような観点から抽出してみる。
　① 問題が発生している。あるいは，発生が予想されることはないか。
　② やらなければならない課題はないか。
　③ 調査すべき事項やさらに詳細な分析を要するものはないか。
　　（例）アプローチ内容「業務を改善しなければならない」

「お客様対応のサービスを考えなければならない」

手順3 アプローチの内容から課題を分離

例えば，アプローチの内容「業務を改善しなければならない」ということについて，一口に業務の改善といっても，対象部署によっていろいろな領域に分かれる。ここで改善しなければならない対象が「IT化の遅れ」であるなら，それに絞って，どのような事実があるかの確認を行い，アプローチ内容から課題を抽出する。このとき，いろいろと抽出された課題を親和図で整理するとよい。

親和図とは，ディスカッションなどで得られた言語データを，データの親和性（親近感と同じような意味）によって整理し，各言語データの語りかける内容から発想して問題の本質を解明する手法である。

例えば，「お客様対応のサービスを考えなければならない」という内容についてディスカッションしたときの発言内容を言語データとして親和図としてまとめてみた。

出来上がった親和図から，テーマに取り上げた事項を読み取り，箇条書きで整理する（親和カードの作成）。

図2.1の例では，「営業窓口でのお客様応対は，"①親切で丁寧な対応をする"ということと"②お客様をあまり待たせない"ということである」ということが分かった。

[アプローチの内容を分離し，課題を抽出する例]
アプローチの内容「業務を改善しなければならない」
　① 業務のIT化がうまく機能していない
　② 関係各所への迅速な情報提供ができない
アプローチの内容「お客様対応のサービスを考えなければならない」
　① 親切で丁寧な対応をする
　② お客様をあまり待たせない

1. 課題からテーマを設定する

● 親和図の活用のポイント
・言語データはできる限り具体的に記入する。
・2～3枚の言語データから1枚の親和カードを作成する。
・親和図が出来上がったら，必ず得られた情報を文章にまとめる。

親和カードの作成
・集めた2～3枚のカードの意味をよく表している内容を考える

発言内容をカードに記入

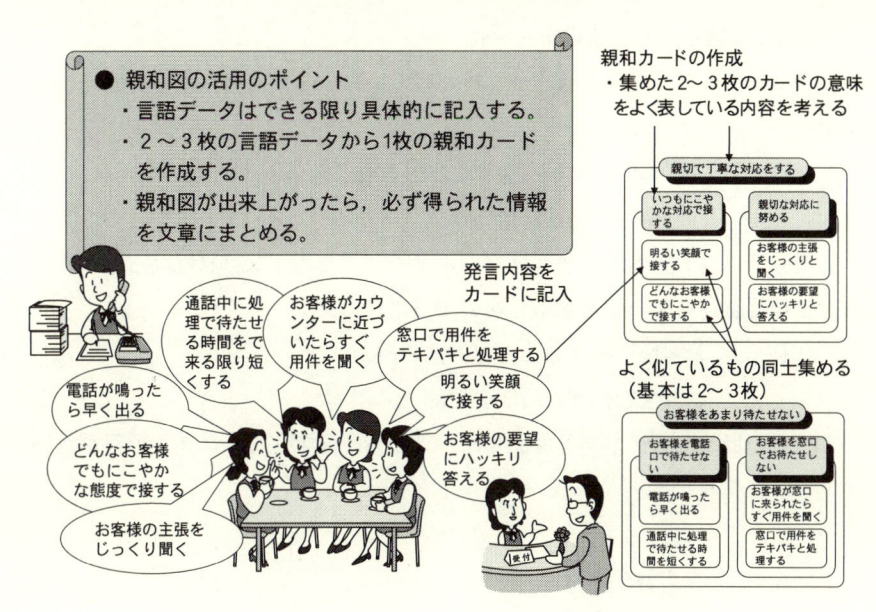

よく似ているもの同士集める（基本は2～3枚）

図2.1 お客様対応のサービスを考えた親和図の作成

（経営方針）	（課 題）	（テーマ）	重要度	緊急度	拡大性	総合評価	
企画部門の業務効率化	業務のIT化がうまく機能していない	○○部門における業務IT化の再構築	5	5	5	125	テーマ決定
		・・・・・・	5	3	3	45	
業務を改善しなければならない	関係各所への迅速な情報提供ができない	○○情報の迅速な情報提供	3	5	5	75	
（展開）		・・・・・・	3	1	3	9	

（経営方針）	（課 題）	（テーマ）	重要度	緊急度	拡大性	総合評価	
お客様サービスの向上	親切で丁寧な対応をする	お客様に喜ばれる対応方法の改善	5	5	5	125	テーマ決定
		・・・・・・	5	3	3	45	
お客様対応のサービスを考えなければならない	お客様をあまり待たせない	お客様お待たせ時間の短縮	3	5	5	75	
（展開）			3	1	3	9	

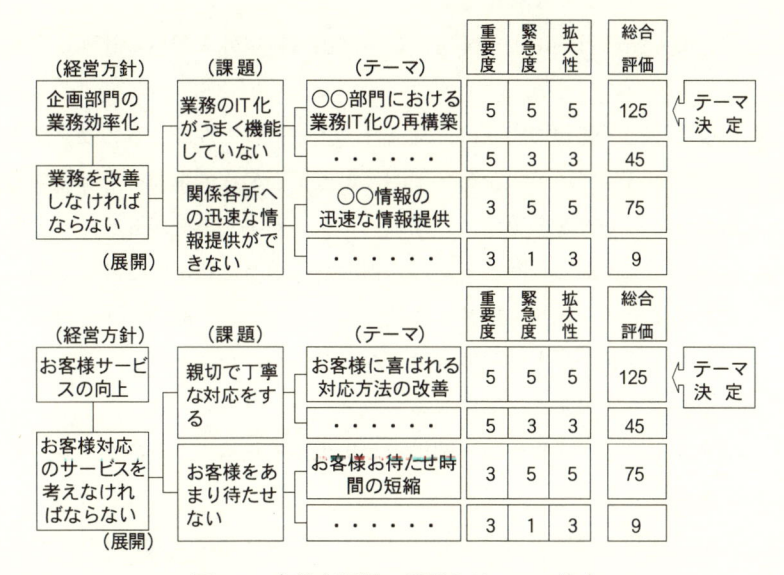

図2.2 方針や課題の展開とテーマの決定

手順4　分離された課題のテーマ化

アプローチ内容「業務を改善しなければならない」から分離した課題をテーマ化すると次のようになる。

　　（例）①　〇〇部門における業務IT化の再構築
　　　　　②　〇〇情報の迅速な情報提供

また，アプローチ内容「お客様対応のサービスを考えなければならない」から分離した課題をテーマ化すると次のようになる。

　　（例）①　お客様に喜ばれる応対方法の改善
　　　　　②　お客様お待たせ時間の短縮

これらの目的からテーマへ展開した内容を系統図で整理し，追加項目がないかどうかを検討する。

手順5　テーマの評価と選定

各々の課題に対し，「重要度」，「緊急度」，「拡大性」を尺度として優先度を決め，取り組むべきテーマを選定する。

ただし，取り組む目的によっては，この評価項目以外の項目で評価してもよい。

① 重要度：その課題の実施は，経済性，企業の将来性などへの効果影響から見て，その企業・部門にとってどの程度重要かを評価する。

② 緊急度：その課題の実施は，期限，実施の効果，実施が遅れた時の影響などから判断して，どの程度さし迫った状況かを評価する。

③ 拡大性：その課題を実施せずに放置しつづけると，その解決を目指した問題が，どの程度大きくなっていくかを評価する。

評価の方法は，次のように実施する。

① 項目ごとに情報を集めて，関係者が集まって議論し，そのコメントやデータを記入する。

② テーマ候補と評価項目のマトリックスに記入されたコメントやデータから，評価項目ごとに，テーマ候補の相互比較を行い，最も重要なものを

「5」，最も重要でないものを「1」とし，「5」「4」「3」「2」「1」と評価する。5段階で評価しにくい場合には，「5」「3」「1」でもよい。
③　優先度は，「重要度」×「緊急度」×「拡大性」の掛け算で行うのが一般的である。
④　優先度から取り組むべきテーマを選定する。

以上の検討内容を，手順4で作成した系統図にマトリックス図を添えて記入する。この後，各項目について管理項目と管理水準を設定しておけば，改善の要否や目標設定などが容易になる。

図2.2は，以上の検討内容を系統図にまとめ，マトリックス図で評価を行い，テーマを決定したプロセスを図示したものである。

(2)　経営戦略の議事録からテーマを探す方法

取り組むべき経営方針は決まったが，課題やテーマをどう展開すればいいのか分からない。こんなとき，取り上げる経営課題に関連した戦略会議などの会議の議事録をもってきてみてはどうか。議事録をA3判の用紙に拡大して，ホ

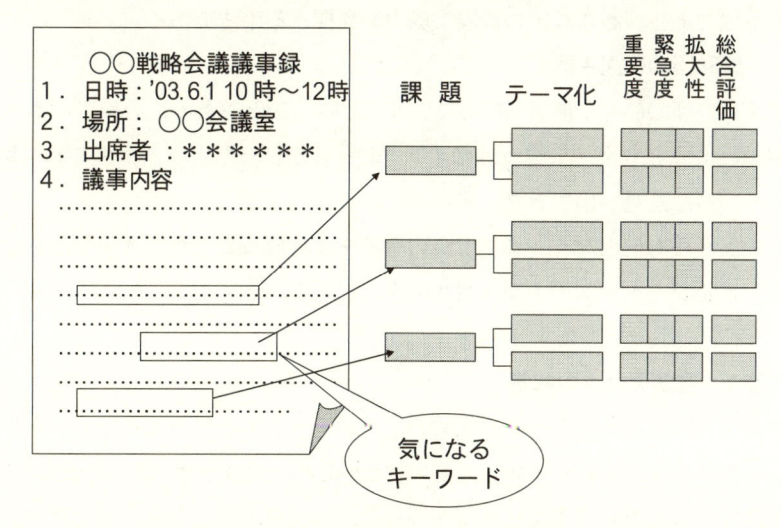

図2.3　戦略会議の議事録からテーマを選定する方法

ワイトボードに貼ってみる。そして，みんなで議事録を読んで，気になるキーワードをマーキングしてみる。

そのキーワードをホワイトボードに書き出して，キーワードを短文「主語と述語」に置き換えてみる。その短文をカードにひとつずつ書き，その短文を縦軸にマトリックス図を作成する。

マトリックス図の横軸は，「重要度」，「緊急度」，「拡大性」で評価してみる。「5」「3」「1」というように掛け算してみて，総合点の高い問題又は課題を取り上げてみる。これが「テーマ」になる。

(3) 親和図法でお客様ニーズから課題を抽出する
1) 親和図法とは

親和図法とは，お客様との商談情報（顕在化した情報）からお客様の潜在ニーズを探る。現在段階で入手できるメディア情報，各種政治，経済，社会情報から近未来における企業環境にかかわる方向を探る。また，市場を含めた後工程からの意見によって自部門における課題を明らかにするなどの場面で適用される手法であり，課題設定の段階で威力を発揮する手法である。

2) 親和図の作図手順

例えば，新QC七つ道具（略して，N7と呼ぶこともある）の教育を本格的に実施しようと考え，事業所長にインタビューを行ったところ，図2.4のようにいろいろな意見が出てきたとする。

この図からも何となく，事業所長の希望をくみ取ることができそうだが，ここで，言語データを次の手順で親和図をまとめてみる。

手順1 言語データの収集

言語データを集めることから始める。言語データの収集方法には，アンケート，インタビュー，ディスカッションなどがある。このとき，集めたデータは，抽象的であったり，言葉足らずであったり，二つ以上のことを一度に発言している場合もある。また，言語データは全く同じであったとしても，解析者がそ

1. 課題からテーマを設定する

```
■Ｎ７教育に対する受講者派遣側所属長の意見（面接調査結果による）
・事例によるＴ型マトリックスの作図方法をテキストに取り入れてほしい
・ＰＤＰＣ法は具体例で作図手順で教えた方がよい
・形作りになってしまうＰＤＰＣ法にストーリー性をもたせてほしい
・教育内で実践的演習をするのは理解しやすい
・ＧＤ（グループディスカッション）の役割の重要さを身に付けさせる必要がある
・グループ演習の時間を十分に取ってほしい
・演習のテーマは自己の業務に密着したものがよい
・部門別にＧＤを行い業務に直結した作図方法を身に付けさせたい
・事例を多くして理解レベルを上げる必要がある
・手法別に数多くの社内事例をテキストに取り入れる必要がある
・悪い事例によるダメな点を強調した進め方も必要である
・社内事例の紹介により改善活動の必要性を教える必要がある
・‥‥‥‥‥‥‥‥‥‥‥‥‥‥‥‥‥
```

図2.4 「Ｎ７教育に対する意見」（今里健一郎作成）

の言語データのもつ意味をどのように理解するかによって意味合いは異なってくる。そのため，言語をデータ化するに当たって以下に述べるような基本を守る必要がある。

① 文章は「主語＋述語」で表現する

例えば，「機器故障件数の平均値が△△％」では，「機器故障件数の平均値が△△％で推移している」のか，「機器故障件数の平均値が△△％に上昇してきた」のかが明確でない。

② 同時に二つ以上のことを述べない

「法的規制による検査業務量が多いため，新設備導入時の教育時間を取ることができない」というのは「法的規制による検査業務量が多い」という言語データと「新設備導入時の教育時間が取れない」という言語データに分けた方がよい。

③ 可能な限り具体的に表現する

抽象的な表現だと，解釈の違いが生じるので留意する。

手順2 言語データのカード化

手順1で得られた言語データをカードに書く。このとき，1カードに一つの言語データを書く（図2.5参照）。

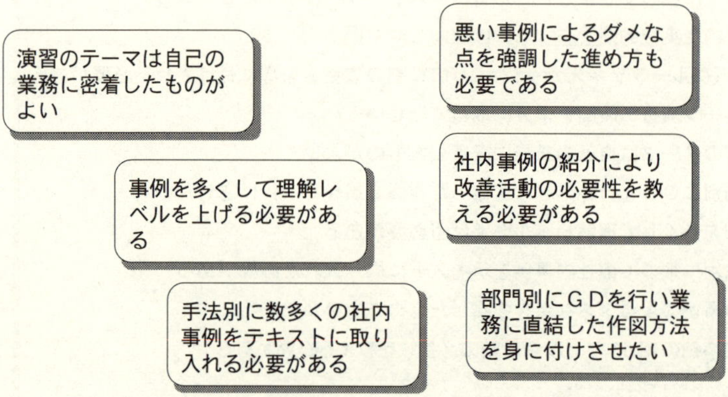

```
┌─────────────────┐        ┌─────────────────┐
│ 演習のテーマは自己の │        │ 悪い事例によるダメな │
│ 業務に密着したものが │        │ 点を強調した進め方も │
│ よい              │        │ 必要である        │
└─────────────────┘        └─────────────────┘

      ┌─────────────────┐   ┌─────────────────┐
      │ 事例を多くして理解レ │   │ 社内事例の紹介により │
      │ ベルを上げる必要があ │   │ 改善活動の必要性を教 │
      │ る                │   │ える必要がある     │
      └─────────────────┘   └─────────────────┘

      ┌─────────────────┐   ┌─────────────────┐
      │ 手法別に数多くの社内 │   │ 部門別にGDを行い業 │
      │ 事例をテキストに取り │   │ 務に直結した作図方法 │
      │ 入れる必要がある   │   │ を身に付けさせたい  │
      └─────────────────┘   └─────────────────┘
```

図2.5 言語データのカード化

手順3 カード寄せ

手順2で作成した言語データカードをメンバー全員が見える机の上などに広げる。このとき，誰かが一つ一つの言語データカードを読み上げることにより，全員が内容を共有化することとなる。そして，内容的に不明な点や違っている点などの意見を述べて，言語データカードの内容を修正することも必要である。

広げた言語データカードを読んでいくうちに「ほとんど同じ」，「似ている」，「近い」というように，最も親近感を感じさせるデータカードを寄せる。このとき，言語データは親和性で寄せるのであって，単純な分類で寄せてはいけない（図2.6参照）。

手順4 親和カード作り

寄せられた言語データカードに言い表されている内容を何度も読みながら，

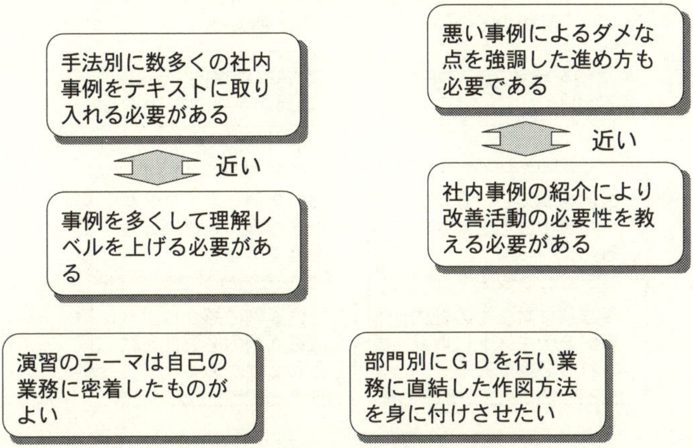

1. 課題からテーマを設定する　　　　67

```
┌──────────────┐              ┌──────────────┐
│手法別に数多くの社内│              │悪い事例によるダメな│
│事例をテキストに取り│              │点を強調した進め方も│
│入れる必要がある  │              │必要である    │
└──────────────┘              └──────────────┘
      ◇ 近い                       ◇ 近い
┌──────────────┐              ┌──────────────┐
│事例を多くして理解レ│              │社内事例の紹介により│
│ベルを上げる必要があ│              │改善活動の必要性を教│
│る         │              │える必要がある  │
└──────────────┘              └──────────────┘

┌──────────────┐              ┌──────────────┐
│演習のテーマは自己の│              │部門別にGDを行い業│
│業務に密着したものが│              │務に直結した作図方法│
│よい        │              │を身に付けさせたい │
└──────────────┘              └──────────────┘
```

図2.6　言語データのカード寄せ

言葉をまとめてみる。その内容を別の1枚のカードに書く。このカードを親和カードという。親和カードは，単に二つの言語データの足し算をしてはいけない。また，分類項目を書くのでもなく，二つ以上の寄せた言語データの意味を十分考えて作成する。

2枚の言語データカードを1枚の親和カードにまとめていくことを基本にする。数枚の言語データカードを1枚の親和カードでまとめた場合，その内容が項目的に表現されてしまうことが多いので注意を要する（図2.7参照）。

手順5　カード寄せと親和カード作りを繰り返す

寄せたデータカードに親和カードをつけて，見掛け上は1枚のカードとしてもとのカード群に戻す。これを繰り返しながら，全体の束が五つ程度になるまで同様のことを行う（図2.8参照）。

このとき，最後までどのカードとも近寄らない言語データカードが発生する場合がある。これを「一匹狼」とも言う。このような言語データが発生した場合には，無理に他の言語データカードや親和カードにくっ付けずに1枚の言語データカードとしてそのままにしておく。

親和カード　　　　　　　　**親和カード**

┌──────────────┐　　┌──────────────┐
│ 事例をテキストに多く │　　│ 具体的な事例による │
│ 載せる   │　　│ 講義が必要である │
└──────────────┘　　└──────────────┘
　　　　↑　　　　　　　　　　　↑

- 事例を多くして理解レベルを上げる必要がある
- 手法別に数多くの社内事例をテキストに取り入れる必要がある

- 悪い事例によるダメな点を強調した進め方も必要である
- 社内事例の紹介により改善活動の必要性を教える必要がある

図2.7　親和カードづくり

- 手法別に数多くの社内事例をテキストに取り入れる必要がある
- 事例を多くして理解レベルを上げる必要がある
- 事例をテキストに多く載せる

- 部門別にGDを行い業務に直結した作図方法を身に付けさせたい

- 社内事例の紹介により改善活動の必要性を教える必要がある
- 悪い事例によるダメな点を強調した進め方も必要である
- 具体的な事例による講義が必要である

- 演習のテーマは自己の業務に密着したものがよい

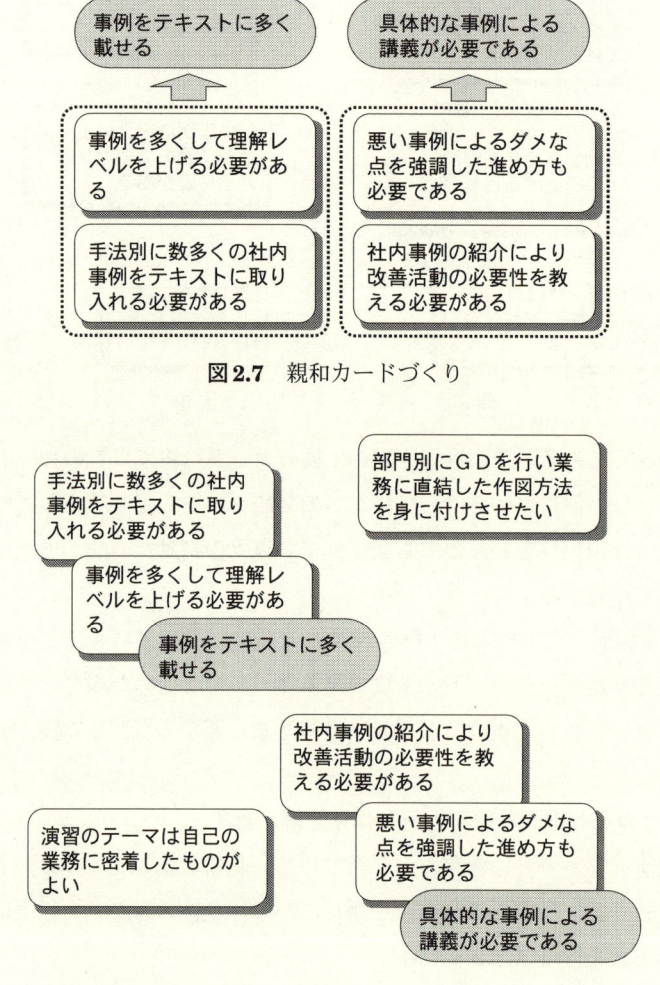

図2.8　カード寄せと親和カードづくりの繰り返し

手順6　親和図からの情報の読み取り

最終的に3～5枚の親和カードにまとまれば，カードを配置して，親和図を作成する。図2.9は，「N7教育に対する意見」をまとめた親和図である。こ

1. 課題からテーマを設定する

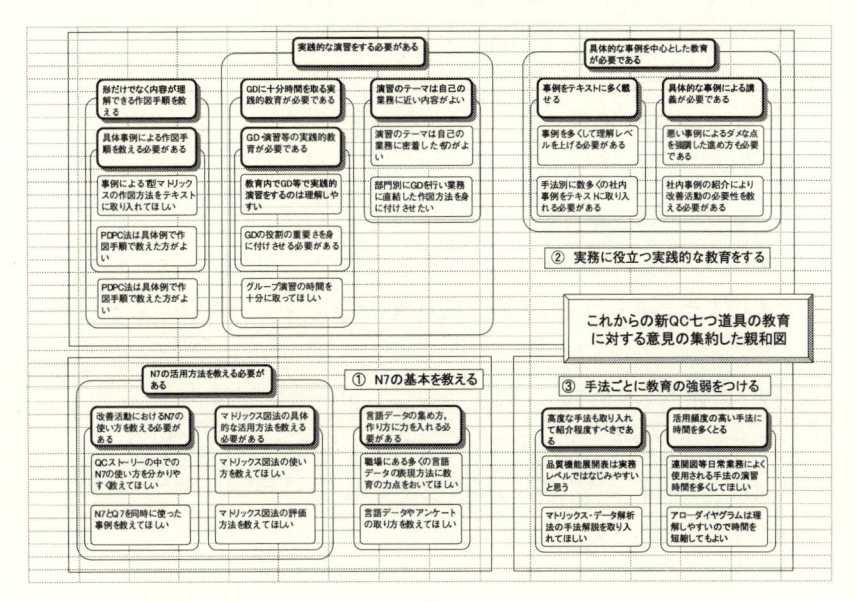

図2.9 「N7教育に対する意見」の親和図（今里健一郎作成）

の図から情報を読み取る。

この図から分かることは，

① 新QC七つ道具の基本を教える
② 実務に役立つ実践的な教育をする
③ 手法ごとに教育の強弱をつける

の三つの大きな柱を据える必要があり，さらに，①については，「新QC七つ道具の基本である言語データの……」という風にまとめることができる。

3) エクセルによる親和図の作図手順

手順1　言語データのカード化（図Ex1-1）

① 言語データカードの作成
  1. オートシェイプ（U）
  2. 基本図形（B）
  3. 角丸四角形

の順にクリックし，図形範囲を指定する。
　②　言語データの記入
　　1.　言語データを記入する図形を指定する
　　2.　右クリックして，
　　3.　テキストの追加（X）
をクリックし，言語データのコメントを入力する。
　この操作をデータカードの枚数分繰り返し行う。

手順2　言語カードのカード寄せ（図Ex1-2）
　③　似ている言語カード同士をクリックして移動させ，集める。
　　○集めるカードは基本的に2～3枚とする。
　　○1枚単独で残るカードもある。
　④　枠の作成
似ている言語カード同士を枠で囲い込む。枠の作成は，
　　1.　オートシェイプ（U）
　　2.　基本図形（B）
　　3.　角丸四角形
の順にクリックし，図形の範囲を指定する。
　　4.　この枠は，図形の「塗りつぶしなし」にする。

手順3　親和カードの作成（図Ex1-3）
　⑤　親和カードの作成
手順2で作成した枠の上に親和カードを作成する。
　　1.　オートシェイプ（U）
　　2.　基本図形（B）
　　3.　角丸四角形
の順にクリックして，手順1の言語データ作成と同じ要領で，図形範囲を指定する。そして，言語データを記入する図形を指定し，右クリックして，テキス

1. 課題からテーマを設定する　　　　　　　　71

手順1．言語データのカード化（Ex 1–1）

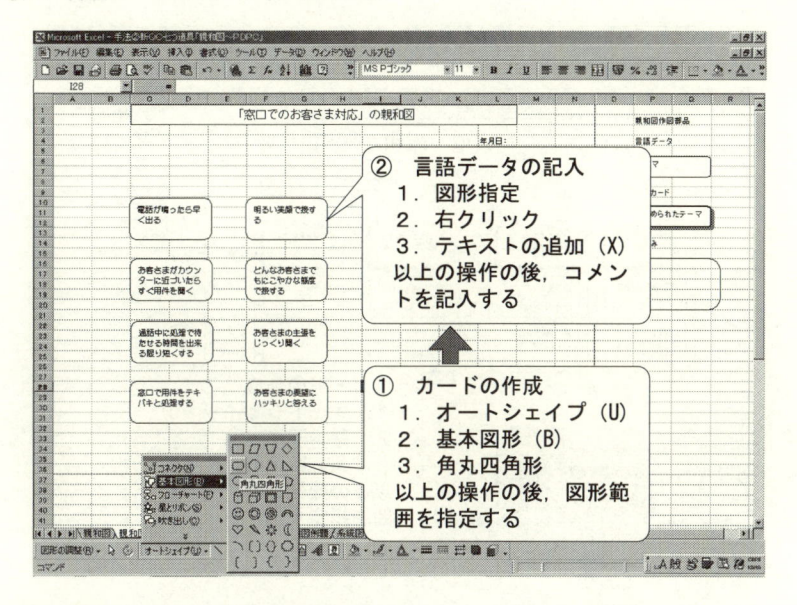

② 言語データの記入
1．図形指定
2．右クリック
3．テキストの追加（X）
以上の操作の後，コメントを記入する

① カードの作成
1．オートシェイプ（U）
2．基本図形（B）
3．角丸四角形
以上の操作の後，図形範囲を指定する

手順2．言語データのカード寄せ（Ex 1–2）

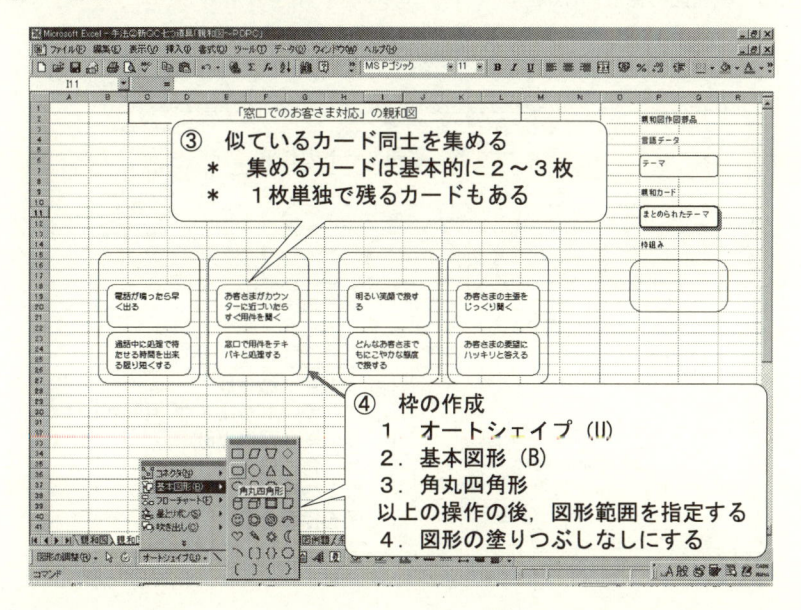

③ 似ているカード同士を集める
　＊　集めるカードは基本的に2〜3枚
　＊　1枚単独で残るカードもある

④ 枠の作成
1　オートシェイプ（U）
2．基本図形（B）
3．角丸四角形
以上の操作の後，図形範囲を指定する
4．図形の塗りつぶしなしにする

手順3. 親和カードの作成（Ex 1–3）

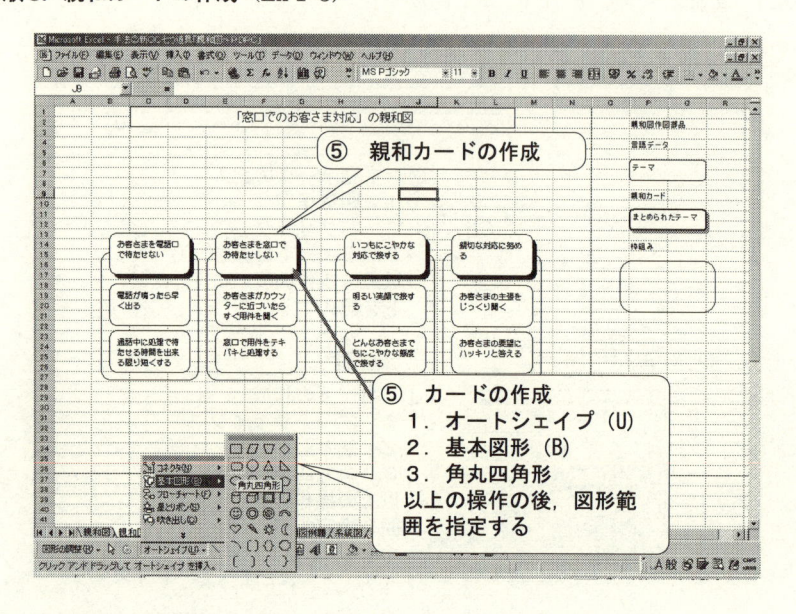

手順4. 親和図の完成（Ex 1–4）

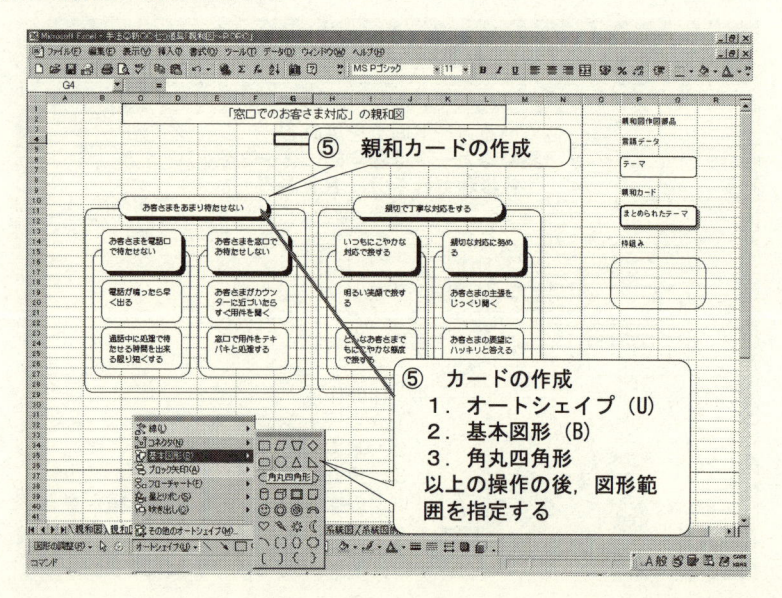

トの追加（X）をクリックし，言語データのコメントを入力する。

手順4　親和図の完成（図 Ex1–4）
データカードや枠を移動させて，形を整え，親和図を完成させる。

(4)　目標の設定

テーマが決まれば，目標値を設定することになる。経営方針を展開して取り組まれるテーマの目標値は，「方針」の構成から目的と目標値を検討する。目標値は，できるだけ数値化することが望ましい。

①　目　的：何のためにやるのか，どんな"優位性"をどう築いていくか。
②　目標（値）：どの方向に向かって，いつまでにどこまでやるか。

また，目標値を決めるにあたって留意すべきポイントとして，次のようなものがある。

①　顧客（消費者）からみた自社の優位性をどう築くかを決定する（目的の明確化）。
②　それを阻害する要因，または結果としての悪さを Q（品質），C（コスト），D（納期・生産量），S（安全），M（モラール），E（環境）にわたって明確に把握する（現状把握）。
③　その悪さをいつまでに，どのレベルまで改善すべきかを考え，優先テーマの改善目標を立てる。
④　テーマと目標は，前期の自部門の目標と実績の差異分析からも導き出されるべきである。

目標値は，簡単に達成できる値より，挑戦意欲のある目標とする。目標値が決めにくい場合，ベンチマーキングを行って他所や他社と比較し，目標値を決めることもある。

方針管理を受けての活動であれば，目標値は本来，テーマの選定と同時に決まっているものである。組織全体の目標値から各部門のテーマの目標値を割り当てることによって決まる（図 2.10）。

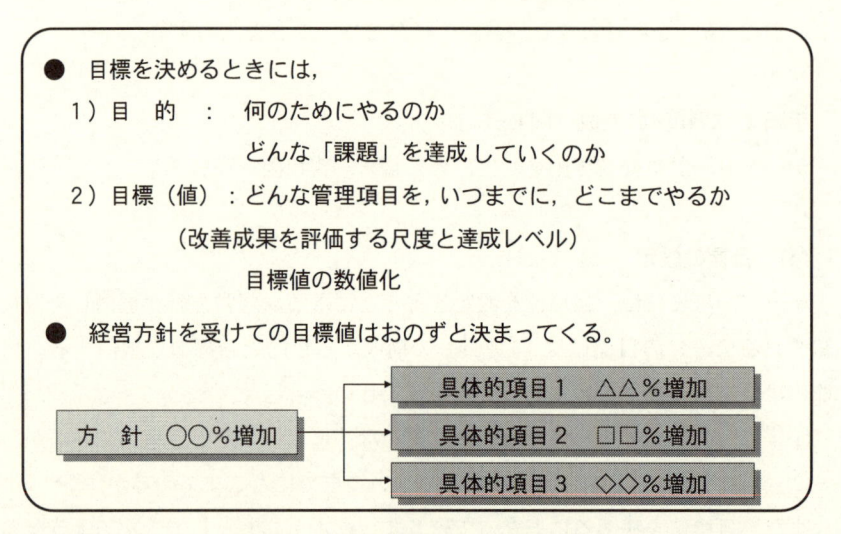

```
● 目標を決めるときには,
    1) 目  的 :  何のためにやるのか
                 どんな「課題」を達成していくのか
    2) 目標（値）: どんな管理項目を, いつまでに, どこまでやるか
                 (改善成果を評価する尺度と達成レベル)
                 目標値の数値化
● 経営方針を受けての目標値はおのずと決まってくる。

   ┌─────────────┐    ┌──────────────────────┐
   │ 方  針 ○○%増加 │──┬─│ 具体的項目1  △△%増加 │
   └─────────────┘  │ └──────────────────────┘
                    │ ┌──────────────────────┐
                    ├─│ 具体的項目2  □□%増加 │
                    │ └──────────────────────┘
                    │ ┌──────────────────────┐
                    └─│ 具体的項目3  ◇◇%増加 │
                      └──────────────────────┘
```

図2.10　目標値を決めるときの考え方

　経営方針の展開やお客様ニーズから得られた課題よりテーマを決めることからすれば,バランス・スコアカードから戦略的な目標を決めることもできる。バランス・スコアカードとは企業・組織のビジョン・戦略を実現するために,四つの視点,①財務の視点,②顧客の視点,③業務プロセスの視点,④人材と変革の視点ごとに,主要な戦略目標（課題）を複数個設計する。建築系企業A社のバランス・スコアカードを表2.1に示す。

　問題の再発防止に取り組むときの目標は,図2.12に示すようにパレート図の最上位項目について,不良件数2番目までにするとか,ヒストグラムで平均値を上げる（又は,下げる）と同時にばらつきを減らすために上限や下限規格値内にするなどが考えられる。

　また,売上高や顧客満足度など増加させる特性値で,目標値が決めにくい場合には,ベンチマーキングを行い,他所や他社の実績から,最高位のレベルより少し高めの値を目標にする方法もある。図2.13の例は,A事業所がお客様満足度を向上させることをねらいに,全社営業所の中で,トップのE事業所を追い抜く「満足度90%以上」を目標としたものである。

1. 課題からテーマを設定する

財務の視点
財務的に成功するために，ステークホルダーに対し，どのように行動すべきか

顧客の視点
ビジョンと戦略を達成するために，顧客に対し，どのように行動すべきか

業務プロセスの視点
株主と顧客を満足させるために，どのような業務プロセスに秀でるべきか

人材と変革の視点
ビジョンと戦略を達成するために，どの人材育成と変革能力を強化すべきか

顧客満足の向上　　　　企業の対応能力
企業の人材育成と変革能力の強化

図2.11　バランス・スコアカードのフレームワーク

表2.1　A社のバランス・スコアカード

視点	戦略の要素	尺度	指標
財務の視点	利益率の向上	利益率	売上高経常利益率 総資本経常利益率
	1物件の収入の向上	物件当たり収入	月間売上/月間物件総数
	1物件当たりのコスト低減	物件当たりコスト	月間総費用/月間物件総数
顧客の視点	顧客の意向　物件動向	新規計画物件の受注	新規契約物件数/新規発生物件数
	リピーターの向上	再利用意向	リピート顧客率：リピート顧客契約数/新規契約物件数 顧客満足度調査での再利用意向率
プロセスの視点	「低価格」追求	「低価格」満足度	顧客満足度調査結果
	原価低減	原価低減率	1－原価/標準原価
	購買(仕入)品の原価低減	仕入原価低減率	1－物件の仕入原価/標準仕入単価
人材と変革の視点	営業・技術のスキル向上	営業・技術担当のスキル	社内営業主任・技術主任資格保有者数/営業・技術担当数 研修受講者数/研修対象数

76　III. 魅力的な課題達成法の具体的展開

パレート図

(件)
n = 25
○○月分

不良件数
25
20
15　13
10
7
5
3
2
 A B C D

100%
52%

目標：AをB以下にする

ヒストグラム

H○.10/5～11.4
$n = 54$
$\bar{x} = ***$
$s = ***$

度数
25
20
15
10
5
0
 15 25 35 45 55 65 75 85

下限規格値 S_L　　上限規格値 S_U
A　　　　　　　　　　　　　B

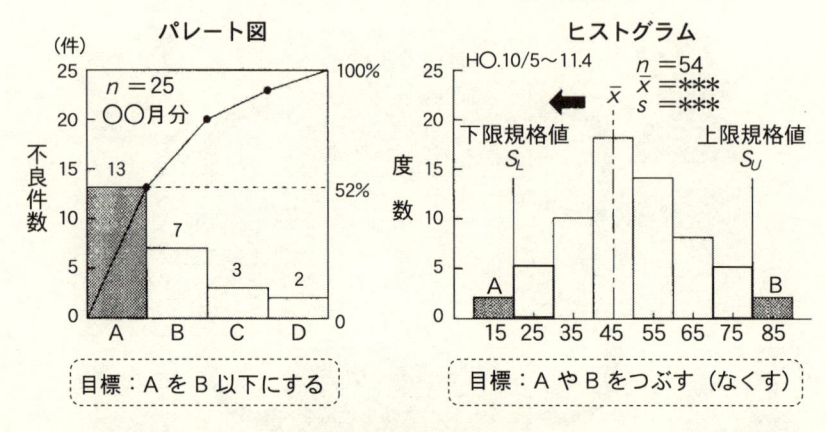

目標：AやBをつぶす（なくす）

図2.12　目標値の決め方の一例

事業所別顧客満足度

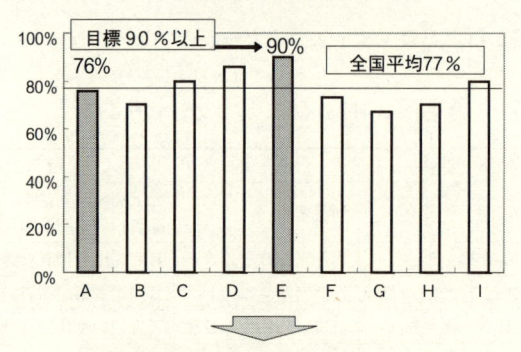

目標90％以上　→ 90%
76%
全国平均77%

100%
80%
60%
40%
20%
0%
 A B C D E F G H I

【目標値】お客様満足度　90％以上
（現状：76％　期限2003年12月）

注）お客様満足度が全社ナンバー1であるE事業所の90％を目標に追い抜く

図2.13　ベンチマーキングにより目標値を決める方法

2. 現状を把握する

現状把握では，課題の構成要素を明確にするため，まず課題に対するいろいろな問題を列挙することから始める。ここでは，連関図を活用して「課題の特徴」，「背後の問題」，「関係する他の問題」などの**仮説**を立てる。この仮説をもとに事実のデータの収集，解析を行い，これを仮説に対して**検証**という。その結果を，ギャップ表などにまとめる。

(1) 課題の構造を明らかにする方法

課題の構造を明らかにするには，前述の「課題の特徴」，「背後の問題」，「関係する別の問題」を考えてみる。ここで，過去の経験や固有技術から仮説を立ててみる。考え出された仮説を図2.14のように連関図で整理してみると潜在的な構造が浮かび上がってくる。

- 課題の統計分布を調べると，なんらかの傾向が見られる。
- 課題の数値データから特徴を把握する。

課題の特徴

相互に関係する問題 ← **課題**

背後の問題

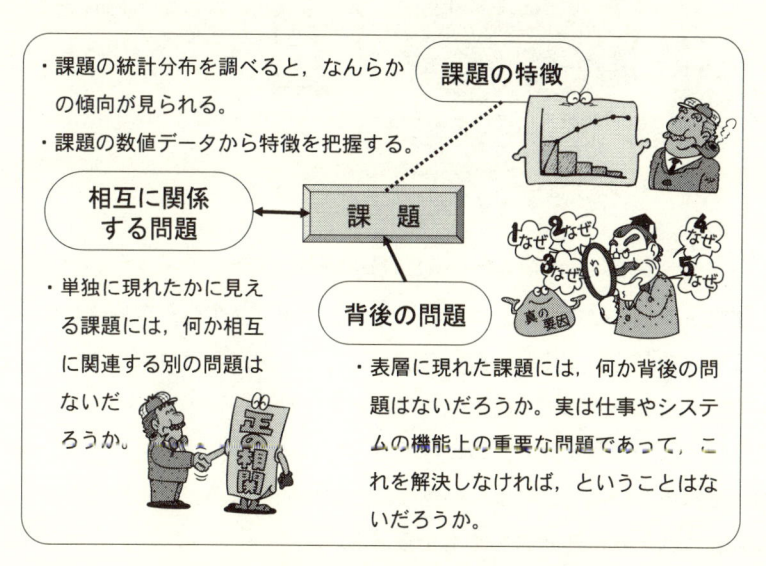

- 単独に現れたかに見える課題には，何か相互に関連する別の問題はないだろうか。

- 表層に現れた課題には，何か背後の問題はないだろうか。実は仕事やシステムの機能上の重要な問題であって，これを解決しなければ，ということはないだろうか。

図2.14 「課題の構造を明らかにする」とは

(2) 背後の問題を考える

直面している課題は氷山の一角であることが多い。連関図は，そうした場合に，各現象と原因の関係を論理的に展開することによって，複雑に絡んだ糸をときほぐし，重要要因を絞り込むための手法である。

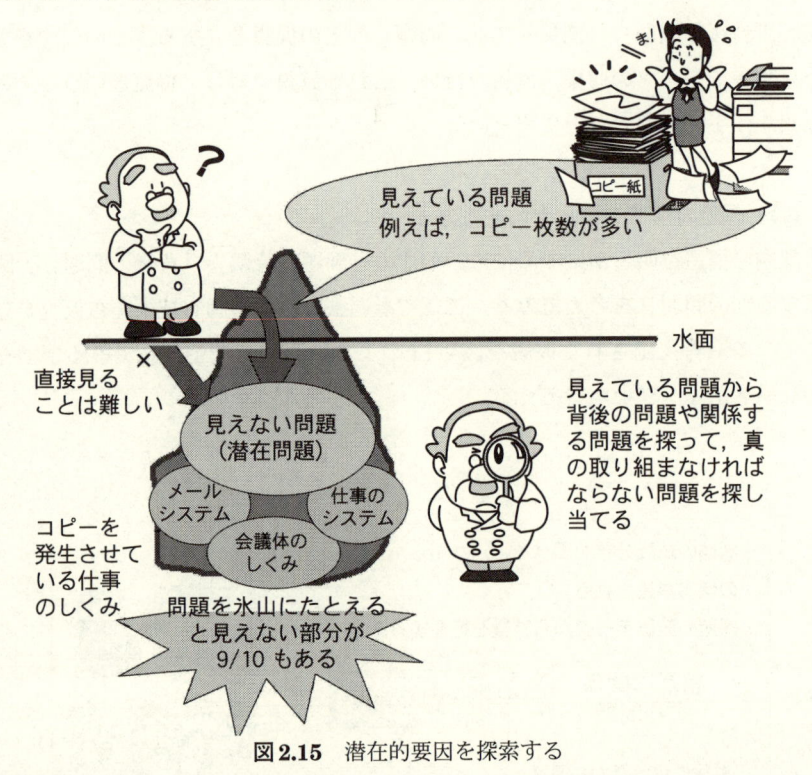

図2.15 潜在的要因を探索する

問題発生の根を絶つとは，単に見えている問題（発生した事故や苦情）に対処するだけでなく，見えない潜在問題までも取り除かなければならない。ところがこの見えない問題は，直接見ることができない。

この見えない問題を探すためには，見えている問題から背後の問題や関係する問題を探っていくことによって見ることが可能になる。

このようなときに連関図を活用するとよい。

図2.16は，「コピー枚数が多い」という問題を掘り下げて作られた連関図で

2. 現状を把握する

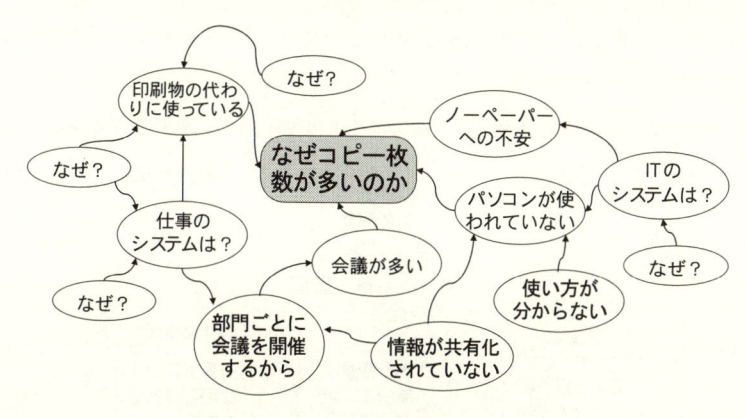

図2.16 「コピー枚数が多い」の連関図

ある。

1) 連関図の作図手順
手順1　テーマの設定と一次要因の抽出

テーマに影響している原因を主語と述語を明確にして，各自10枚程度のカードに書く。問題を代表する現象を1次要因とする。

ここでは，「図書室が利用しにくい」という問題を取り上げて，背後の問題点を探る方法を考えてみる。まず，テーマを「なぜ図書室が利用しにくい」と設定し，カードに書いてみる。この問題に対して1次要因を抽出すると，「図書室がしばしば会議に使われる」，「貸出方法が分からない」など4つの現象が浮かび上がった。図2.17は，テーマと1次要因を配置したものである。

手順2　要因の掘り下げ

1次要因（事象）を発生している原因を，「なぜ？なぜ？」を繰り返して2次要因，3次要因，……，n次要因を探索する。

ブレーンストーミング等で出てきた要因をカードに記入する。書かれたカードの内容によってある程度グルーピングし，原因一結果の因果関係を見ながら，カードを配置する。カードは仮止めとし，矢線を引く。追加する要因がないか，

あるいはもっと深い原因がないかを検討してカードに記入して，連関図に配置する．

図2.18では，4つの1次要因に対して，2次要因「会議が多すぎる」，「図書の一覧表がそろっていない」等々，「なぜ？なぜ？」を繰り返して得られた2

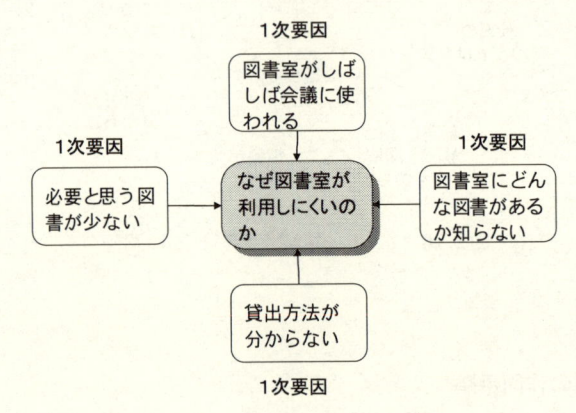

図2.17 テーマの設定と一次要因の抽出

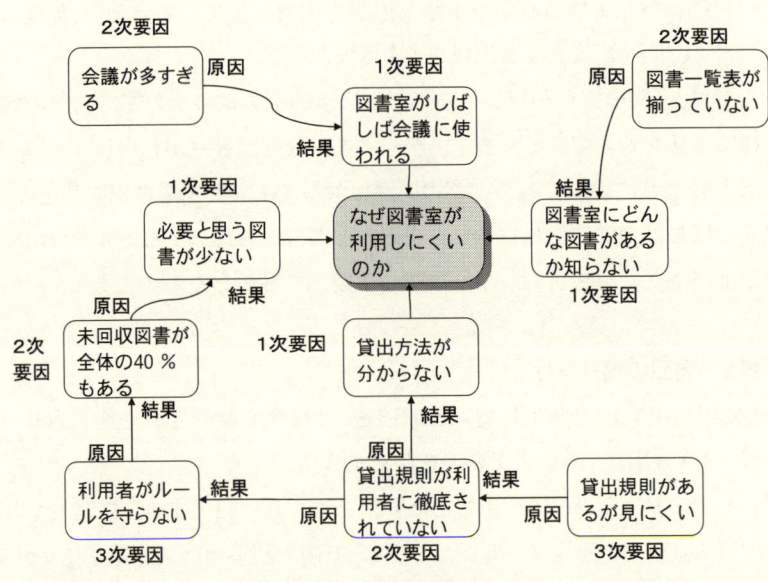

図2.18 要因の掘り下げ

次要因，3次要因を連関図に付け加えたものである。

手順3　連関図のチェックと修正
一通り出来上がった連関図を次の点をチェックし，必要あれば修正する。
① 全体を眺めて，"抜け"や"落ち"があれば追加する。
② 要因間の関連性をチェックし，関連ある要因どうしを矢線で結ぶ。
③ 一本の矢線で示された原因と結果の間が内容的に離れすぎている場合は，途中に要因を追加する。離れすぎているかどうかをみるには，「……だから……である」と原因から結果を確かめてみることが必要である。
④ 矢線がループになる因果関係は，関係の一番弱いところを思い切って断ち切る。

上記のチェックを行い，出来上がった連関図は，カードをテープなどで固定して，矢線を記入する。

図2.19では，さらに要因を考えてみると，「図書一覧表がそろっていない」のは「図書室に管理責任者がいない」ことが3次要因であることが分かり，連関図に追加した。そこで連関図の全体を見渡すと，ここで挙げた「図書室に管理責任者がいない」という3次要因が発生すると，2次要因「図書室がしばしば会議に使われる」が起こる。さらに，3次要因「利用者がルールを守らない」も発生することが分かった。そこで連関図の「図書室に管理責任者がいない」という要因から，「図書室がしばしば会議に使われる」と「利用者がルールを守らない」という要因に矢線を追加した。

2) エクセルによる連関図の作図手順
手順1　テーマの設定（図Ex 2-1）
テーマを決めてテーマカードを作成する。
① カードの作成
　1.　オートシェイプ（U）
　2.　基本図形（B）

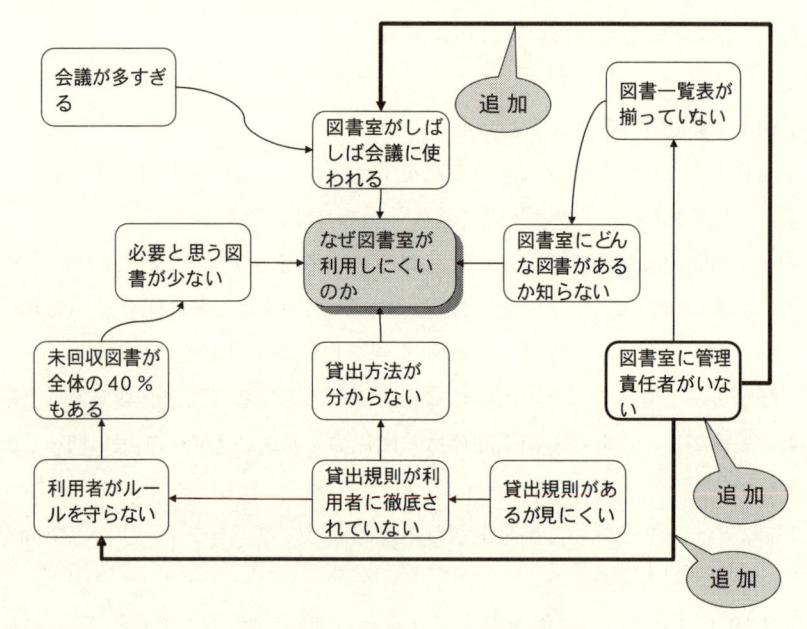

III. 魅力的な課題達成法の具体的展開

図 2.19 連関図のチェックと追加

　　3. 角丸四角形

の順にクリックし，図形範囲を指定する

　② 言語データの記入

　　1. 図形指定

　　2. 右クリック

　　3. テキストの追加（X）

以上の操作の後，テーマ名のコメントを入力する．

手順2　要因カードの作成と配置（図 Ex 2–2）

要因カードを「結果—原因」の関係で配置．

　③ カードの作成

　　1. オートシェイプ（U）

　　2. 基本図形（B）

2. 現状を把握する

  3. 角丸四角形

の順にクリックし，図形範囲を指定する

 ④ 言語データの記入

  1. 図形指定

  2. 右クリック

  3. テキストの追加（X）

以上の操作の後，要因カードのコメントを入力する．

以降の要因カードの作成は，図形のコピーで作成していく．

  4. 図形を指定

  5. 右クリック

  6. コピー（C）

  7. 貼り付け（P）

  8. コメントの削除，記入

以上の操作を繰り返して，必要枚数の要因カードを作成する

手順3 カード間を矢線でつなぐ（図Ex 2-3）

 ⑤ 矢線の作成

  1. オートシェイプ（U）

  2. コネクター（N）

  3. 曲線（片矢印）を選択

この状態でポインターを図形に近づけていくと，図形にブルーの4点が現れる．この4点のいずれかでクリックし，矢印でつないでいく．

  4. 矢印の元を指定（四角の4点から1点を指定）

  5. 矢印の先を指定（四角の4点から1点を指定）

手順4 図形の追加と修正（図Ex 2-4）

 ⑥ 図形の移動

  1. 移動する図形をマウスで選択する

2. 移動先までマウスで移動させる

矢印を「コネクター（N）」で接続しておくとカードを移動すると矢印も一緒に移動する。

⑦　カードの追加

　1. オートシェイプ（U）

　2. 基本図形（B）

　3. 角丸四角形

以上の操作の後，図形範囲を指定する

　4. オートシェイプ（U））

　5. コネクター（N）

　6. 曲線（片矢印）でカード間をつなぐ

手順5　連関図の作成（図Ex 2-5）

図形を移動させたり，矢線を修正したりして，連関図を完成させる。

手順1. テーマの設定（Ex 2-1）

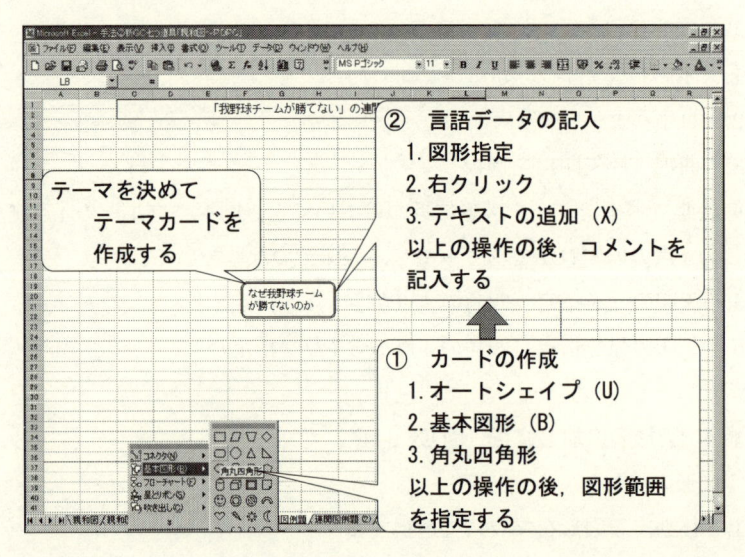

2. 現状を把握する

手順2. 要因カードの作成と配置（Ex 2-2）

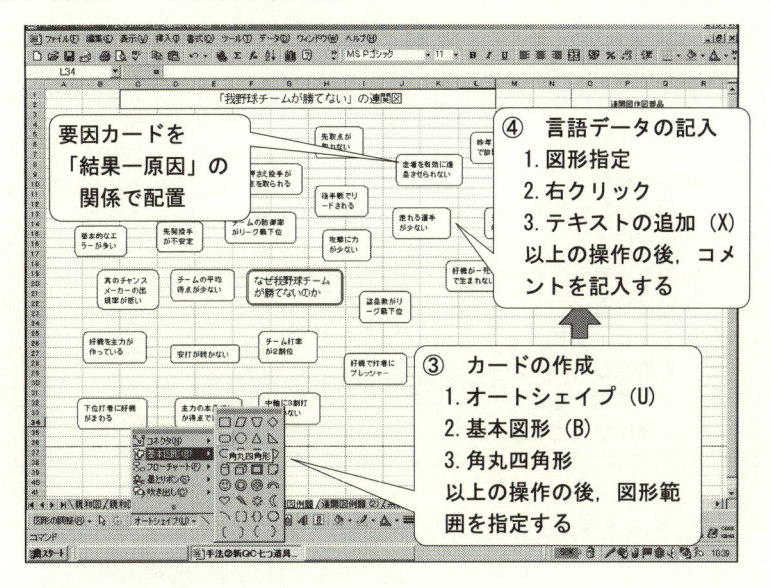

要因カードを「結果―原因」の関係で配置

④ 言語データの記入
1. 図形指定
2. 右クリック
3. テキストの追加（X）
以上の操作の後，コメントを記入する

③ カードの作成
1. オートシェイプ（U）
2. 基本図形（B）
3. 角丸四角形
以上の操作の後，図形範囲を指定する

手順3. カード間を矢線でつなぐ（Ex 2-3）

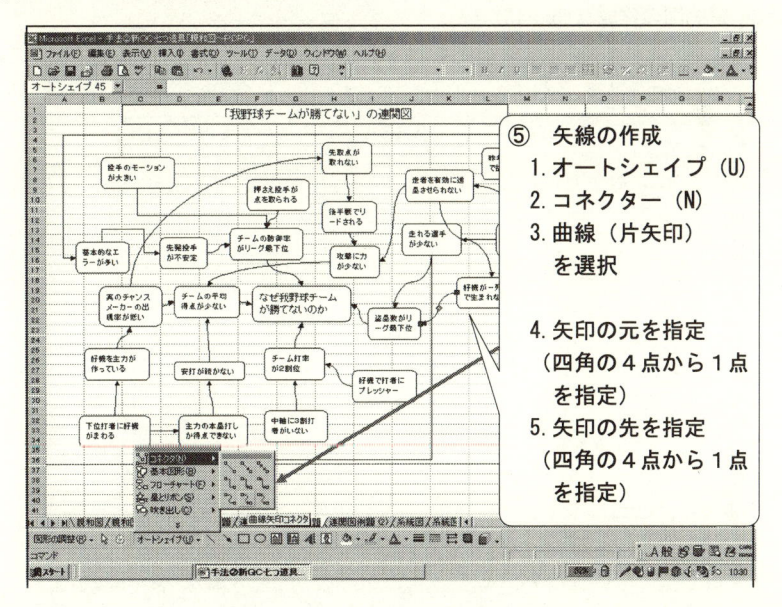

⑤ 矢線の作成
1. オートシェイプ（U）
2. コネクター（N）
3. 曲線（片矢印）を選択
4. 矢印の元を指定（四角の4点から1点を指定）
5. 矢印の先を指定（四角の4点から1点を指定）

手順4. 図形の追加と修正（Ex 2-4）

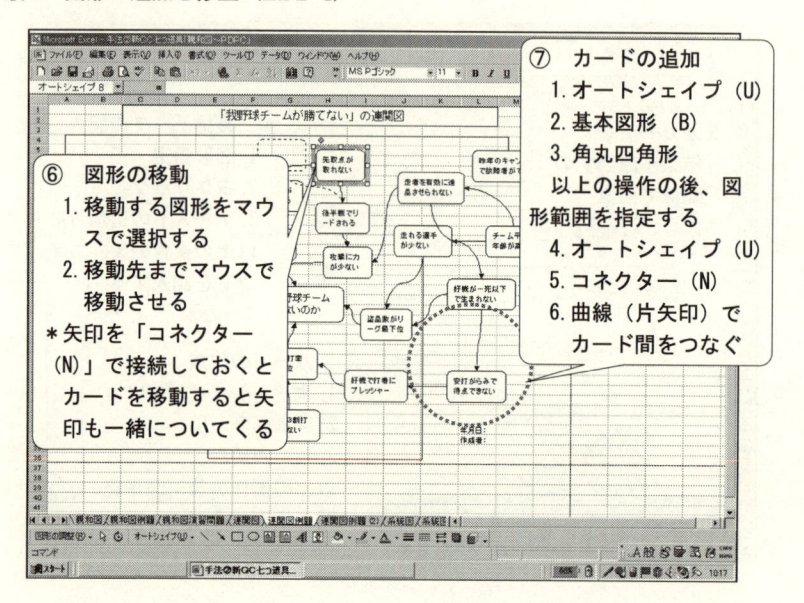

⑥ 図形の移動
1. 移動する図形をマウスで選択する
2. 移動先までマウスで移動させる
＊矢印を「コネクター（N）」で接続しておくとカードを移動すると矢印も一緒についてくる

⑦ カードの追加
1. オートシェイプ（U）
2. 基本図形（B）
3. 角丸四角形
以上の操作の後、図形範囲を指定する
4. オートシェイプ（U）
5. コネクター（N）
6. 曲線（片矢印）でカード間をつなぐ

手順5. 連関図の作成（Ex 2-5）

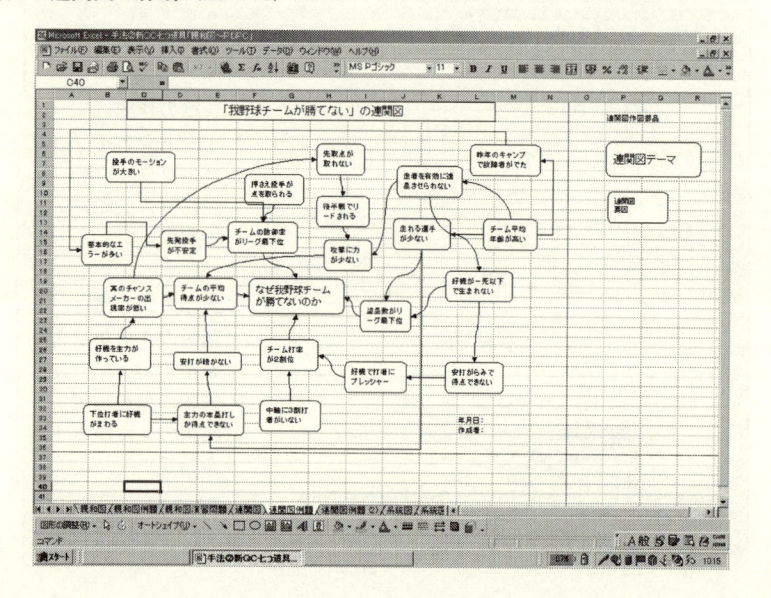

2. 現状を把握する

(3) 課題の特徴を考える

1) グラフから情報を得る

グラフとは，お互いに関係のあるいくつかのデータを図表に描いて，その関係を目で見て分かるように表したもの。

例えばレーダーチャートを描けば，各項目のバランスが見え，強み・弱みが発見できる。横軸に時間をとった折れ線グラフを描くことにより過去からの変化や将来の予測ができ，棒グラフで他所と比較すれば，自分のポジションを確認することができる。

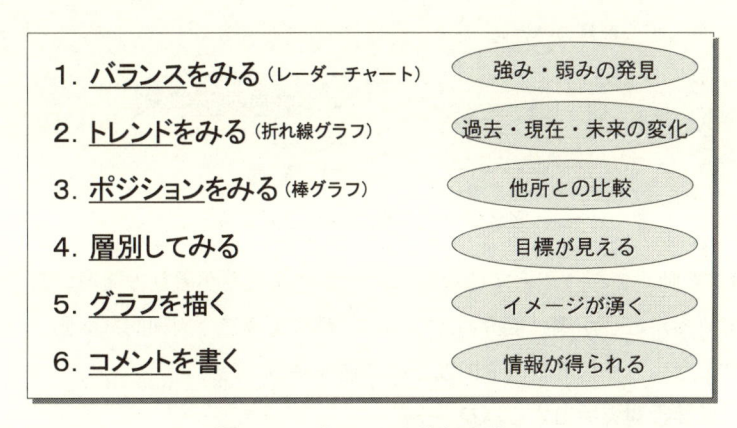

1. **バランス**をみる（レーダーチャート）	強み・弱みの発見
2. **トレンド**をみる（折れ線グラフ）	過去・現在・未来の変化
3. **ポジション**をみる（棒グラフ）	他所との比較
4. **層別**してみる	目標が見える
5. **グラフを描く**	イメージが湧く
6. **コメント**を書く	情報が得られる

図 2.20　グラフから情報を得る

問題に時間傾向の特徴があると考えられる場合は，これまでのデータや観察データをもとにして，問題の発生頻度や成果の特性値の時間傾向を調べる。急激な変動，緩慢な変動，周期的な変動など，時間傾向の違いによって，問題の特徴を把握する。把握された問題の時間傾向の特徴を踏まえて，問題の要因を解析する。または時間傾向の特徴をもとに，もう一度問題を考えることにかえり，背後の問題を考えることに進む。

例えば，トラブル発生状況の時間変化を取り上げてグラフに描いてみたのが図 2.21 である。この結果から，A のように「急激な変動」であったとするならば，急に増えだした時点で何が起こっていたのか調べてみる。B のように

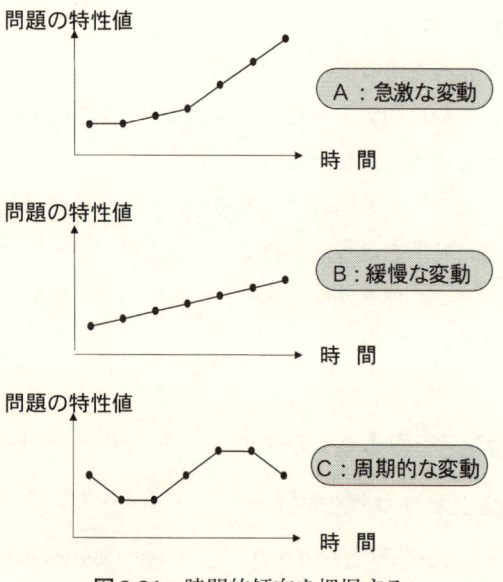

図 2.21　時間的傾向を把握する

「緩慢な変動」であったとするならば，仕事の仕組みが周りの環境の変化に追従しているかどうか調べてみる．さらに，Cのように「周期的な変動」があったとするなら，季節的要因と問題との関連を調べてみる．

2) 重要課題を抽出するパレート図

課題を層別し，層別した項目別に大きなものから順に棒グラフを描き，累積占有率を記入した図をパレート図という．

このパレート図から，左側に位置する課題が重要課題であり，「どの項目が重要であるか」とか「どの程度の影響を与えているか」といった情報を抽出することができる．図2.22では，「A」及び「B」が重要な課題であり，この二つの課題が全体の課題の70%を占めていることが分かる．

2. 現状を把握する

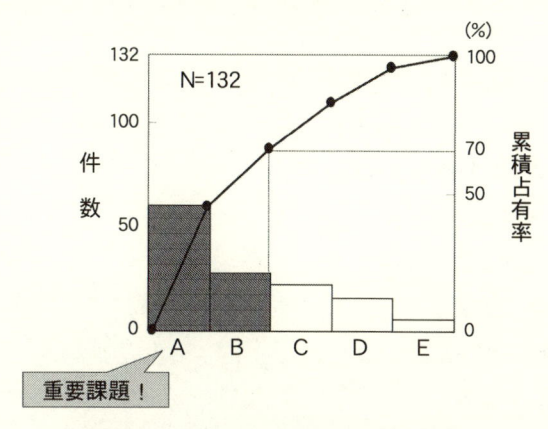

図 2.22 重要問題を抽出するパレート図

i) **エクセルによるパレート図の作図手順**

手順1　データの入力（図 Ex 3–1）

① データの入力（項目と件数のみ）

項目数が8未満のとき，空白を入力する。

手順2　データ範囲の指定（図 Ex 3–2）

② 作図するデータの範囲を指定（項目，件数，累積比率を指定）

手順3　グラフの選定（図 Ex 3–3）

③ グラフウィザードをクリック
④ ユーザー設定を選択
⑤ 2軸上の折れ線と縦棒を選択
⑥ 完了をクリック

手順4　凡例の削除（図 Ex 3–4）

⑦ 凡例を削除
　1. 凡例枠をクリック

2. 右クリック
　　3. クリア（A）をクリック

手順5　棒グラフの作成（図 Ex 3–5）
⑧　縦棒をダブルクリック
⑨　データ系列の書式設定
⑩　オプション選択
⑪　棒の間隔「0」指定
⑫　OK をクリック

手順6　件数軸の目盛修正（図 Ex 3–6）
⑬　件数軸の数値軸をダブルクリック
⑭　軸の書式設定
⑮　「目盛」を選択
⑯　最小値「0」，最大値「合計データ数（ここでは，100）」
⑰　OK をクリック

手順7　累積占有率軸の目盛修正（図 Ex 3–7）
⑱　累積占有率軸をダブルクリック
⑲　軸の書式設定
⑳　「目盛」を選択
㉑　最小値「0」，最大値「1」
㉒　OK をクリック

手順8　項目の配置変更（図 Ex 3–8）
㉓　項目軸をダブルクリック
㉔　軸の書式設定
㉕　「配置」を選択

㉖　文字列　縦を指定
㉗　OKをクリック

手順9　パレート図の完成（図 Ex 3-9）

重要項目になる棒グラフは，塗りつぶしの模様や色を変える。
合計値 N = 100 を文字入力で追加しておく。

手順1.　データの入力（Ex 3-1）

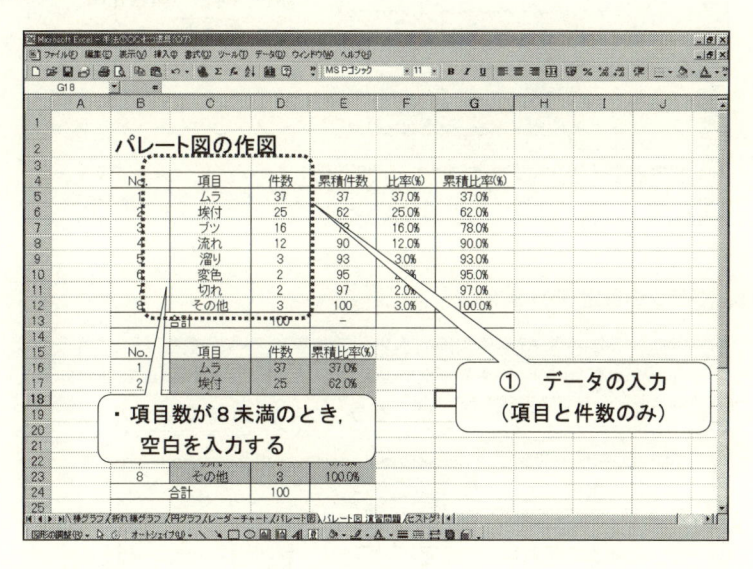

92　　　　　III. 魅力的な課題達成法の具体的展開

手順2.　データ範囲の指定（Ex 3-2）

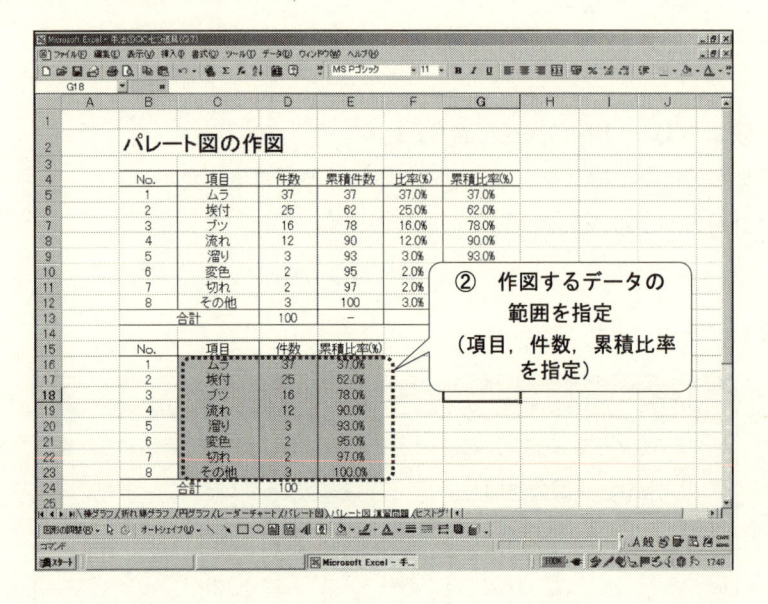

② 作図するデータの範囲を指定
（項目，件数，累積比率を指定）

手順3.　グラフの選定（Ex 3-3）

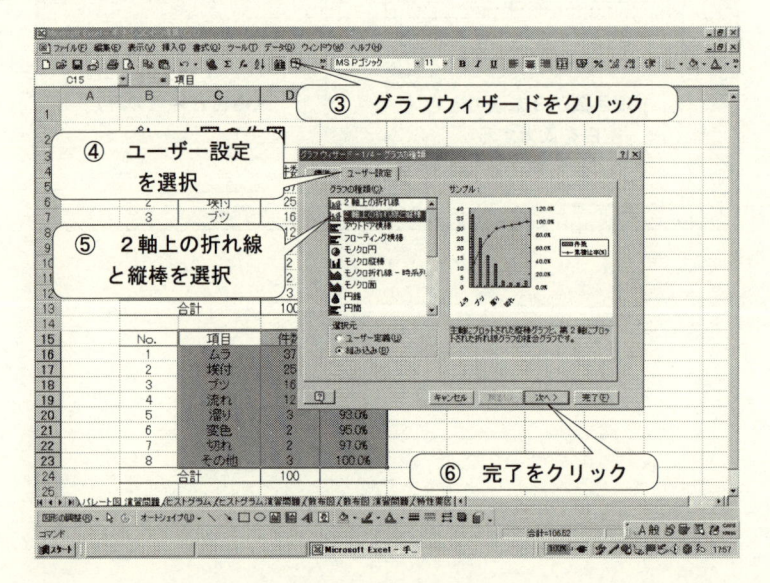

③ グラフウィザードをクリック

④ ユーザー設定を選択

⑤ 2軸上の折れ線と縦棒を選択

⑥ 完了をクリック

2. 現状を把握する

手順4. 凡例の削除（Ex 3-4）

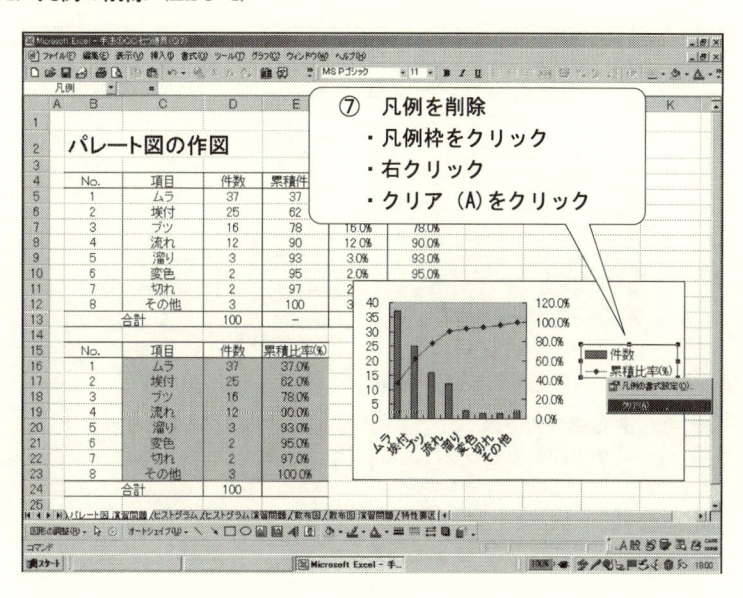

⑦ 凡例を削除
・凡例枠をクリック
・右クリック
・クリア（A）をクリック

手順5. 棒グラフの作成（Ex 3-5）

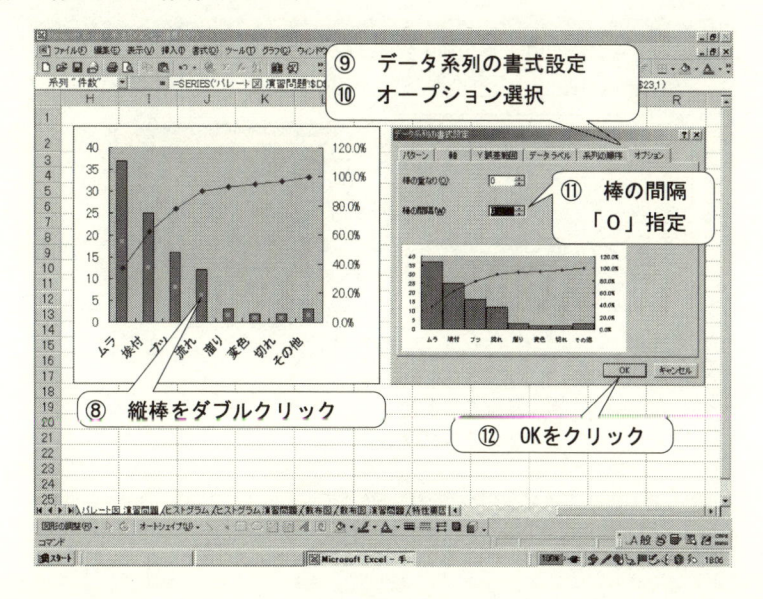

⑨ データ系列の書式設定
⑩ オプション選択
⑪ 棒の間隔「0」指定
⑧ 縦棒をダブルクリック
⑫ OKをクリック

III. 魅力的な課題達成法の具体的展開

手順6. 件数軸の目盛修正（Ex 3-6）

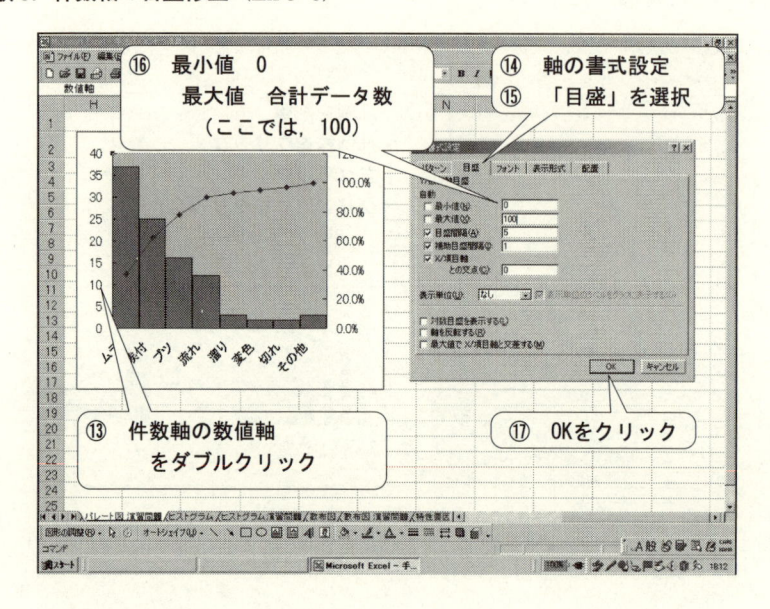

⑯ 最小値　0
　　最大値　合計データ数
　　（ここでは，100）

⑭ 軸の書式設定
⑮ 「目盛」を選択

⑬ 件数軸の数値軸
　　をダブルクリック

⑰ OKをクリック

手順7. 累積占有率軸の目盛修正（Ex 3-7）

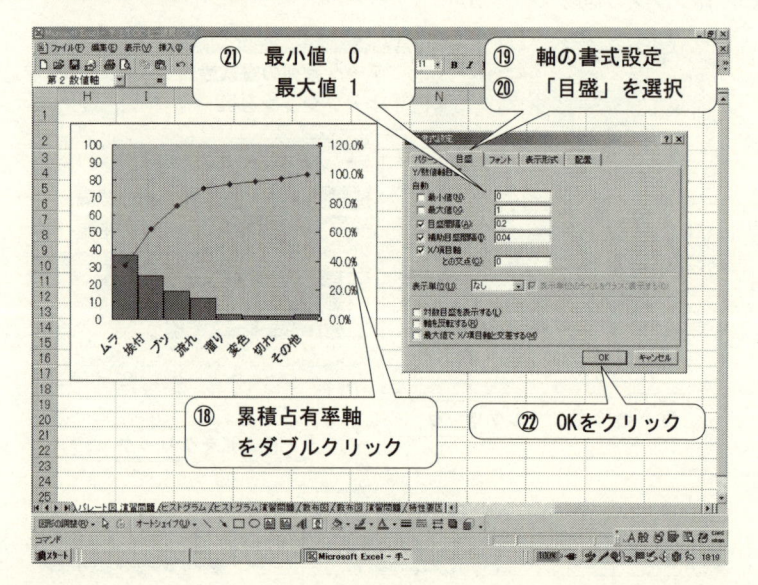

㉑ 最小値　0
　　最大値　1

⑲ 軸の書式設定
⑳ 「目盛」を選択

⑱ 累積占有率軸
　　をダブルクリック

㉒ OKをクリック

2. 現状を把握する

手順8. 項目の配置変更（Ex 3-8）

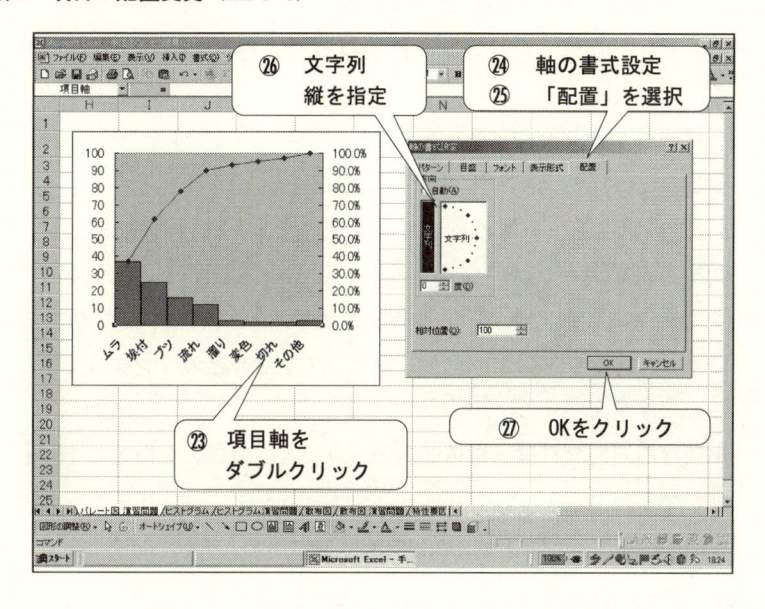

㉓ 項目軸をダブルクリック
㉔ 軸の書式設定
㉕ 「配置」を選択
㉖ 文字列縦を指定
㉗ OKをクリック

手順9. パレート図の完成（Ex 3-9）

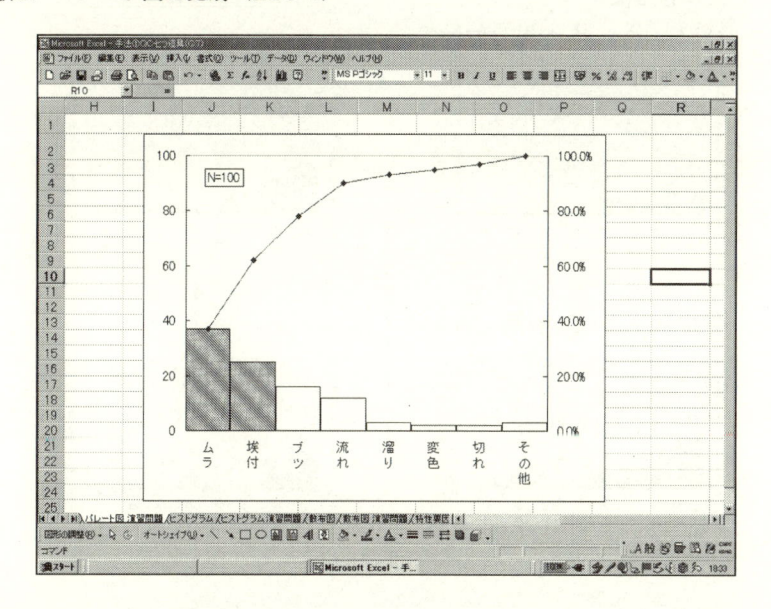

[参考1] 累積曲線を右へ移動させる方法
1. エクセルで作成したパレート図をコピーでパワーポイントへ貼り付ける。
2. パワーポイント上のグラフを右クリックして，「グループ化（G）」を選択し，「グループ解除（U）」を実行する。
　　このとき，「……埋め込まれたデータやリンクの情報が失われます。変換しますか？「はい（Y）」「いいえ（N）」と聞いてきくるので，ここで「はい（Y）」をクリックする。ただし，この操作を実行することによって，グラフは図形化し，以後，エクセルとのリンクはできなくなるので注意を要する。
3. 単純な図形になれば，累積曲線の「点」と「直線」を指定して，右へ移動させる。
4. 「グループ化」を行うと，点や直線がずれることを防げる。

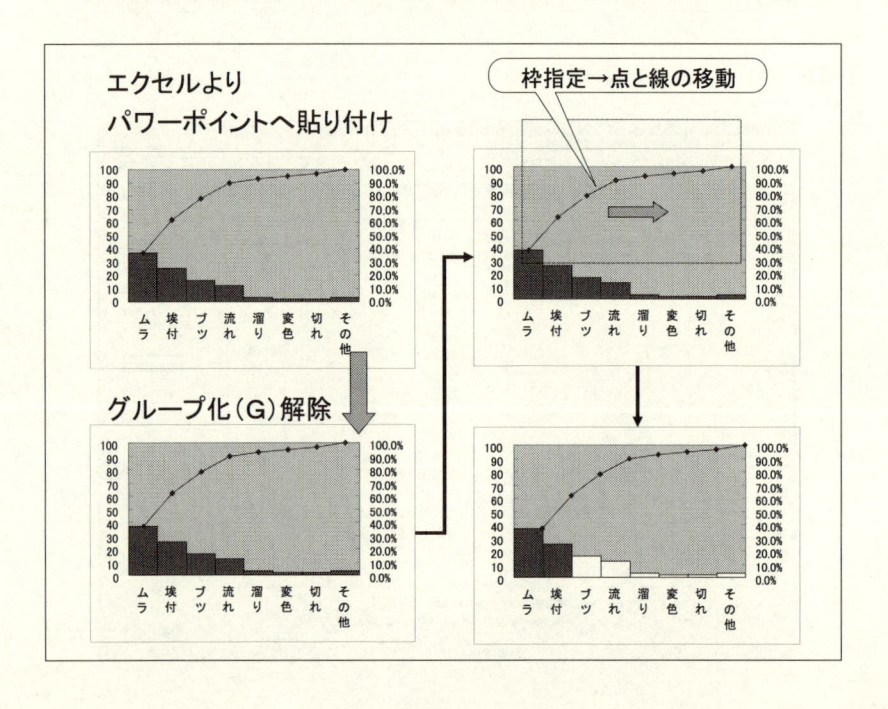

2. 現状を把握する　　　　　　　　97

[参考2] Excel上で作成したパレート図の累積曲線を正規の位置にする方法

1. グラフの中を選択→右クリック→グラフオプション
2. 「軸」選定，第2軸（上/右側）□X/項目軸（T）にチェックマーク→「OK」
3. 上部の「第2項目軸」を指定してダブルクリック
4. 「目盛」指定→□項目境界で交差する（B）のチェックマークをはずす
5. 「パターン」指定→目盛ラベル（T）○なしにチェックマークを入れる→「OK」
6. 累積直線を指定
7. 右クリック，元のデータ（S）クリック
8. 「系列」指定，系列（S）の「系列1」を指定
9. 値（V）「＝パレート図！d16:d23」を改行クリック
10. 累積比率（％）を「累積比率（％）：100％」まで指定拡大→「OK」

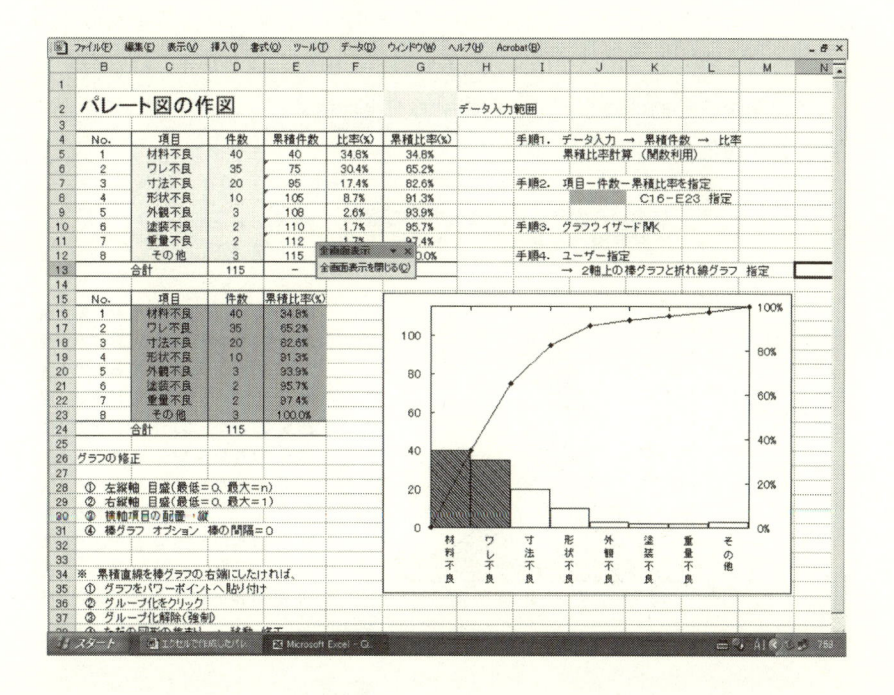

11. 「第2数値軸」ダブルクリック
12. 「表示形式」指定→「パーセンテージ」指定→「OK」

3) ばらつきをみるヒストグラム

　課題について，統計分布の特徴があると考えられる場合は，これまでのデータや観察データをもとにして，成果の特性値の統計分布を調べる。

　統計分布から見えるものは，対象となる成果の平均値，ばらつき，分布の形である。これらによって，課題の特徴を把握する。把握された課題のヒストグラムから平均値（中心位置），ばらつき（広がり），分布の形について考えてみる。

　図2.23では，ある人の自宅から大学までの自転車での通学時間をヒストグラムに表してみたものである。ある1か月，毎日通学している時間を測定し，2分ごとにデータを区間に分けてみた回数を度数分布に表したのがヒストグラムである。このヒストグラムから分布の中心が30分前後であることが分かった。さらに，早いときには20分，遅いときには40分前後かかることが分かった。この結果統計的に表すと，分布の中心を平均値 $\bar{x}$ といい，ばらつきを表す尺度として標準偏差 s がある。

自宅から大学までの自転車での通学時間を調べてみると……

データを区間に分ける

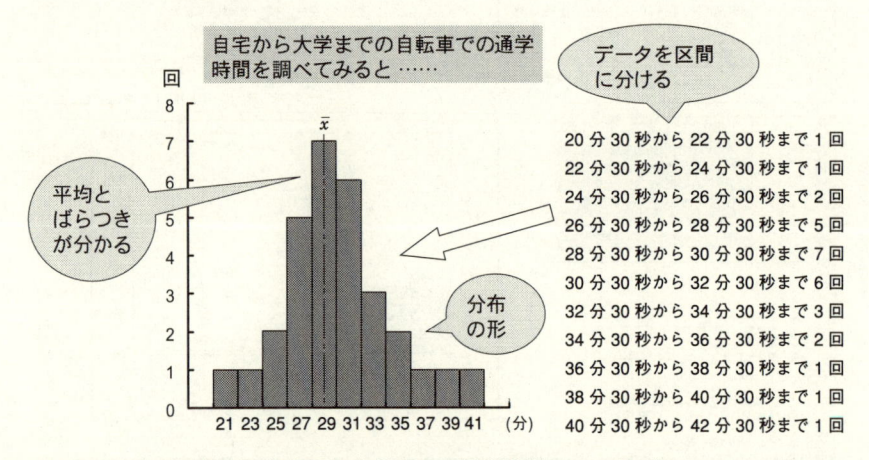

20分30秒から22分30秒まで 1回
22分30秒から24分30秒まで 1回
24分30秒から26分30秒まで 2回
26分30秒から28分30秒まで 5回
28分30秒から30分30秒まで 7回
30分30秒から32分30秒まで 6回
32分30秒から34分30秒まで 3回
34分30秒から36分30秒まで 2回
36分30秒から38分30秒まで 1回
38分30秒から40分30秒まで 1回
40分30秒から42分30秒まで 1回

平均とばらつきが分かる

分布の形

図2.23　自宅から大学までの通学時間のヒストグラム

2. 現状を把握する

i) エクセルによるヒストグラムの作図手順

手順1　データの入力（図 Ex 4-1）
① データ表を作成
② データ区間を設定
　上記区間の幅を参考に，測定単位の整数倍の数値を入力する．

手順2　分析ツールの選択（図 Ex 4-2）
③ 「ツール」クリック
④ 「分析ツール」クリック
⑤ ヒストグラムを選択

手順3　条件の設定（図 Ex 4-3）
⑥ 「入力範囲」の指定
⑦ 「データ区間」の指定
⑧ 「出力先」の指定
⑨ 「グラフ作成」の指定

手順4　データ範囲の指定（図 Ex 4-4）
⑩ 「入力範囲」の指定

手順5　データ区間の指定（図 Ex 4-5）
⑪ 「データ区間」の指定

手順6　ヒストグラムの出力（図 Ex 4-6）
⑫ 度数表
⑬ ヒストグラム

手順7 ヒストグラム完成（図 Ex 4–7）

⑭ 棒グラフをダブルクリック
⑮ 「オプション」棒の幅を「0」に指定
⑯ データ区間など大きさなどの調整

手順8 平均値と標準偏差の計算（図 Ex 4–8）

⑰ ＜平均値＞　関数を使って「AVARAGE (B4: K13)」と入力する
⑱ ＜標準偏差＞　関数使って「STDEV (B4: K13)」と入力する

手順1. データの入力（Ex 4–1）

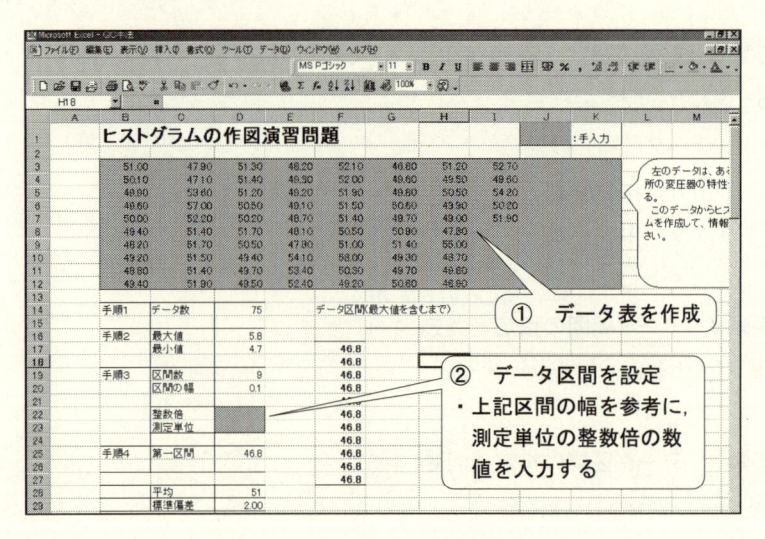

2. 現状を把握する

手順2. 分析ツールの選択（Ex 4-2）

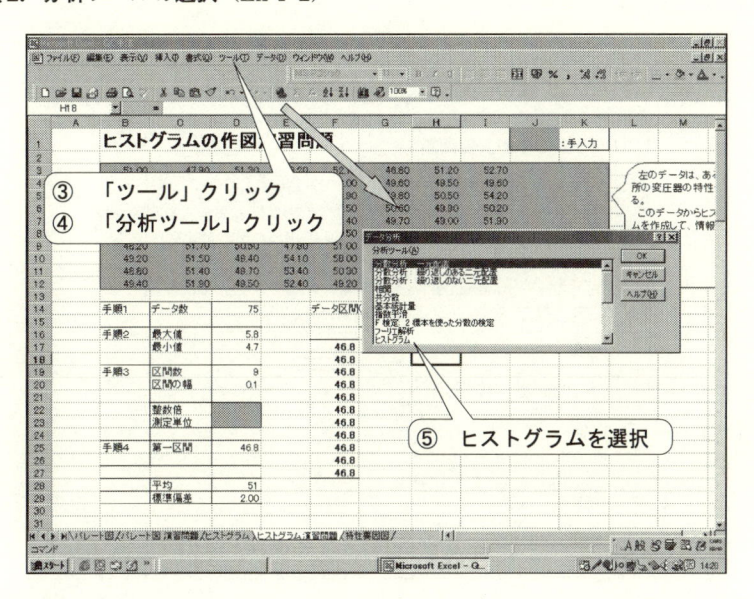

③ 「ツール」クリック
④ 「分析ツール」クリック
⑤ ヒストグラムを選択

手順3. 条件の設定（Ex 4-3）

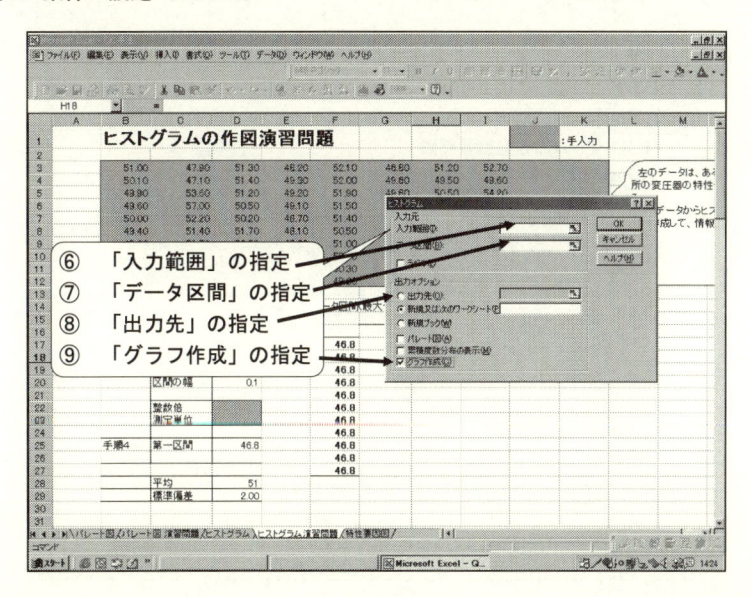

⑥ 「入力範囲」の指定
⑦ 「データ区間」の指定
⑧ 「出力先」の指定
⑨ 「グラフ作成」の指定

102　　　　　　　　　III． 魅力的な課題達成法の具体的展開

手順4．データ範囲の指定（Ex 4–4）

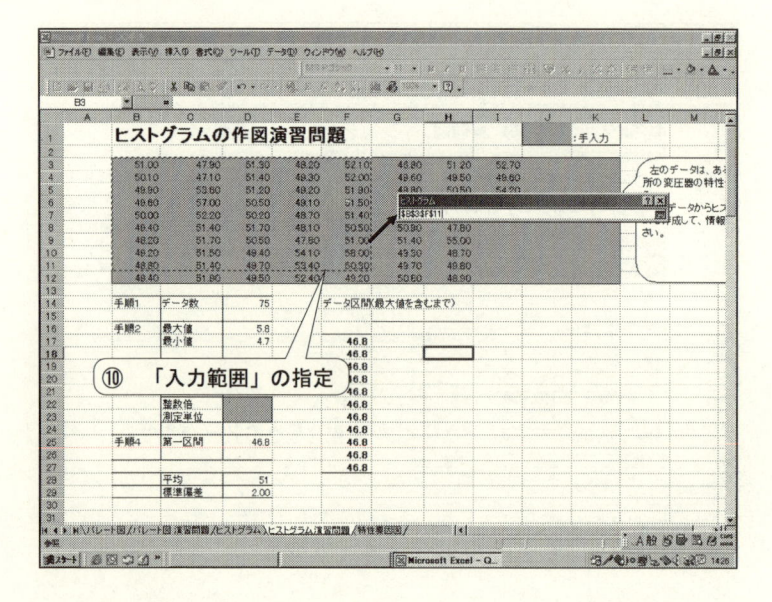

⑩ 「入力範囲」の指定

手順5．データ区間の指定（Ex 4–5）

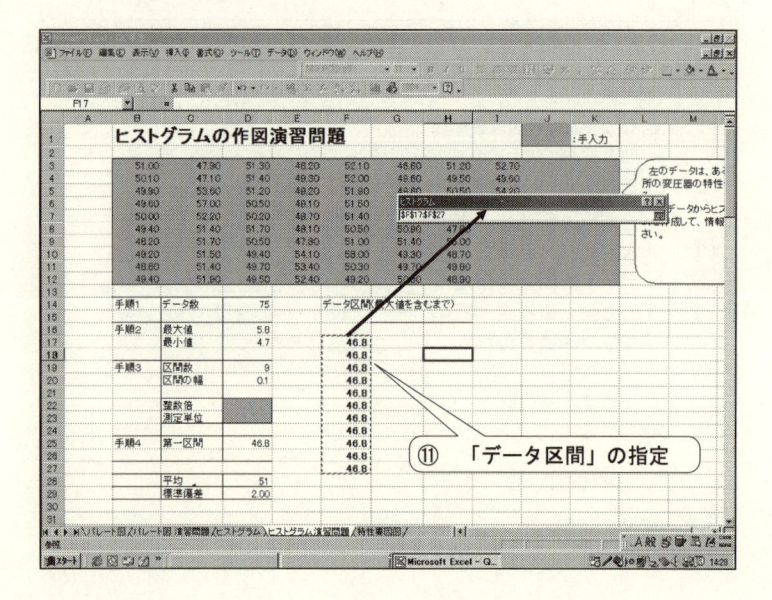

⑪ 「データ区間」の指定

2. 現状を把握する

手順6. ヒストグラムの出力 (Ex 4-6)

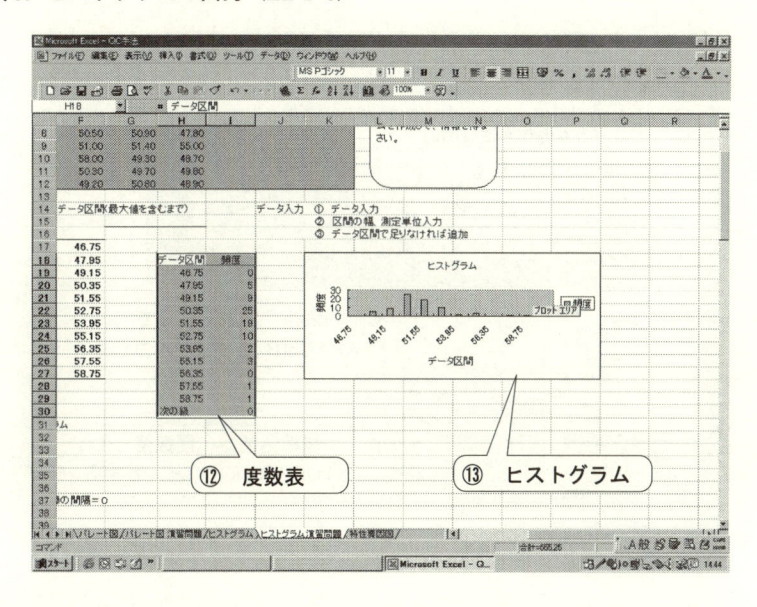

⑫ 度数表
⑬ ヒストグラム

手順7. ヒストグラム完成 (Ex 4-7)

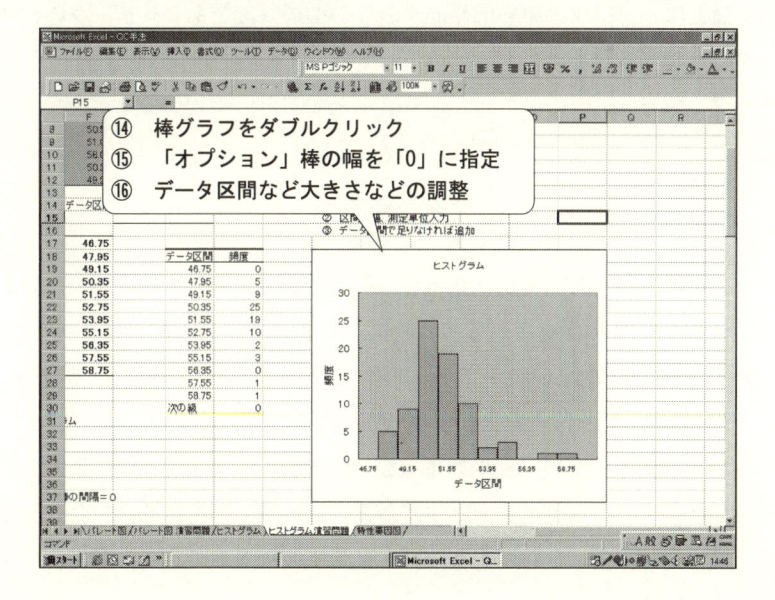

⑭ 棒グラフをダブルクリック
⑮ 「オプション」棒の幅を「0」に指定
⑯ データ区間など大きさなどの調整

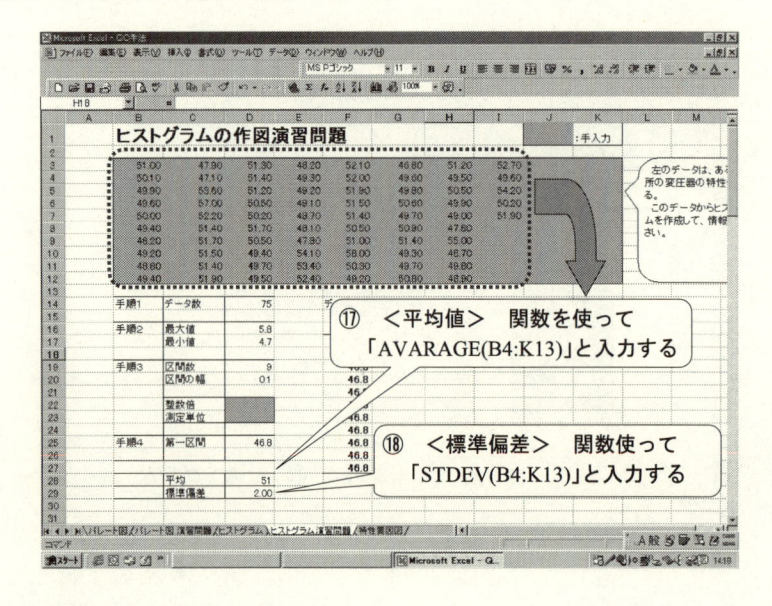

手順8. 平均値と標準偏差の計算（Ex 4-8）

ii) 平均値とばらつき

平均値とは，データの中心的傾向を表す一つの尺度であり，データの総和をデータの数で割ったものである。

データの数をn，データを$x_1, x_2, \cdots, x_n$とすると，平均値$\bar{x}$は次の式で表される。

$$\bar{x} = \frac{x_1 + x_2 + \cdots + x_i + \cdots + x_n}{n} = \sum_{i=1}^{n} \frac{x_i}{n}$$

平均値が正常値から異常側に変化していることは，例えば何らかの作業条件が正常状態から異常状態に偏っていることを表している。例えば，図2.24では，ある月では平均値$\bar{x}=12$分であった作業時間が翌月に平均値$\bar{x}=18$となり，6分間作業効率が悪くなったという情報を得たことになる。

ばらつきを表す一つの尺度に標準偏差sがある。標準偏差とは，ヒストグラムで表したときに，各データx_iと平均値$\bar{x}$との距離の平均値を表した統計量である。この標準偏差sを計算するには，まず平方和Sを計算し，分散V，標準

2. 現状を把握する

【前月】 平均値：12分 標準偏差：3分

【当月】 平均値：18分 標準偏差：3分 異常→

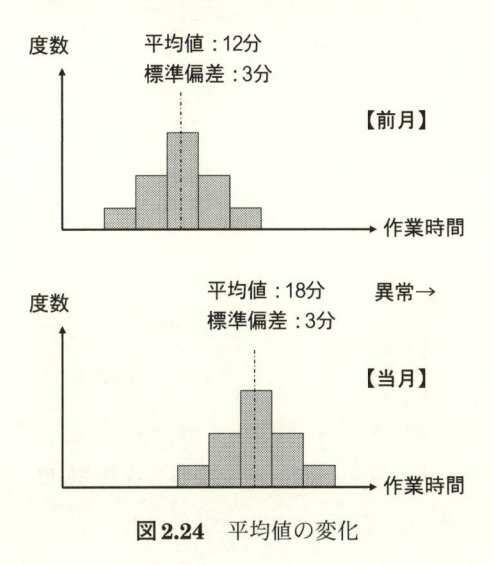

図2.24 平均値の変化

偏差 s と計算していく。

標準偏差が異常に増大することは，何らかのばらつきが異常に増大していることを見つけることができる。図2.25では，作業時間の平均値は事業所ごとに同じであるが，ヒストグラムからも分かるように，A事業所の作業時間の標準偏差 $s=3$ 分，B事業所の作業時間の標準偏差 $s=6$ 分と2倍になっている。このことから，B事業所では，ばらつきが2倍あり，作業能率が悪くなり，製品の品質にも問題が発生することが予想される。

標準偏差 s を計算するには，まず平方和 S を計算する。

平方和 S は，各々のデータと平均値との差の2乗の和であり，次式で表される。

$$S = (x_1 - \bar{x})^2 + (x_2 - \bar{x})^2 + \cdots + (x_n - \bar{x})^2 = \sum (x_i - \bar{x})^2$$

ここで，$n=5$ のデータ

$x_1=1$　$x_2=2$　$x_3=3$　$x_4=4$　$x_5=5$

があったとしよう。このとき，上記の平方和 S を計算する式に当てはめると，

$$S = (1-3)^2 + (2-3)^2 + (3-3)^2 + (4-3)^2 + (5-3)^2 = 10$$

となり，平方和 S は，10となる。

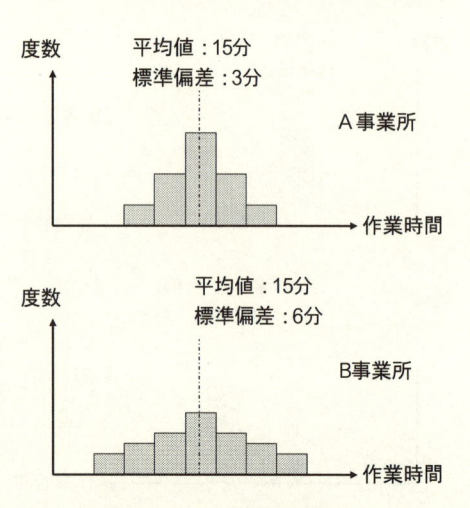

III. 魅力的な課題達成法の具体的展開

図2.25 ばらつきの変化

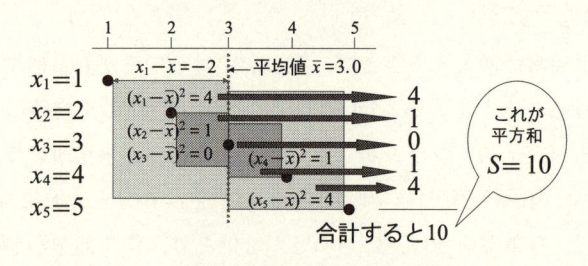

図2.26 平方和Sの計算

データ数が多くなると，平方和Sが大きくなる。データの数とは関係しないばらつきの一尺度として，分散Vが用いられる。分散Vは次の式で表され，5つのデータの分散Vは，

$$V = \frac{S}{n-1} = \frac{10}{5-1} = 2.50$$

となる。

この分散Vから標準偏差sを計算すると次のように求まる。

$$s = \sqrt{V} = \sqrt{\frac{S}{n-1}} = \sqrt{2.50} = 1.581$$

2. 現状を把握する

平均値 $\bar{x} = 3.0$

標準偏差 $s = 1.581$

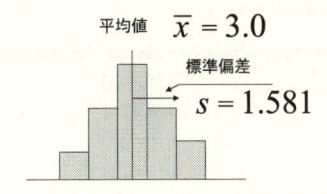

図2.27 分散（V）と標準偏差（s）の計算

となる（図2.27参照）。

iii) エクセルによる統計量の計算（図 Ex 5–1，図 Ex 5–2）

① 挿入（I）
② 関数（F）を選択
　○ 標本数の場合「COUNT」を選択
　○ 平方和の場合「DEVSQ」を選択
　○ 分散の場合「VAR」を選択
　○ 標準偏差の場合「STDEV」を選択
③ 統計を選択（平均値を求める場合）
④ AVERAGE を選択
⑤ データ範囲を指定

エクセルによる統計量の計算 (Ex 5–1)

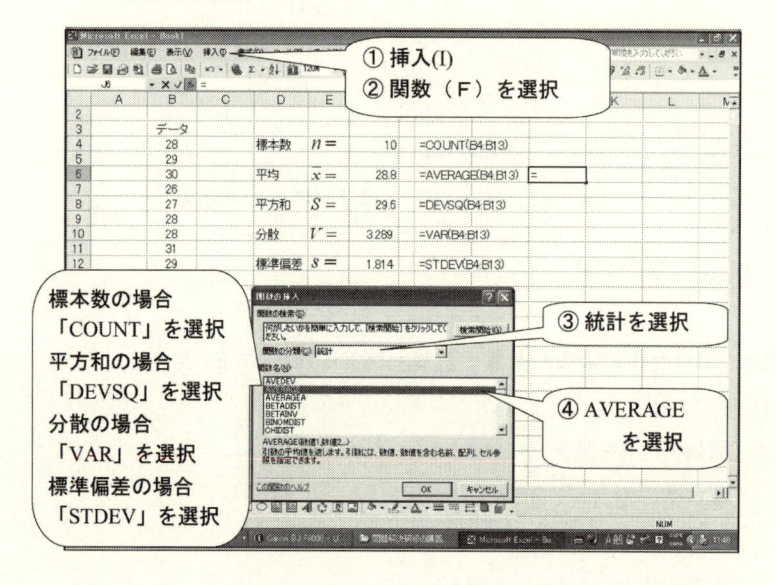

エクセルによる統計量の計算 (平均値の場合) (Ex 5–2)

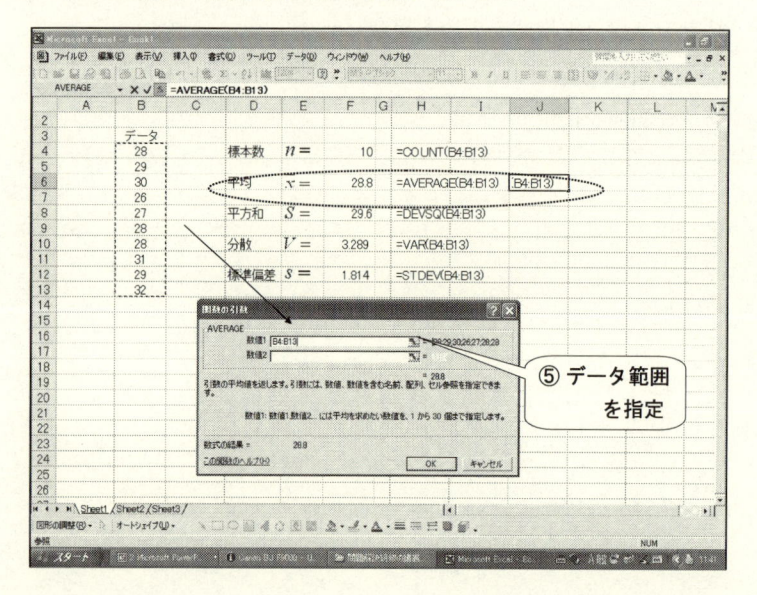

2. 現状を把握する

4) 統計的方法の活用

データから情報を把握するとき，多くの統計的方法を利用する。ここでは例を挙げて統計的方法の全体像とその関連を考えてみる。図 2.28 を見ると，データから派生して，目的に応じて多くの表現の仕方があることが分かる。

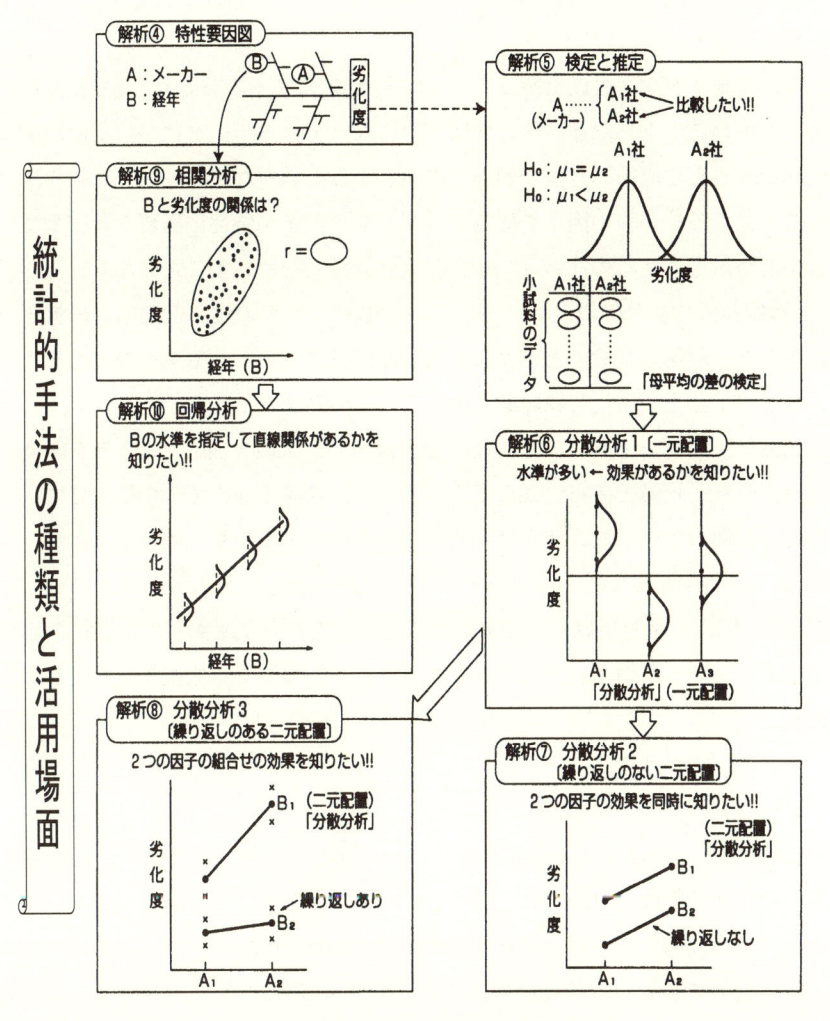

図 2.28 統計的方法の活用

まず，データが計量値であるか，計数値であるかを判断する．計量値であるとして以下考えていこう．計量値である場合には，データからばらつき（分散）を問題にするのか平均を問題にするのかをしっかり考える必要がある．そして，データが1組か2組かそれ以上あるのかを見てみればよい．これだけの情報が分かれば「小試料の計量値の検定・推定」においてどの手法を用いたらよいかが判断できる．

次に，データが3組以上あって，平均を比較したいならば「一元配置分散分析」を用いることになる．他の変数と対になっているデータについて直線的な増加傾向または直線的な減少傾向を説明しようというなら「回帰分析」を用いることになる．二つの因子を取り上げて，その因子が特性に影響を及ぼしているかどうかを考えるのなら「二元配置分散分析」を用いることになる．

「回帰分析」や「分散分析」も「二つの母平均の差の検定と推定」の拡張であることを理解しておくと様々な手法の位置付けが分かりやすくなると思う．

統計的手法を活用して問題解決を図る一つの例を次に示す．

例えば，Aパン工業(株)の会社の歴史は浅く，大阪で設立し，1年を経過したベンチャー企業である．ここで作るパンは，食品添加物を一切使用せず，天然酵母を使っているため非常に手間がかかるが，少量生産の場合には目が行き届き，成形不良等のクレームは発生していなかった．しかし，今年から東京に2店舗，岡山1店舗を設立して事業展開を図ってから生産数が増加し，お客様からのクレームが増加した．そこで，データを取り事実を把握することから進めた．

まず，どのようなクレームがどの程度あるかについて過去3か月間の調査を行い，パレート図（図2.29）にまとめた．

これにより，「焼け」，「弾力」，「ワレ」で80%以上を占めており，これらを重点指向して原因を追求することとした．また，店舗としては東京がアンテナショップの役割をしており，対象は東京の2店舗とした．

時系列的にクレームの動向を探ると，図2.30のような動きを示し，周期的な動向が見られた．そこで，周期と販売数との関係を調べると，販売数が多い

2. 現状を把握する

とクレームの件数が多いことが分かった．また，作業日報からオーブンの掃除をした次の日はクレームが多いことも分かった．

前述の折れ線グラフから，時系列的な傾向は分かったが，要因解析を進める前に，各店舗についてクレームの発生件数に違いがあるかについて，表2.2の

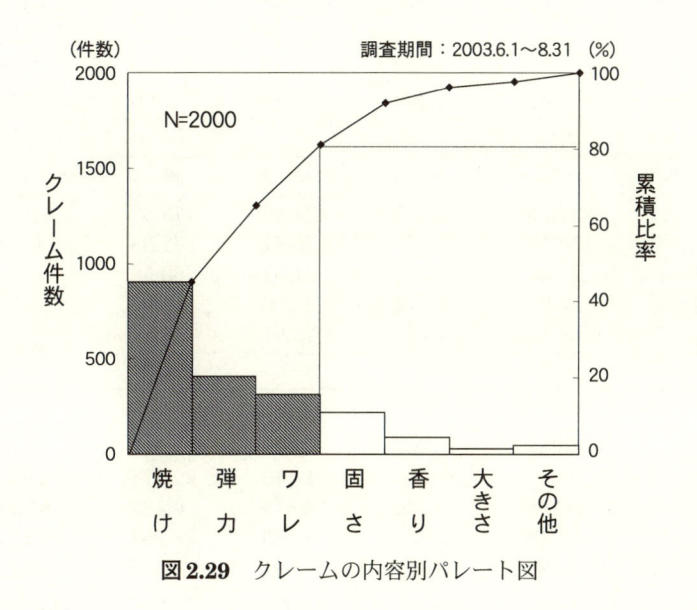

図2.29 クレームの内容別パレート図

図2.30 クレームの時系列グラフ

表 2.2 分割表による検定

データ	東京A	東京B	大阪	岡山	合計
焼　け	400	250	100	150	900
弾　力	156	41	88	120	405
ワ　レ	90	75	84	66	315
固　さ	57	63	69	29	218
香　り	39	10	32	5	86
合　計	742	439	373	370	1924

期待度数	東京A	東京B	大阪	岡山
焼　け	347.09	205.35	174.48	173.08
弾　力	156.19	92.41	78.52	77.88
ワ　レ	121.48	71.87	61.07	60.58
固　さ	84.07	49.74	42.26	41.92
香　り	33.17	19.62	16.67	16.54

χ^2 値	東京A	東京B	大阪	岡山	合計
焼　け	8.066	9.707	31.793	3.077	17.772
弾　力	0.000	28.600	1.146	22.774	28.600
ワ　レ	8.158	0.136	8.611	0.485	8.294
固　さ	8.718	3.534	16.915	3.984	12.252
香　り	1.026	4.719	14.091	8.050	5.745
合　計	8.066	38.307	32.939	25.850	183.589

規準化残差	東京A	東京B	大阪	岡山
焼　け	2.840	3.116	−5.639	−1.754
弾　力	−0.015	−5.348	1.070	4.772
ワ　レ	−2.856	0.369	2.934	0.697
固　さ	−2.953	1.880	4.113	−1.996
香　り	1.013	−2.172	3.754	−2.837

検定統計量		
χ^2 値		183.589
自由度	ϕ	12.000
有意水準	α	0.05 *
棄却値	$\chi^2(\phi, \alpha)$	21.026

結論：有意である

2. 現状を把握する

ように分割表による検討を行った。なお，パレート図を展開し，現場の人に現況について聞いたところ，今回の対象が「内容量」の問題を取り上げることになったので，「大きさ」に対するクレームは除くことにした。

分割表から，クレームの出方は各店舗により異なることが分かり，それぞれにあわせた対策が必要であることが分かった。

次に要因分析で，上記三つの不良項目（焼け，弾力，ワレ）について，特性要因図を作成したところ，炉内温度と醗酵時間が影響していることが仮説として考えられた。そこで，過去のデータから図2.31に示す温度のヒストグラムを作成したところ，規格が180±5℃であるにもかかわらず，それを下回る温度並びに上回る温度があった。また，温度と醗酵時間（残存CO_2濃度で評価する）の関係を散布図で描いたところ図2.32のようになり，相関関係があることが分かった。

以上の情報から要因検証として，温度を制御因子として段階的に取り，そのときの醗酵時間との回帰分析を行い，温度と醗酵時間の関係が検証された（図2.33）。今後は温度を制御したときに醗酵時間が推定されるため，他の調節を科学的にスムーズにいくことが分かった。

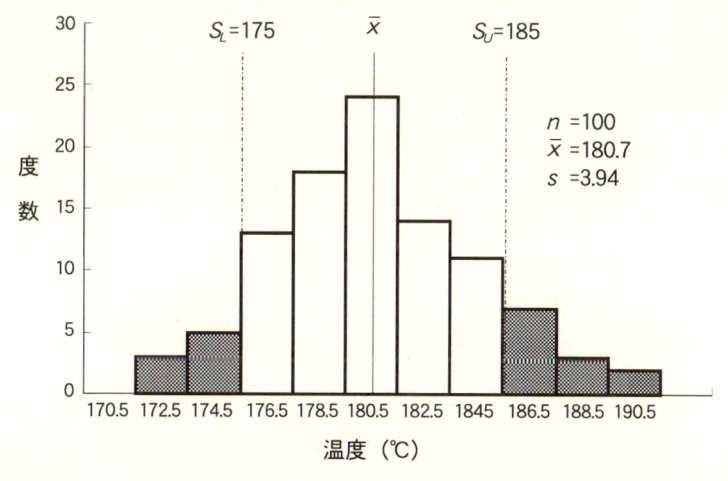

S_L=175 $\bar{x}$ S_U=185

n =100
$\bar{x}$ =180.7
s =3.94

度数

温度（℃）

図2.31　温度のヒストグラム

114　III. 魅力的な課題達成法の具体的展開

しかし，ここで現場から多くの制御因子があるため，組合せをしたときに最適条件が分からないとの意見が上がった．そこで，現場サイドからクレームに直接影響する残存CO_2に影響を及ぼす因子を挙げてもらい，直交表を用いた実験計画法を行うこととした．

考えられる因子としてはA（醗酵温度，15℃, 17.5℃），B（前醗酵処理時間，2時間，3時間），C（原料の配合割合，主原料8割，主原料9割），D（ミネラ

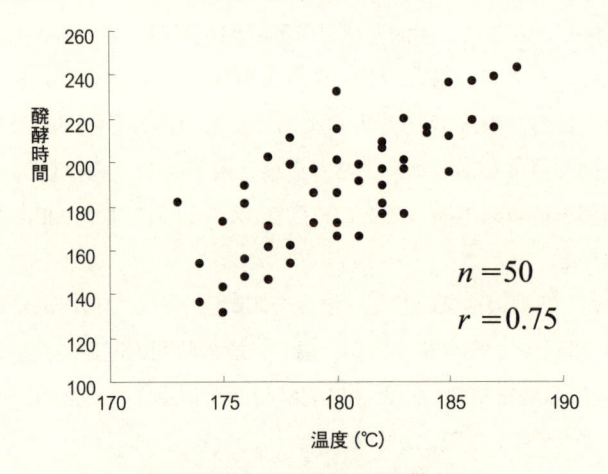

$n=50$
$r=0.75$

図2.32　温度と醗酵時間の散布図

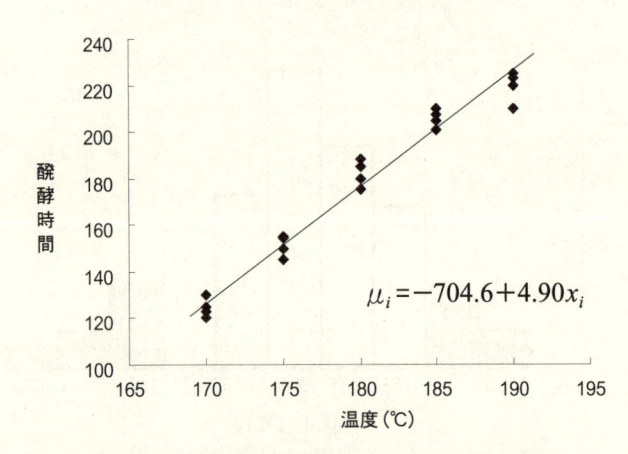

$\mu_i = -704.6 + 4.90 x_i$

図2.33　温度と醗酵時間のグラフ化（回帰分析）

2. 現状を把握する

ル濃度，10 ppm, 20ppm）の4つがあり，それぞれ2水準ある。また，交互作用としては技術的に $A \times B$, $B \times D$ がある。そこで，直交表に割り付け（表2.3）を行い，実験をし，分散分析表（表2.4）から要因効果を把握し，推定を行った。

検定の結果，すべて有意ではないが，因子 A 及び交互作用 $A \times B$ の F_0 値は2.0以上あるので無視できない。交互作用 $A \times B$ を残すので，その主効果である因子 B は残しておく。したがって，因子 C, D 及び $B \times D$ を誤差とみなしてプーリングを行い，分散分析表(2)（表2.5）を作成する。

表2.3　割り付けとデータ表

列番\ 行番	1	2	3	4	5	6	7	データ
1	1	1	1	1	1	1	1	171
2	1	1	1	2	2	2	2	172
3	1	2	2	1	1	2	2	178
4	1	2	2	2	2	1	1	176
5	2	1	2	1	2	1	2	181
6	2	1	2	2	1	2	1	180
7	2	2	1	1	2	2	1	178
8	2	2	1	2	1	1	2	175
割り付け	A	B	$A \times B$	C	D	e	$B \times D$	1411

表2.4　分散分析表

要因	S	ϕ	V	F_0	$E(V)$
A	36.125	1	36.125	11.6	$\sigma_e^2 + 4\sigma_A^2$
B	1.125	1	1.125	0.36	$\sigma_e^2 + 4\sigma_B^2$
C	3.125	1	3.125	1.00	$\sigma_e^2 + 4\sigma_C^2$
D	1.125	1	1.125	0.36	$\sigma_e^2 + 4\sigma_D^2$
$A \times B$	45.125	1	45.125	14.4	$\sigma_e^2 + 2\sigma_{A \times B}^2$
$B \times D$	0.125	1	0.125	0.04	$\sigma_e^2 + 2\sigma_{B \times D}^2$
e	3.125	1	3.125		σ_e^2
T	89.875	7			

$F(1, 1; 0.05) = 161.0$

表 2.5 分散分析表 (2)

要因	S	ϕ	V	F_0	$E(V)$
A	36.125	1	36.125	19.3*	$\sigma_e^2 + 4\sigma_A^2$
B	1.125	1	1.125	0.60	$\sigma_e^2 + 4\sigma_B^2$
$A \times B$	45.125	1	45.125	24.1*	$\sigma_e^2 + 2\sigma_{A \times B}^2$
e	7.500	4	1.875		σ_e^2
T	89.875	7			

$F(1, 3; 0.05) = 10.1 \quad F(1, 3; 0.01) = 34.1$

a) 最適水準における母平均の推定

分散分析の結果,データの構造式を以下のように変更する.

$$x = \mu + a + b + (ab) + \varepsilon$$

特性値を最も大きくする最適条件を求めると,A, B については表 2.6 より A_2B_1 が求められる.

表 2.6 AB 2元表

	B_1	B_2
A_1	343	354
A_2	361	353

したがって,残存 CO_2 量を最大にする水準の組合せは A_2B_1 となる.

(a) 点推定

$$\hat{\mu}(A_2B_1) = \widehat{\mu + a_2 + b_1 + (ab)_{21}}$$

$$= \frac{361}{2}$$

$$= 180.5$$

(b) 95% 信頼区間

有効反復数は伊奈の公式から

$$\frac{1}{n_e} = \frac{1}{2}$$

と求まり,

$$\pm t(\phi_e, 0.025)\sqrt{\frac{V_e}{n_e}} = \pm 2.7$$

したがって，95%信頼区間は

$$177.8 < \mu(A_2B_1) < 183.2$$

となる．

最終的にこの条件設定で行った結果，対象となる不良のクレーム発生件数は1/3になった．

(4) 問題の相互関係を把握する

1) 二つの関係をみる散布図

関係する問題を考える場合，それぞれの問題相互の関係を詳しく把握する必要がある．そのためには，それぞれの問題の特性値の相互関係を調べる．相互関係の状況を踏まえて，それぞれの問題を総合的にとらえて問題を解決する．

例えば，職場の中の一つの仕事だけに着目して問題を狭くとらえるのではなく，広く他の仕事の問題との関係も考えて，総合的に問題を把握する．

図2.34は，コピー枚数が多いというAの問題と，ITの活用というBの問題，あるいは印刷物というCの問題が単独ではなく，「情報の伝達」という目的に対して，お互いに関係していると予想される．最近，パソコンを職場に導入し，

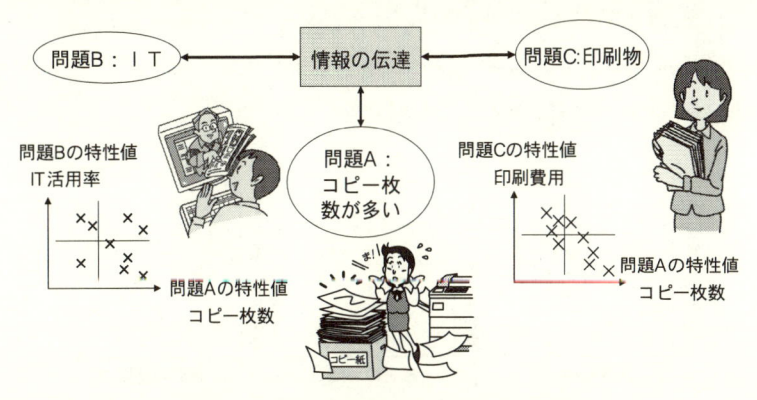

図2.34　散布図で問題の相互関係を把握

電子回覧になったのにやけに職場の机の上やゴミ箱に電子回覧物がプリントアウトされている。あるいは，最近，コピーが増えたが印刷費用が減ってきているようである。そこで，月別にあるいは，事業所別にコピー枚数とIT利用率，コピー枚数と印刷費用の二つの対のデータから散布図を作成してみると，ITの活用率とコピー枚数とでは関係がありそうではなかった。しかし，コピー枚数と印刷費用では，コピー枚数が増えていくと，印刷費用が減ってきた，ということが見えてきた。

散布図とは，二つの対になったデータとの関係を調べるため縦軸と横軸をとって，xとyの交点をプロットした図である。

この散布図の点の散らばり方から二つの対になったデータの間に相関（相関関係という）があるかないかを見ることができる。

例えば，図2.35のようにダイエット効果をあげるには，いろいろなことを実行する。「食事のkcal」，「読書の時間」や「運動の時間」（x）とダイエット効果（y）を測定してみると，図2.35のような結果を得た。この結果から分かることは，

① 「食事のkcal」が増えるとダイエット効果が落ちる。

　　これを，「負の相関がある」という。

② 「読書の時間」が増えてもダイエット効果が出るとは思われない。

　　これを，「相関がなさそう」という。

③ 「運動の時間」が増えるとダイエット効果が出てくる。

　　これを，「正の相関がある」という。

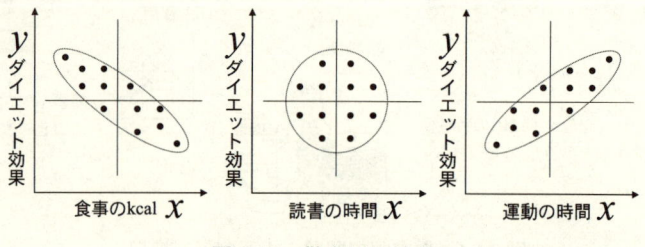

図2.35　散布図の見方

2. 現状を把握する

2) 相関係数

図2.35の散布図から相関関係を読み取ることもできるが，この相関の度合いを統計量として把握するには，相関係数 r を計算するとよい．相関係数 r は，次のように計算すると求められる．

相関係数　　　　　$r = \dfrac{(x と y の偏差の積和)}{\sqrt{(x の平方和) \cdot (y の平方和)}}$

x の平方和 S_{xx}　　$S_{xx} = \sum (x_i - \bar{x})^2 = \sum x_i^2 - \dfrac{(\sum x_i)^2}{n}$

y の平方和 S_{yy}　　$S_{yy} = \sum (y_i - \bar{y})^2 = \sum y_i^2 - \dfrac{(\sum y_i)^2}{n}$

x と y の積和 S_{xy}　　$S_{xy} = \sum (x_i - \bar{x})(y_i - \bar{y}) = \sum x_i y_i - \dfrac{(\sum x_i)(\sum y_i)}{n}$

相関係数 r　　　$r = \dfrac{S_{xy}}{\sqrt{S_{xx} \cdot S_{yy}}}$ 　　$-1 \leqq r \leqq +1$

この相関係数がいくらあれば相関ありと判断できるのか，ということについて知っておく必要がある．正確には，無相関の検定というものがあるが，大ざっぱではあるが一つの指針として，相関係数 r の絶対値が0.60程度であれば相関があると判断し，0.80程度であればかなり相関があると判断し，0.90以上であれば強い相関があると判断すればよい（図2.36参照）．

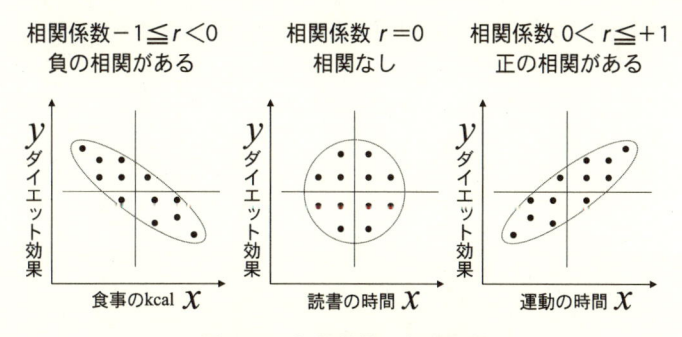

図2.36　相関係数と相関関係

3) 相関分析

例えば，劣化度と経年（要因B）との関係の度合いについて過去のデータから知りたい場合がある。そして，経年についてデータを収集すると，今まで点検によって取り替え等はしていたが，前述のように明確な情報がなかったため，多くの期間（経年）のデータが存在した。そして，経年を横軸にヒストグラムを作成すると，正規分布のような形（一般形）をしていた。また，この同じデータの劣化度についてもヒストグラムを作成すると，やはり正規分布の形（一般形）をしていた。この経年と劣化度の関係の度合いを調べるのが相関分析である。これは経年，劣化度とも正規分布であり，相関分析の条件である二次元正規分布を満足している。二つの要因の関係の度合いは，散布図の作成や相関係数（r）を求めることによって確かめることができる。

i) エクセルによる散布図の作図手順と相関係数の計算

(1) エクセルによる散布図の作図手順

手順1　データの入力とグラフウィザードの起動（図 Ex 6–1）

① データ表を作成
② グラフウィザード起動
③ 散布図選択

手順2　散布図の作成（図 Ex 6–2）

④ 縦軸の目盛りをデータの最大値 $+\alpha$，最小値 $-\alpha$ とする
⑤ 横軸の目盛りをデータの最大値 $+\alpha$，最小値 $-\alpha$ とする

2. 現状を把握する

手順1. データの入力とグラフウィザードの起動（Ex 6–1）

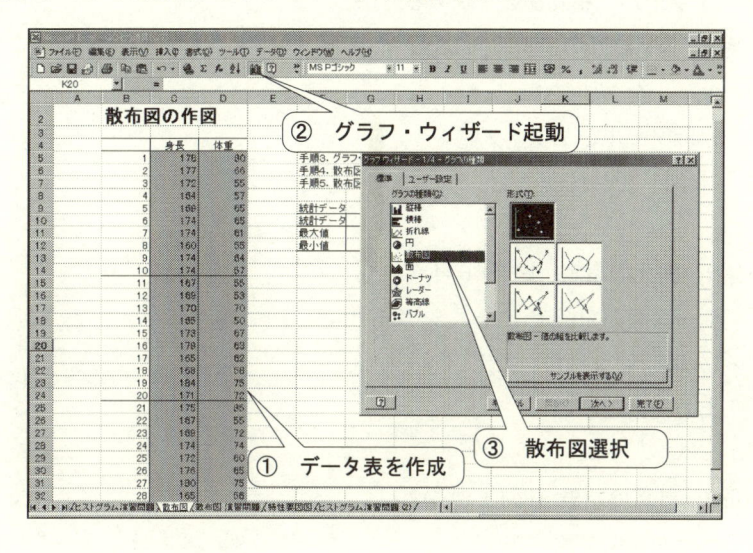

- ① データ表を作成
- ② グラフ・ウィザード起動
- ③ 散布図選択

手順2. 散布図の作成（Ex 6–2）

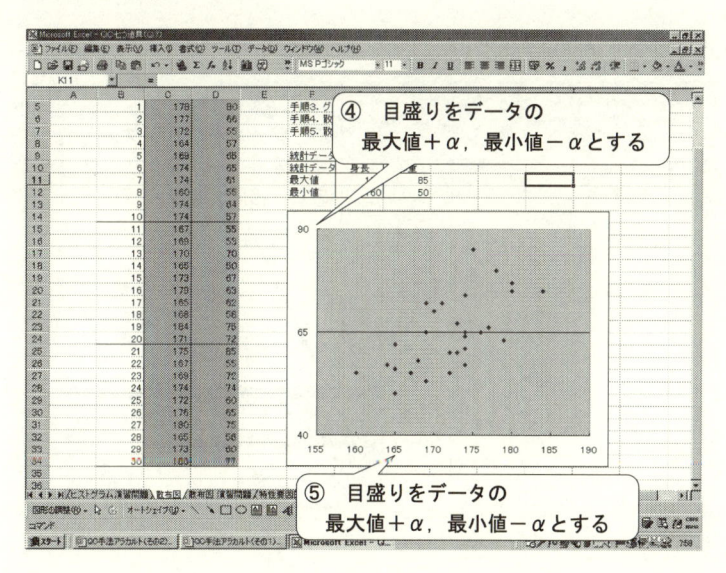

- ④ 目盛りをデータの最大値＋α，最小値－αとする
- ⑤ 目盛りをデータの最大値＋α，最小値－αとする

III. 魅力的な課題達成法の具体的展開

(2) エクセルで相関係数を求める方法

手順1　分析種類の選択（図 Ex 6–3）

③　ツールをクリック
④　分析ツールをクリック
⑤　「相関」をクリック

手順2　諸元の指定（図 Ex 6–4）

⑥　データ範囲を指定
⑦　「先頭行をラベル」指定
⑧　出力先指定

手順3　計算の結果（図 Ex 6–5）

計算された相関係数

手順1．分析種類の選択（Ex 6–3）

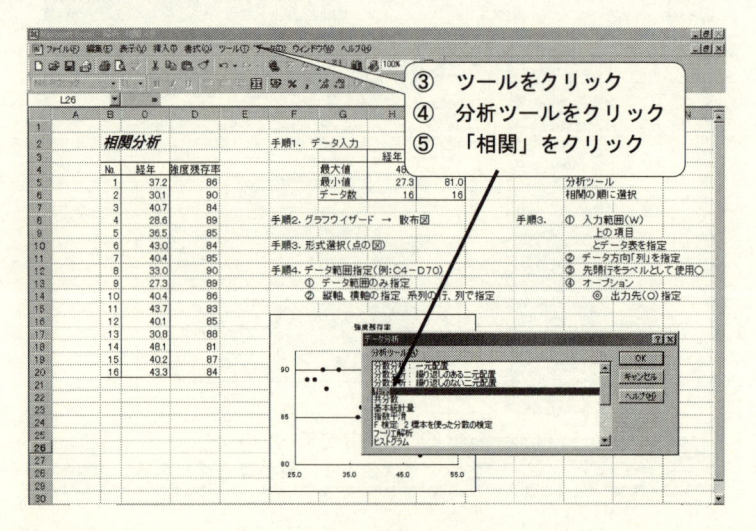

2. 現状を把握する

手順2. 諸元の指定（Ex 6-4）

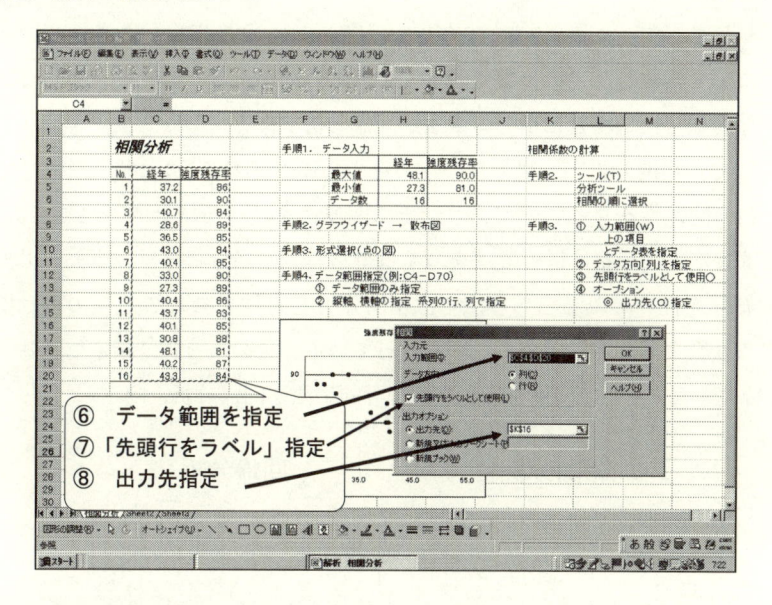

⑥ データ範囲を指定
⑦ 「先頭行をラベル」指定
⑧ 出力先指定

手順3. 計算の結果（Ex 6-5）

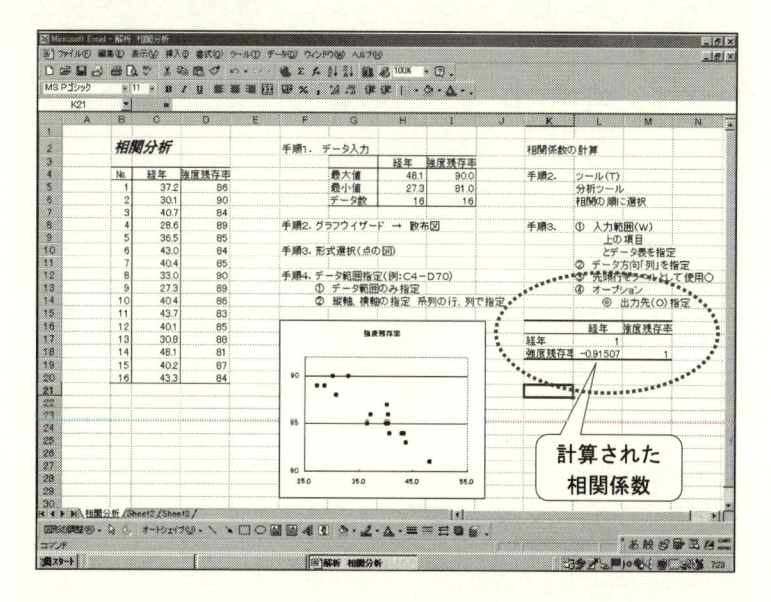

計算された相関係数

4) 回帰分析

経年について，1年，2年，3年というように，ある指定した条件での劣化度について実験し，どの年数に設定すればよいのかとか，直線関係もしくは関数関係を知りたい場合に用いる手法が回帰分析である。

ここで，相関分析と回帰分析の違いを少し述べておこう。相関分析とは，xとyとの関連性を見ることであり，その関連性を調べる統計的手法である。xとyは共に正規分布に従ってばらつく量である。回帰分析とは，データの形式や散布図を描いてみるという点では相関分析と同じであるが，"xの方は指定できる変数と考える"という点が異なっている。このように，指定できる変数xと特性を表すyとの関係を検討する統計的手法を回帰分析と呼ぶ。

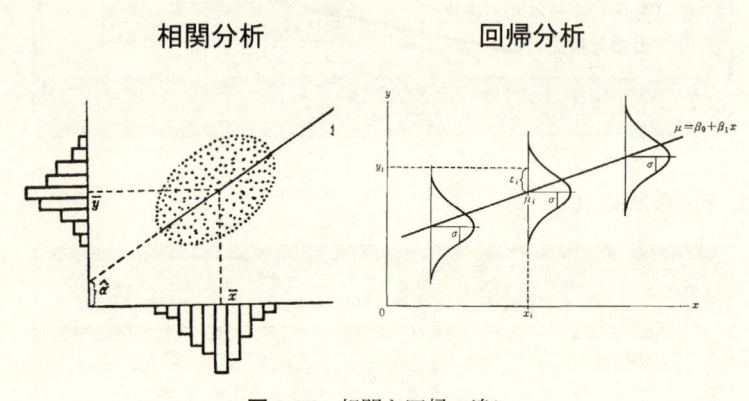

図2.37 相関と回帰の違い

(5) 問題の構造を図示する

取り上げた課題に関して，仮説と検証で得られた情報を図2.38のようにまとめてみる。図2.38では，「住設機器の売上を伸ばそう」という課題に対して，「住設機器の売上が伸びない」問題について，「問題の特徴」，「背後の問題」，「相互に関係する問題」について，まず，図中のコメントで書かれている仮説を関係者で抽出した。その仮説が事実であるかどうか，データで検証し，いくつかの情報を得ることができた。

2. 現状を把握する

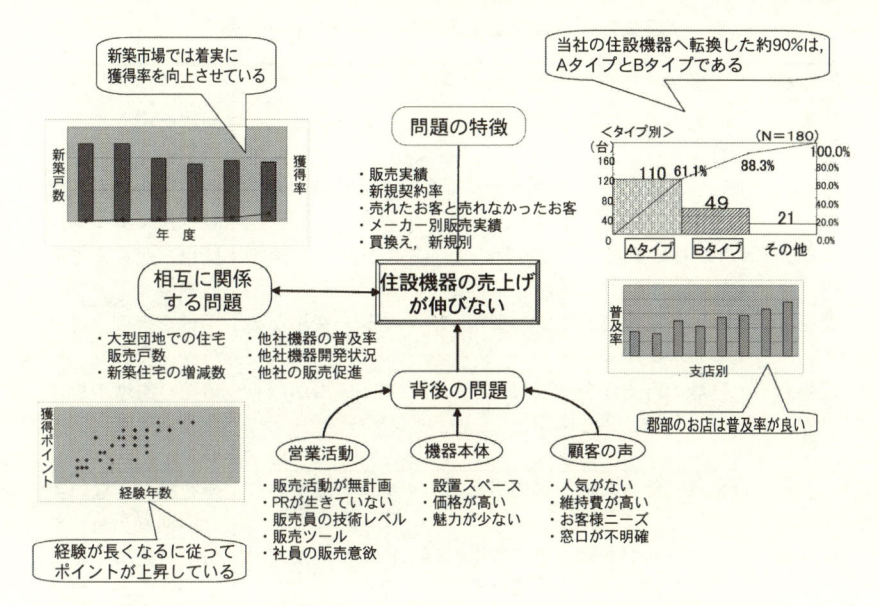

図2.38 「住設機器の売上げを伸ばそう」という課題に関する問題

(6) 現状と要望からギャップ表を作成する

現状レベルと要望レベルを明確にするために把握した内容別に比較・検討して，ギャップをつかむ。つかんだギャップの大きさとともに，自分たちの強みや弱みを認識して，課題達成に対する方策の実施効果が期待できる攻め所を決める。

ギャップ表による課題の明確化の例として，ゴルフを趣味にしている人は多いが，平成12年度の課題達成セミナーでこれを題材にしたギャップ表の作成があった（表2.7参照）。テーマは「ゴルフを上達させる」として，目標として初心者でもスコア100を切ることを目標に改善することになった。

まず，現在のゴルフの腕前を調査して，現状レベルに整理した。次に，項目ごとに「どういう風にしたい」というメンバーの意見を参考に要望レベルを整理した。

ギャップ表は明確化された課題に対し具体的方策の立案の検討に入る前に用いる。ギャップ表は，要望レベル，現状レベルを検討した結果をまとめる作業

表 2.7　「ゴルフを上達させる」のギャップ表

把握項目	現状レベル	要望レベル	ギャップ	攻め所
練習	回数は月2回である	週1回	月2回不足	回数を増やす
	独学である	基本を習得する	上級者の知人がいない	シングルの人を探し教えてもらう
ラウンド数	3か月に1回	月1回	3か月で2回不足	費用とからめて検討する
費用	コースに出るとお金がかかる	安い費用	プレー費用が高い	平日を狙う。得々パックを使う
技術力	打球の行方が分からない	狙った所へ打つ	フォームがバラバラ	素振りを増やしフォームを安定させる
	真に当たらない	真に当たる	身体の軸がぶれている	頭を動かさないように練習する
精神面	プロゴルフを観ていない	近くであれば観に行く	行く時間が作れない	事前に仕事，家のすべきことを整理する
	コースに出ると緊張する	練習場と同じ精神	雰囲気が違う	イメージトレーニングをする
	後半になると集中できない	すべてのホールで集中力を持続する	集中力が継続できない	体力と集中力を高める

(平成12年　課題達成セミナー　グループ演習より一部改変)

と，そのギャップを検討し，ギャップに対して攻め所の候補を立案し，これを評価し，絞り込むという二つの作業からなる．

① 要望レベル，現状レベルからギャップを求めるときに，これらの検討結果の全体像が見えるように一覧表にまとめ，相互の関係を分かりやすくしてギャップを求めやすくする．

② 求めたギャップに対して，メンバーのアイデアや固有技術や社内外から収集した情報などから攻め所の候補を一覧表にまとめて整理する．複数の攻め所の候補について，評価項目を設けて評価を行い，攻め所を合理的に絞り込む．

2. 現状を把握する

1） ギャップ表の作図手順

手順1　目的を明確にする

ギャップ表は何のために作成するのか，目的を明確にし，メンバー全員が確認する。

図2.39は，関西電力病院[21]で「急用で看護師が休んだときにも業務に支障がないようにする」ために取り組まれた事例である。

まず，ブレーンストーミングにより4項目の課題を挙げ，その中からサークル員一人「1点」を持ち点として評価した。その結果，「応援技術レベルの向上―急用で看護師が休んだときにも業務に支障なく行うには」をテーマに取り上げた。このテーマがメンバー全員の方向性を明確にするために図2.39に示す目標の設定を行った。

目標は，"応援技術レベル"を「全員が応援技術レベルを50％クリアする」と"他科応援可能数"を「全員が1科以上応援できるようにする」と設定した。

手順2　ギャップ表をつくり，必要事項を記入する

最上段の各欄へテーマ，把握項目，現状レベル，要望レベル，ギャップ，攻め所の候補を順次記入し，最後に攻め所の候補を評価する評価項目を決めて記入する。

現状レベル，要望レベルの記入の順番は，表の順にとらわれず，次のように考えてもよい。

① テーマが「新規業務への対応」，「魅力的品質の創造」などの場合は，要望レベルから現状レベルの順に記入するとよい。

② 「現状打破」の場合は現状レベルから要望レベルの順に記入するとよい。

また，要望レベルは単に現状レベルの裏返しとならないこと。要望レベルは「将来こうしたい」，「本来こうすべき」といった観点から検討したり，ベンチマーキングを行い，ベストプラクティスから自分たちの要望レベルを設定する。

全サークル員が、ブレーンストーミングにより4項目の課題を挙げた。その中からサークル員一人「1点」を持ち点として点数化することで評価した。

No.	課　題
1	一人の看護師が単科以上の診療介助が行えるようにしたい
2	急な休暇でも業務支障を来さないようにしたい
3	患者さまの待ち時間を短縮させたい
4	患者さまの在宅酸素の問題があれば解決したい

（点）　H10.5.12
サークル員得点　N = 16
16 — 100%
　8
10 — 75%
　　　4
　5 　　　3
　　　　　　　1 — 0%
　　No.1 No.2 No.3 No.4

看護方針
1. 患者様へのサービスの充実
2. 看護の質の向上

課　題
急用で看護師が休むと、診療介助に支障を来たすので、改善策を検討する必要がある。

テーマ
急用で看護師が休んだときにも業務を支障なく行うには

目標の設定
急用で看護師が休んだときにも、全員が他科へ応援できるレベルに達する。

応援技術レベル
全員が応援技術レベル50%をクリアする。

応援技術レベル（%）
現状 43　目標値 57
目標 14% UP

他科応援可能数
全員が1科以上応援できるようにする。

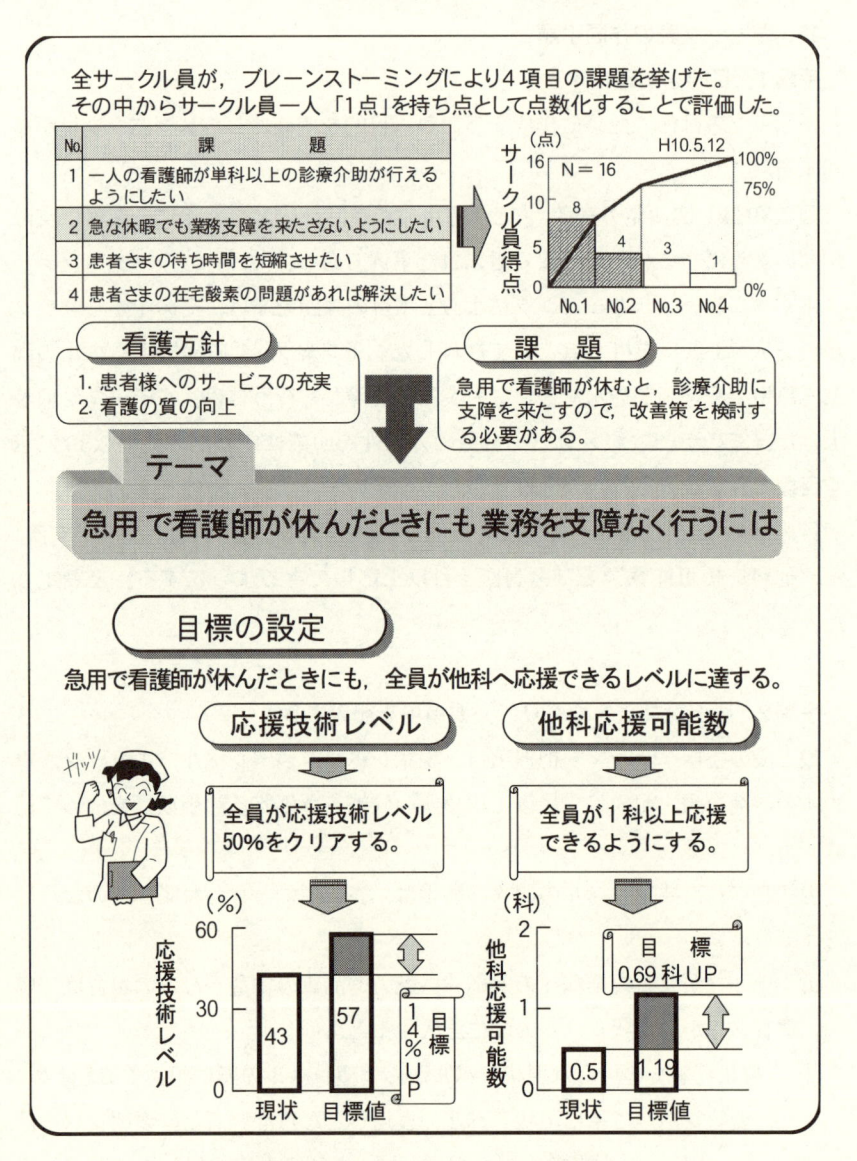

他科応援可能数（科）
現状 0.5　目標値 1.19
目標 0.69科 UP

図 2.39　テーマの設定と目標の設定

2. 現状を把握する

表2.8 ギャップ表に必要事項を記入

	現状レベル	要望レベル	ギャップ	攻め所
テーマの特性目標値	・応援技術レベル 50％以下が16名中11名いる 平均値＝43％と低い	・全員が50％以上 ・平均値＝57％		
	・他科応援の できない人が11名いる 平均値＝0.5科と低い	・全員が1科以上 ・平均値＝1.19科		
知　識				
情　報				
意　識				

　表2.8は，ギャップ表に必要項目を書き入れ，先ほどの設定された目標を"テーマの特性と目標値"の現状レベルと要望レベルに記入したものである。

手順3　テーマの特性（値）を記入し，ギャップを求める

　ギャップ表の把握項目には「テーマの特性（値）」欄を設け，その特性（値）を記入する。個々に調査したテーマの特性（値）の現状レベル，要望レベルをギャップ表に記入する。

　テーマの特性（値）は必ず決める。特性（値）は活動目標に結びつき，テーマの特性値が示されていないと何をどのようにしたいのか不明確なため，活動自体も，結果も内容もぼやけてしまう。

　ギャップ表に，各把握項目の現状レベル，要望レベルを個々に把握したものを整理し，要点を記入する。その両方の差からギャップを求めて記入する。

　次に，表2.8に示す「知識」，「情報」，「意識」ごとに現状を把握し，ギャップ表に記入していった。例えば，図2.40から「知識」の現状レベルをA～Pまでの16名について他科応援の可能数を調査したところ"3科可能1名"，"2科可能1名"，"1科可能3名"，他の11名は他科の応援が不可能であることが

分かった。その結果を，表2.9に示すギャップ表の現状レベルに記入し，要望レベルを明確にしてギャップを抽出した。

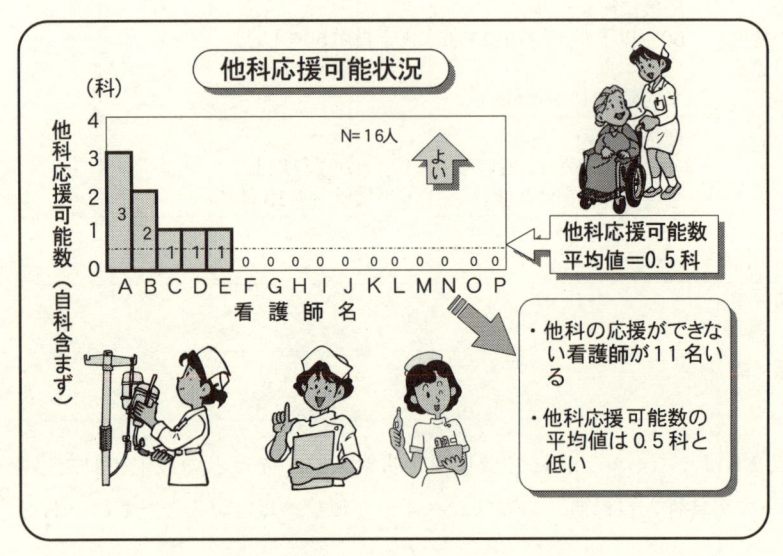

図2.40 「知識」に関する現状レベルの把握

表2.9 現状レベルと要望レベルからギャップを抽出

	現状レベル	要望レベル	ギャップ	攻め所
テーマの特性目標値	・応援技術レベル 　50%以下が16名中11名いる 　平均値＝43%と低い ・他科応援の 　できない人が11名いる 　平均値＝0.5科と低い	・全員が50%以上 ・平均値＝57% ・全員が1科以上 ・平均値＝1.19科	・応援技術 レベル14% ・他科応援可能数0.69科	
知　識	他科の知識を知っている看護師が5名しかいない	全員が自科＋1科の知識を習得している	11名の看護師が他科応援できない	
情　報	時差出勤者が朝のミーティングに参加できずに情報が伝わらない	ミーティング不参加の人にも全員がミーティング内容を知ることができる	情報が共有されていない	
意　識	自主的に他科を応援する意識が低い	要請があれば，積極的に応援を申し出る	興味や関心がない	

2. 現状を把握する

手順4　各把握項目のギャップから攻め所を決める

　各把握項目の個々のギャップに対して，メンバーのアイデアや固有技術，社内外から収集した情報をもとに，複数の攻め所の候補をつくり出す。攻め所の候補を評価項目で評価し，攻め所を絞り込む。その際，可能性のあるものは，候補に残しておくとよい。

　表2.10は，各項目の"ギャップ"から"攻め所"を検討し，記入したギャップ表である。

　このギャップ表の"知識"の項目からは，「応援技術レベルを向上させる」，"情報"の項目からは，「情報伝達方法を改善する」，さらに"意識"の項目からは，「看護師の応援意識の高揚を図る」という攻め所を抽出した。これらの攻め所から目標を達成するための方策を検討することとしている。

表2.10　ギャップから攻め所を検討

	現状レベル	要望レベル	ギャップ	攻め所
テーマの特性 目標値	・応援技術レベル 　50%以下が16名中11名いる 　平均値＝43%と低い ・他科応援のできない人が11名いる 　平均値＝0.5科と低い	・全員が50%以上 ・平均値＝57% ・全員が1科以上 ・平均値＝1.19科	・応援技術レベル14% ・他科応援可能数0.69科	
知　識	他科の知識を知っている看護師が5名しかいない （他科診療応可能人員グラフ）	全員が自科＋1科の知識を習得している	11名の看護師が他科応援できない	A：応援技術レベルの向上を図る
情　報	時差出勤者が朝のミーティングに参加できずに情報が伝わらない （平均勤務状況）	ミーティング不参加の人にも全員がミーティング内容を知ることができる	情報が共有されていない	B：情報の伝達方法を改善する
意　識	自主的に他科を応援する意識が低い （応援への意識）	要請があれば，積極的に応援を申し出る	興味や関心がない	C：看護師の応援意識の高揚を図る

出典（図2.38, 39, 40，表2.8, 9, 10）：「応援技術レベルの向上」2000関西電力病院）

III. 魅力的な課題達成法の具体的展開

事例 バキュームサーボブレーキ真空容量実験の
予測型開発化への挑戦

日産自動車(株) 車両運動性能実験グループ　NP 01 サークル

私たちの勤務する日産自動車栃木テストコースは栃木県南部に位置し，その中でブレーキの実走実験を担当するテストドライバー集団である。

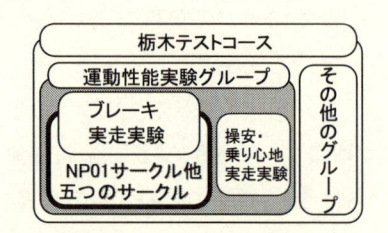

1. テーマ選定

日産リバイバルプランを基に"大胆かつ計画的な活動で，実験効率向上"をサークル方針とし，テーマを出し合い，評点付けをした結果，"バキュームサーボブレーキ真空容量性能の実験時間を短くしたい"を取りあげることとした。

この実験は，ブレーキを踏む力の軽減に必要な負圧ポンプの性能を評価するために行っており，お客様が安全に運転するためのとても重要な実験である。

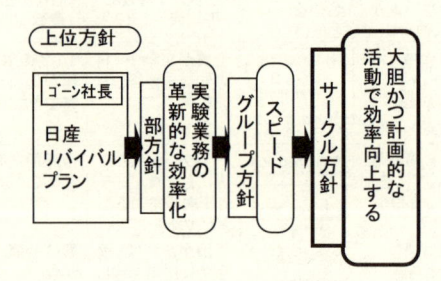

問題・課題	評価項目	上司方針	重要性	緊急性	拡大	技術課題	達成感	評点	順位
Rrドラム強度試験の時間を短くしたい		◎	◎	△	◎	◎	○	15	2
バキュームサーボブレーキ真空容量性能の実験時間を短くしたい		◎	◎	◎	◎	◎	◎	18	①

2. 取り組む必要性の明確化

今後は設計予測を充実させ，実車確認を1回で終了できる予測型開発体制にする必要がある。そのために私たちの力でグループ全体の実験を30％圧縮し，予測型開発業務へ工数を投入したい。

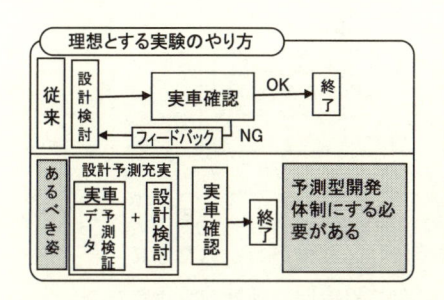

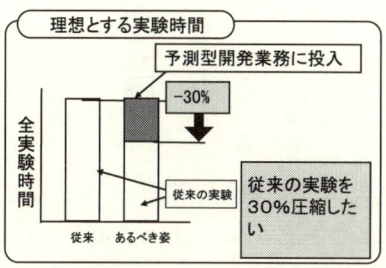

私たちは，各ブレーキ実験の現在までの工数低減率を調査した。すると真空容量実験の工数低減が全く行われていないため，私たちブレーキ担当の目標である34％減は必須であり，目標達成のためには，1実験15時間の短縮が必要であることが分かった。

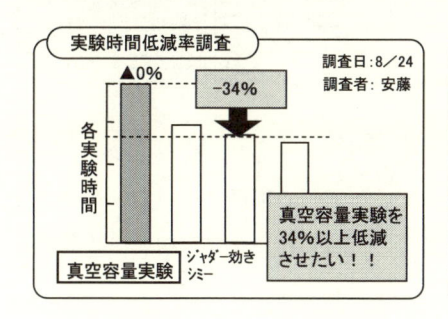

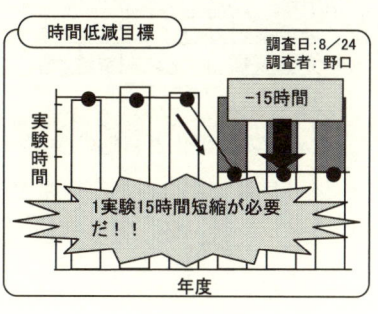

実験の内訳を見てみると，測定作業に18時間，全体の41％と最も多いことが分かった。よって，テーマ名を「バキュームサーボブレーキ真空容量実験の予測型開発化への挑戦」とした。

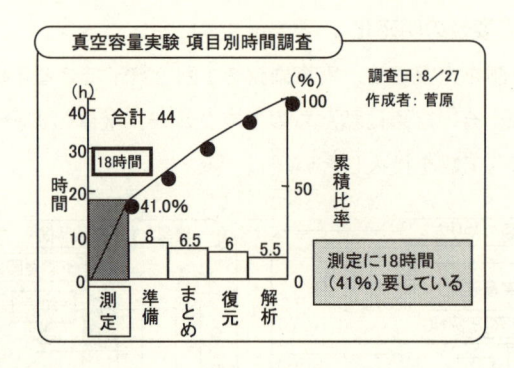

III. 魅力的な課題達成法の具体的展開

真空容量実験 項目別時間調査
調査日：8／27
作成者：菅原

合計 44
18時間
41.0%
測定 18／準備 8／まとめ 6.5／復元 6／解析 5.5

測定に18時間
（41％）要している

3. 活動計画の作成

活動を進めるにあたり役割分担を明確にしスピード解決のために"早く取り組み，早く解決"を合い言葉とし2か月間の超短期活動計画を決めた。

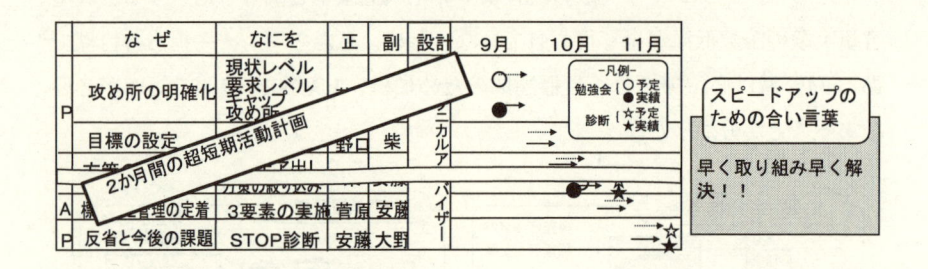

なぜ	なにを	正	副	設	9月	10月	11月
P 攻め所の明確化	現状レベル 要求レベル ギャップ 攻め所			テ ク ニ カ ル ア ド バ イ ザ ー			
目標の設定		野口	柴				
A 標準化と管理の定着	3要素の実施	菅原	安藤				
P 反省と今後の課題	STOP診断	安藤	大野				

2か月間の超短期活動計画

凡例 勉強会 ○予定 ●実績 診断 ☆予定 ★実績

スピードアップのための合い言葉

早く取り組み早く解決！！

4. 攻め所の明確化と目標の設定

特性を1実験あたりの測定時間とし，4Mと情報の項目についてランクづけをしたところ，人，物，方法が1位となり，調査方法と役割分担を決め進めることとした。

2. 現状を把握する

調査項目検討			作成者:菅原	評 価 項 目			
区分	項 目	内 容		影響度	拡大性	評価	ランク
特性	測定時間	1実験当たりの測定時間		—	—	—	—
人	測定技能	技能レベル別時間差調査		◎	◎	6	①
物	車 両	車種違いによる時間差調査		◎	◎	6	①
設備	計測器	計測器違いによる時間差調査		○	○	4	3
方法	測定方法	測定項目別時間調査		◎	◎	6	①
情報	標準作業書	測定項目調査		◎	○	5	2

　特性である測定時間の現状レベルは1実験18時間，要望レベルは1実験15時間の短縮が求められていることから3時間以内，ギャップは15時間あることが分かった。

特性調査（測定時間）

現状レベル	要望レベル	ギャップ
測定に18時間	3時間以下	15時間

　人である技能レベル別測定時間差と物である車種別時間差を，ワークサンプリング法を使用し調査したところ全員が許容時間内でできており，問題ないことが分かった。

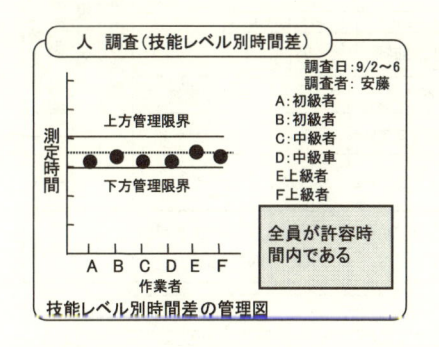

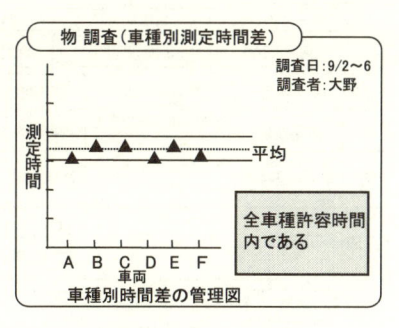

人 調査（技能レベル別時間差）
調査日:9/2〜6
調査者:安藤
A:初級者
B:初級者
C:中級者
D:中級車
E:上級者
F:上級者
全員が許容時間内である
技能レベル別時間差の管理図

物 調査（車種別測定時間差）
調査日:9/2〜6
調査者:大野
平均
全車種許容時間内である
車種別時間差の管理図

　方法である測定項目別時間を調査し，消費性能と充填性能を取得するための項目で分類してみた。すると，消費性能を取得するために，合計16時間かかっていることが分かった。

方法調査（測定項目別時間調査）

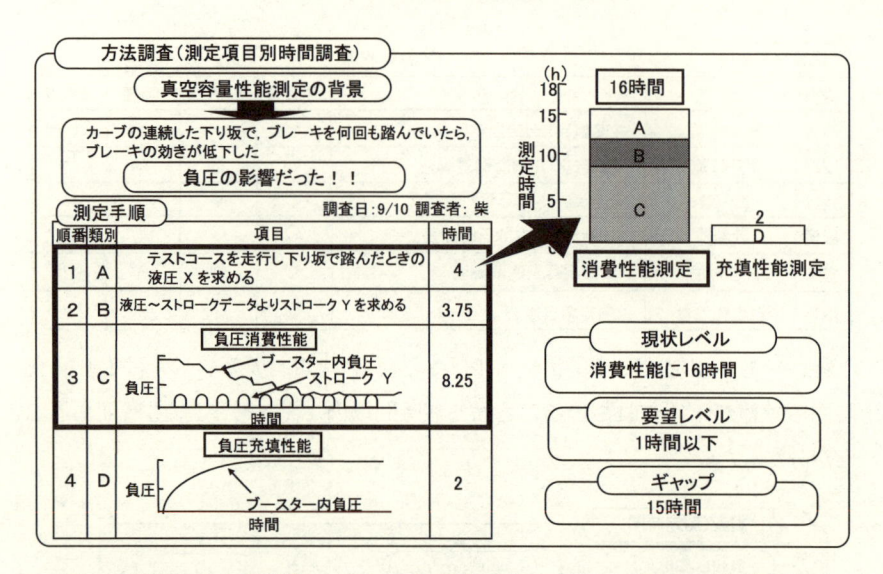

真空容量性能測定の背景
カーブの連続した下り坂で，ブレーキを何回も踏んでいたら，ブレーキの効きが低下した
→ **負圧の影響だった！！**

測定手順　　調査日：9/10　調査者：柴

順番	類別	項目	時間
1	A	テストコースを走行し下り坂で踏んだときの液圧 X を求める	4
2	B	液圧～ストロークデータよりストローク Y を求める	3.75
3	C	負圧消費性能（ブースター内負圧／ストローク Y ／時間）	8.25
4	D	負圧充填性能（負圧／ブースター内負圧／時間）	2

測定時間（h）：消費性能測定 16時間（A+B+C）、充填性能測定 2（D）

現状レベル：消費性能に16時間
要望レベル：1時間以下
ギャップ：15時間

以上の課題を攻め所発掘シートに整理すると，方法の「負圧消費性能測定のためにかかる時間の短縮」を行えば，15時間のギャップを解消できることが分かった。よって，これを目標に設定した。

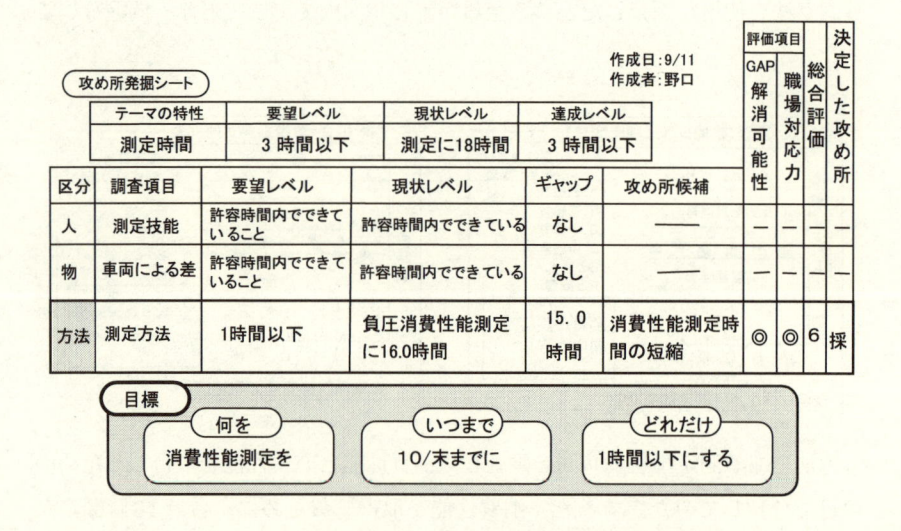

攻め所発掘シート　　作成日：9/11　作成者：野口

テーマの特性	要望レベル	現状レベル	達成レベル
測定時間	3時間以下	測定に18時間	3時間以下

区分	調査項目	要望レベル	現状レベル	ギャップ	攻め所候補	GAP解消可能性	職場対応力	総合評価	決定した攻め所
人	測定技能	許容時間内でできていること	許容時間内でできている	なし	—	—	—	—	
物	車両による差	許容時間内でできていること	許容時間内でできている	なし	—	—	—	—	
方法	測定方法	1時間以下	負圧消費性能測定に16.0時間	15.0時間	消費性能測定時間の短縮	◎	◎	6	採

目標
- 何を：消費性能測定を
- いつまで：10/末までに
- どれだけ：1時間以下にする

5. 方策の立案

　まず，アイデア出し手法を調査した結果，"アナロジー発想法"と"焦点発想法"の二つがこのテーマに適していると判断した。そこで，それぞれの特徴である"革新的アイデア"と"スピード"をプラスした"アナロジー・焦点発想法"を作成し，アイデア出しにチャレンジしてみたところ，今までにない革新的なアイデアを数多く，しかも素早く出すことに成功した。

アナロジー・焦点発想法　　　　　　　　　　　　作成日:9/21　作成者:大野

常識	中間アイデア	アナロジー(類似)	アイデア	予想効果	ランク
負圧消費性能を取得している	環境を変える	油	全車種油圧ブースターにする	△	3
		カメレオン	代用特性を使用し設計検討だけで終わらせる	◎	①
車種ごとに評価している	平均的な車を使う	数学	計算で求める	◎	①
人間が測定している	ロボットを使う	パソコン	CADによるシミュレーション	△	3
ポンピングをしている	過去のデータから読む	小説	官能評価で終わらせる	◎	①
データのn数が多い	ばらつきをなくす	学校	教育訓練をする	△	3
走行して効力試験を行う	市場調査する	石原慎太郎	ディーゼル車の廃止	○	2
油温別に測定している	補正する	ブラジャー	ポンプを二つにする	△	3

　　　　　　　　　　　　　　　　　　　　　　今までにない発想法だ！！

　アナロジー・焦点発想法より出たアイデアを評点付けし，最適策を決定した。

作成日:9/28　作成者:安藤　　評点 ◎3点 ○2点 △1点　　前提条件:消費性能測定時間1.0時間以内

分類	攻め所	No.	方策	期待効果(時間)	実現性	安全性	作業性	コスト	採否
方法	負圧消費性能の測定を1.0時間以下で終わらせるには	1	代用特性で検討し，測定をやめる	16.0	○	◎	◎	◎	採
		2	自分で計算して求める	14.0	△	◎	◎	○	
		3	官能評価で終わらせる	13.5	△	◎	◎	○	

6. 障害の予測

　最適策を実施する前に，障害の予測を行ったところ，二つのアイデアにより

障害を乗り越えられると判断した。

作成日：10/2
作成者：大野

方策案No.	区分	内容	障害排除のアイデア	実現性				排除の可能性
				経費	工数	技術力	期間	
1	障害	データ品質不良	負圧消費性能のメカニズム解析	◎	○	◎	◎	採
		検討結果と実車との差	代用特性の検討収集	◎	○	◎	◎	採

7. 最適策の実施

はじめに負圧量を決定付ける要素を調査すると，負圧消費性能は"ポンプ性能"と"ペダルストローク"の二つの要素により決定付けられ，この二つの代用特性があれば測定をせずに設計検討だけで終わらせられることを発見した。

負圧量を決定付ける要素調査
負圧の変化メカニズムを学んだ
そうだったのか！！
負圧
t → 負圧消費性能線図
ポンプ性能 ＋ ペダルストローク ＝ 負圧消費性能

ポンプ性能の代用特性について他のグループや，ポンプメーカーのアウトプットデータを調査し，評点付けした結果"設計値"を採用することとした。

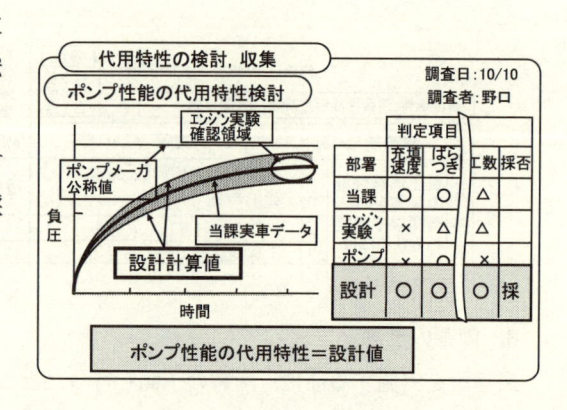

代用特性の検討，収集
ポンプ性能の代用特性検討
調査日：10/10
調査者：野口

エンジン実験確認領域
ポンプメーカ公称値
負圧
当課実車データ
設計計算値
時間

部署	判定項目			工数	採否
	充填速度	ばらつき			
当課	○	○	△		
エンジン実験	×	△	△		
ポンプ			×		
設計	○	○	○		採

ポンプ性能の代用特性＝設計値

2. 現状を把握する

設計グループからの情報をもとに台上実験値と設計計算値をグラフに表してみると，負圧消費性能検討に必要な"ストローク"を発見することができた。

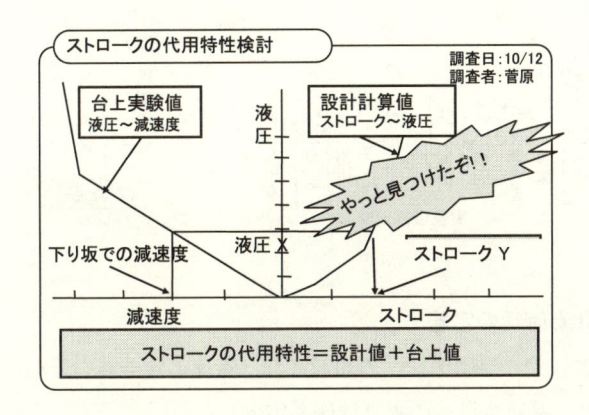

```
ストロークの代用特性検討                    調査日：10/12
                                          調査者：菅原

 台上実験値          設計計算値
 液圧〜減速度   液圧  ストローク〜液圧
                      やっと見つけたぞ！！
                液圧 X
 下り坂での減速度        ストローク Y
     減速度              ストローク

  ストロークの代用特性＝設計値＋台上値
```

8. 検討データの検証

二つの代用特性から検討した結果と，実車測定データを比較すると，同一の結果が得られ，負圧消費性能を設計検討する方法の検証ができた。

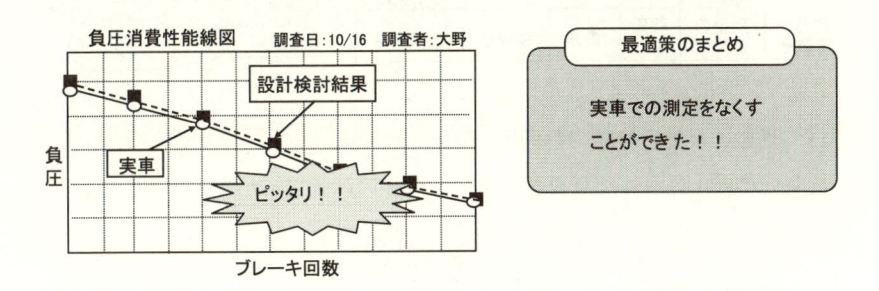

```
負圧消費性能線図  調査日：10/16 調査者：大野
                                        最適策のまとめ
         設計検討結果
 負                                     実車での測定をなくす
 圧  実車                                ことができた！！
         ピッタリ！！
         ブレーキ回数
```

9. 効果確認

負圧消費性能がなくなったことにより付随業務が減ったため，合計32.8時間75％も削減することができ，124万円もの効果を得ることができた。

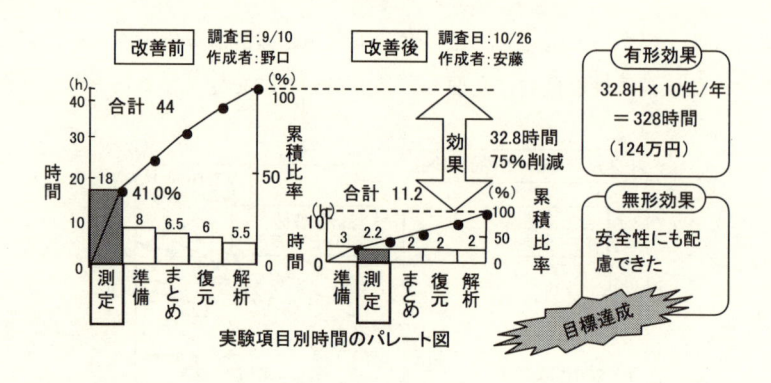

140　　　　　　　　　　Ⅲ. 魅力的な課題達成法の具体的展開

[改善前 調査日:9/10 作成者:野口] 実験項目別時間のパレート図: 合計44、測定18 (41.0%)、準備8、まとめ6.5、復元6、解析5.5

[改善後 調査日:10/26 作成者:安藤] 合計11.2、準備3、測定2.2、まとめ2、復元2、解析2

効果 32.8時間 75%削減

有形効果: 32.8H×10件／年 ＝328時間（124万円）

無形効果: 安全性にも配慮できた

目標達成

10. 標準化と管理の定着

5W1Hによって「標準化」，「周知徹底」，「管理の定着」を行った。
また他部署，関連企業への水平展開も実施した。

何を	なぜ	誰が	いつ	どこで	どうする
新実験方法	周知徹底	菅原	10/末	3-1会	全員展開
	管理の定着	主任	10/末	実験ごと	計画書のチェック
標準作業書	効果の維持	藤田 野口	10/末	事務所	改定する

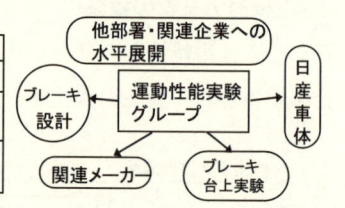

他部署・関連企業への水平展開: ブレーキ設計 ─ 運動性能実験グループ ─ 日産車体／関連メーカー／ブレーキ台上実験

11. 活動の反省と今後の計画

良かった点，悪かった点を話し合い，今後の活動に活かすこととした。

項　目	良かった点	悪かった点
S:日程管理	全員のスピードへの意識が向上し，日程どおり終了した	時間を作るのに苦労した
T:参加率	全員参加で活動できた	─
O:発言率	ベテランの積極的な参加で全員の発言が増えた	意見のまとめに苦労した
P:知識向上	最適策の過程でメカニズムを勉強し知識が向上した	─
ストーリー理解度	実践による活動でかなりマスターすることができた	─

今後の計画: 今回の経験を活かし次点の「ABS官能評価実験を効率化したい」に取り組む

3. 対策を立案する

対策の立案では，現状把握で得られた情報から目的を達成させる対策を考え，個々の対策ごとに「期待効果」，「制約条件」，「成功への可能性」や「発生するリスク」などを検討する。その結果，実行する対策で，目標値が達成できないことが予想された場合には，新たに対策を考える。このとき，発想法やベンチマーキングを活用するとよい。

複数の対策案の中から，期待される効果，想定される制約条件，リスクを検討して，実施する対策を選ぶ。その手順及び考え方は次のとおりである。

① 期待効果：対策によって目標値がどの程度達成するのかを検討する。
② 制約条件の検討：対策によって期待する効果と別の面の逆効果が出ないかを評価する。別の面からくる条件に対して，対策が制約条件を逸脱しないかどうか検討する。
③ リスク：対策に対して想定されるリスクを網羅する。また成功の可能性を評価する（図2.41参照）。

<事　例>　・効率化のための対策　・期待効果……時間の短縮
　　　　　　　　　　　　　　　　・制約条件……品質の低下
　　　　　　　　　　　　　　　　・リスク……他課の強力

	期待効果	制約条件		リスク	総合評価
	効率化 時間 1/2 以上	品質の低下 不良発生 0		成功の可能性	
対策 A	現状15時間が6時間になることが予想される	作業を機械化できることから不良は発生しない		他課の協力が必要，他課にも低減の……	◎
対策 B					
対策 C					

図2.41　対策の検討

これらの対策案を系統図で整理し，目標値を達成できるかどうか総合的に検討する。現状の対策案で目標を達成することができないと予想される場合は，発想法を活用するなどして，独創的なアイデアを考えてみる。

(1) 系統図による方策の立案

ある会社で毎年開催される改善事例世界大会において，各国の事例発表を理解するという課題が出た。

「発表言語は，英語だけじゃない。フランス語，タイ語，中国語など数か国語に対応するにはどうしたらいいのか」，「英語も理解できない参加者に発表内容を理解させるのにどうすればよいか」，「発表件数も12事例もあり，一日で終えなければならないため通訳時間をどう捻出すればよいのか」などと大会の運営事務局はあれこれ思いを馳せるに違いない。

しかし，これといった良いアイデアが思うように浮かんでこない。そこで，「系統図による発想」を取り入れて考えてみる。まず考えるのは，大会の目的である。ここでの狭い意味での目的は，「外国語を理解する」となるが，もう少し広い意味で目的をとらえれば「発表内容を理解する」となる。

次に，そのための手段を考えてみよう。「耳で聞いて理解する」，「目で見て理解する」，「心で感じて理解する」などとなる。これらの手段をもっと具体化するために，手段を目的に置き換えて，さらに手段を考える。

耳で聞いて理解するには，「発表内容を区切りながらの逐次通訳（後追い通訳）」，目で見て理解するには「和訳画面を映し出す」などいろいろなアイデアが発想される（図2.42参照）。

3. 対策を立案する

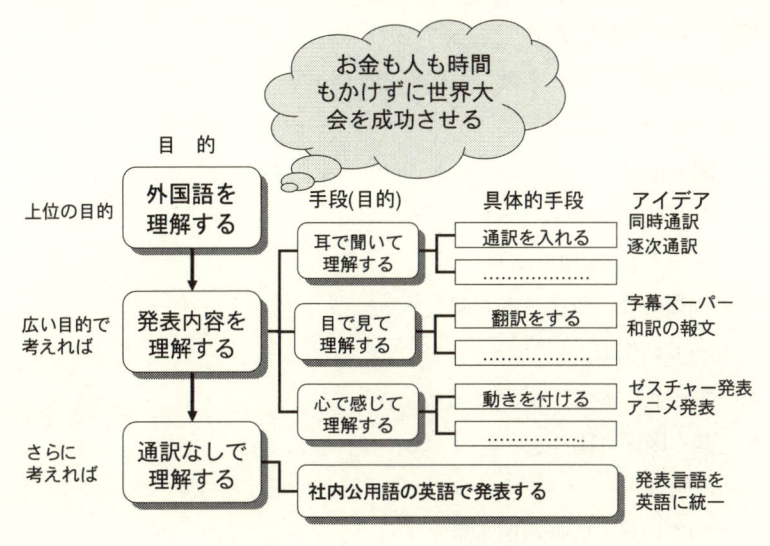

```
                    ┌─────────────┐
                    │お金も人も時間│
                    │もかけずに世界大│
                    │会を成功させる│
                    └─────────────┘

    目　的              手段(目的)    具体的手段    アイデア
上位の目的  ┌外国語を┐    ┌耳で聞いて┐  ┌通訳を入れる┐  同時通訳
           │理解する│────│理解する  │──│............│  逐次通訳
           └────┬───┘    └─────────┘  └────────────┘
                ↓
広い目的で ┌発表内容を┐  ┌目で見て┐   ┌翻訳をする┐   字幕スーパー
考えれば   │理解する  │──│理解する│──│...........│  和訳の報文
           └────┬─────┘  └────────┘   └──────────┘
                ↓
さらに    ┌通訳なしで┐  ┌心で感じて┐ ┌動きを付ける┐ ゼスチャー発表
考えれば  │理解する  │──│理解する  │─│............│ アニメ発表
          └──────────┘  └──────────┘ └────────────┘
                        ┌社内公用語の英語で発表する┐ 発表言語を
                        └──────────────────────────┘ 英語に統一
```

図2.42 系統図による方策の検討

［出典：シャープ(株) CATS 世界大会資料］

1) エクセルによる系統図の作図手順

手順1　テーマの設定と1次手段の抽出（図Ex 7–1）

① テーマを決めてテーマカードを作成する。
② テーマを目的として，1次手段を書く。
③ 言語データの記入
　1. 図形指定
　2. 右クリック
　3. テキストの追加（X）

以上の操作の後，コメントを記入する

④ カードの作成
　1. オートシェイプ（U）
　2. 基本図形（B）
　3. 四角形

以上の操作の後，図形範囲を指定する

手順2　手段の順次展開（図Ex 7–2）
⑤　カードを「目的―手段」の関係で配置
⑥　言語データの記入
　1. 図形指定
　2. 右クリック
　3. テキストの追加（X）
以上の操作の後，コメントを記入する
⑦　カードの作成
　1. オートシェイプ（U）
　2. 基本図形（B）
　3. 四角形
以上の操作の後，図形範囲を指定する

手順3　手段間の接続（図Ex 7–3）
⑧　接続線の作成
　1. オートシェイプ（U）
　2. コネクタ（N）
　3. カギ線コネクタを選択
　4. 線の元を指定（四角の4点から1点を指定）
　5. 線の先を指定（四角の4点から1点を指定）

手順4　追加手段の検討（図Ex 7–4）
⑨　手段の追加検討
1目的→2手段
　1. 展開手段をコピー
　2. 展開手段を貼り付け
　3. 検討内容に修正

3. 対策を立案する

手順1. テーマの設定と1次手段の抽出（Ex 7-1）

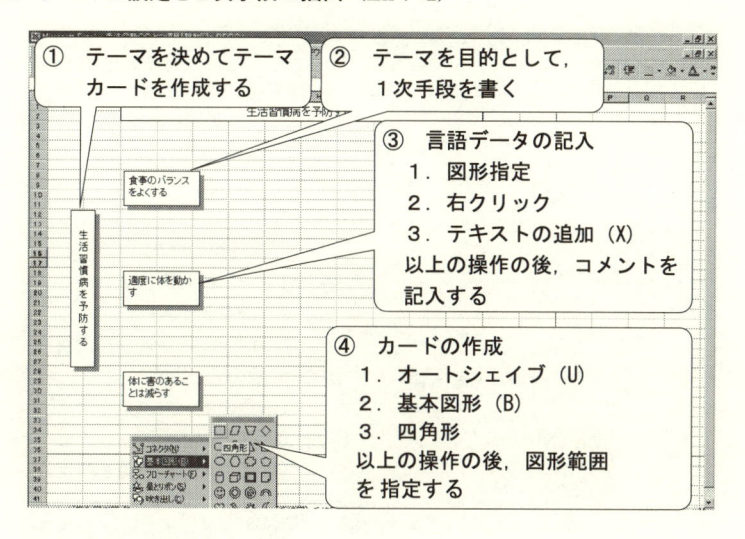

① テーマを決めてテーマカードを作成する

② テーマを目的として，1次手段を書く

③ 言語データの記入
  1. 図形指定
  2. 右クリック
  3. テキストの追加（X）
以上の操作の後，コメントを記入する

④ カードの作成
  1. オートシェイブ（U）
  2. 基本図形（B）
  3. 四角形
以上の操作の後，図形範囲を指定する

手順2. 手段の順次展開（Ex 7-2）

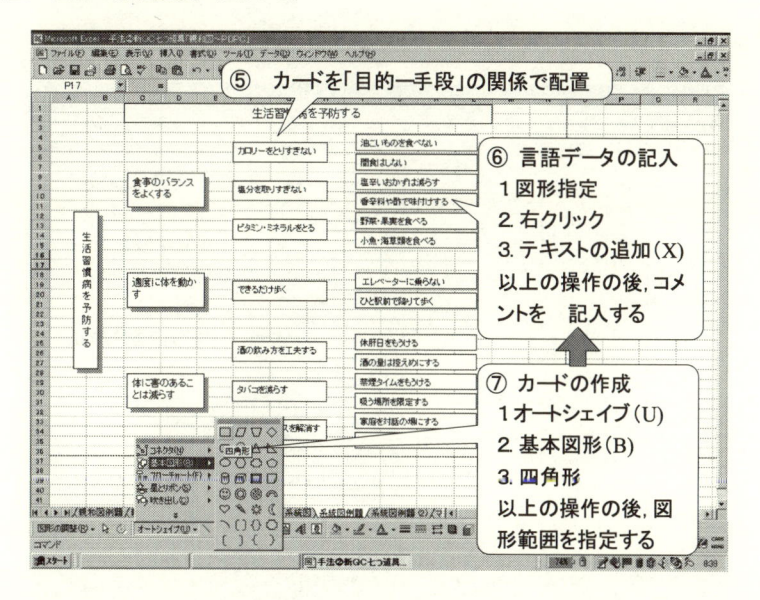

⑤ カードを「目的—手段」の関係で配置

⑥ 言語データの記入
  1. 図形指定
  2. 右クリック
  3. テキストの追加（X）
以上の操作の後，コメントを　記入する

⑦ カードの作成
  1. オートシェイブ（U）
  2. 基本図形（B）
  3. 四角形
以上の操作の後，図形範囲を指定する

手順3. 手段間の接続 (Ex 7-3)

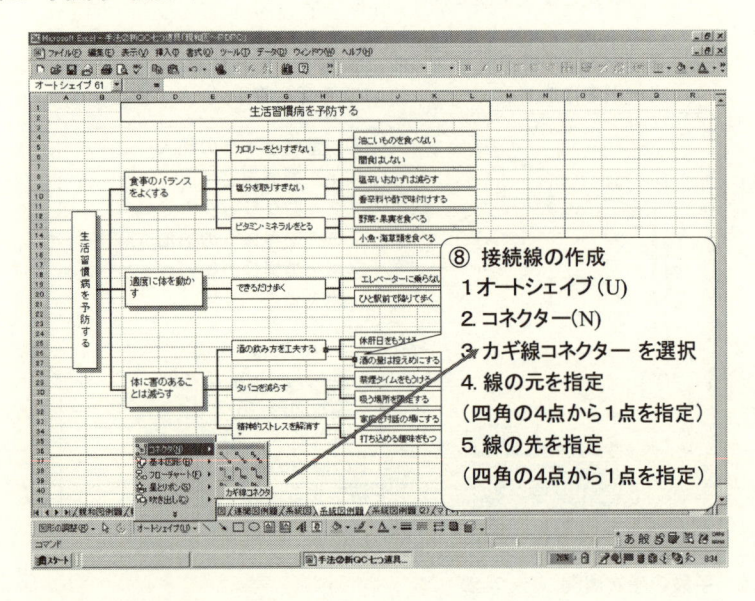

⑧ 接続線の作成
1 オートシェイブ (U)
2 コネクター (N)
3 カギ線コネクター を選択
4. 線の元を指定
（四角の4点から1点を指定）
5. 線の先を指定
（四角の4点から1点を指定）

手順4. 追加手段の検討 (Ex 7-4)

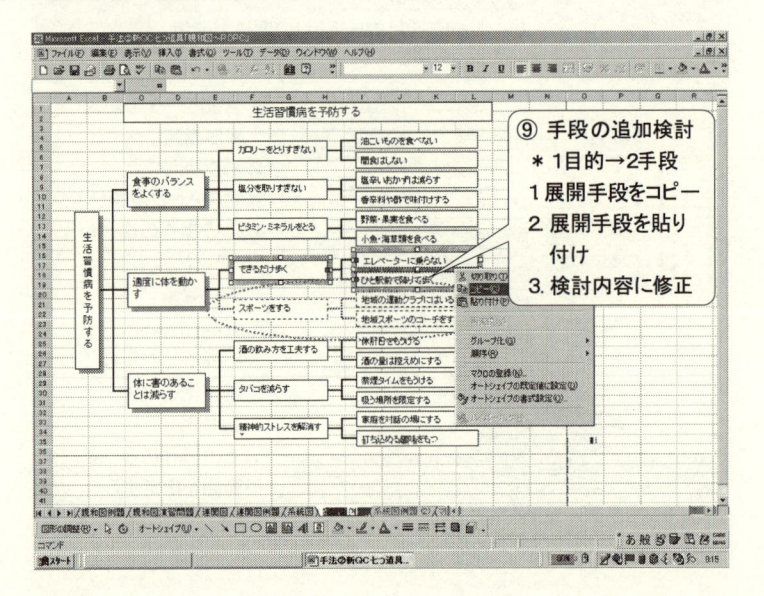

⑨ 手段の追加検討
＊1目的→2手段
1 展開手段をコピー
2. 展開手段を貼り付け
3. 検討内容に修正

3. 対策を立案する

手順5　系統図の完成（図 Ex 7-5）

手順5．系統図の完成（Ex 7-5）

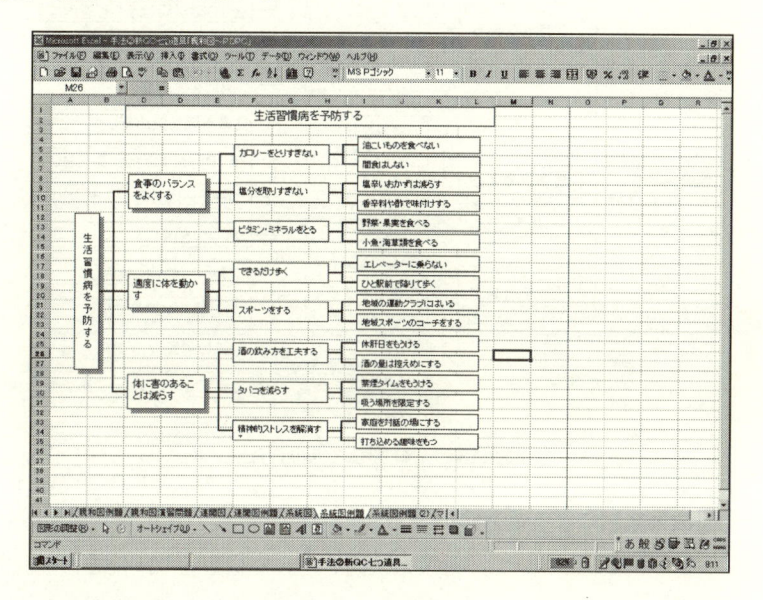

(2)　系統図で整理して弱点箇所を再検討

出し切ったアイデアを系統図で整理してみる。そうすると，目的―手段の展開で，「1目的に対して2つ以上の手段が出ている」ところと，「1目的に対して1手段しか出ていない」ところがある。

物足りなさを感じた部分に焦点を当てて，もう一度，アイデアを考えてみる。ディスカッションを行い，発想法などを使う。良い系統図は，末広がりに展開している図であり，後から出てきたアイデアは，今までにない素晴らしいアイデアであることが多い。

図2.43では，「運動を増やす」という一次手段のところで，「できるだけ歩く」という一つの二次手段しか書かれていなかった。そこで，再検討して，「スポーツをする」という二次手段を追加することによって，新たな対策が浮かび上がってきた。

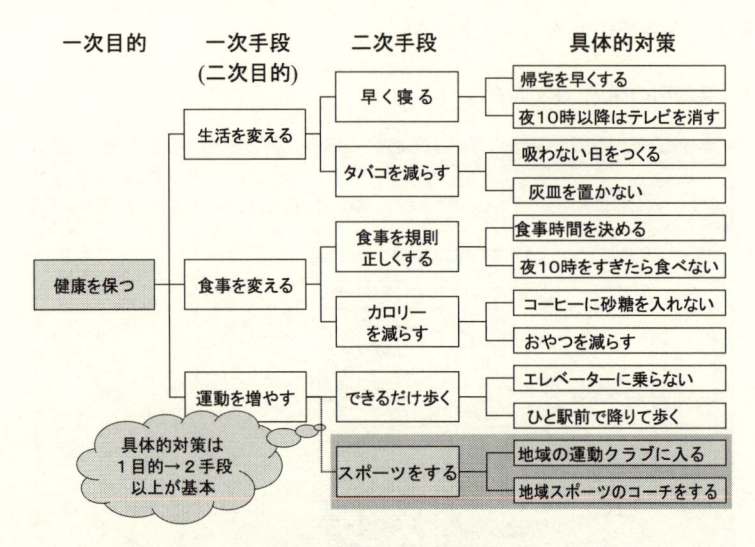

図2.43 系統図法の展開方法

```
一次目的    一次手段      二次手段        具体的対策
            (二次目的)
                        ┌ 早く寝る ─┬ 帰宅を早くする
                        │          └ 夜10時以降はテレビを消す
            生活を変える┤
                        └ タバコを減らす┬ 吸わない日をつくる
                                        └ 灰皿を置かない

                        ┌ 食事を規則 ─┬ 食事時間を決める
                        │ 正しくする  └ 夜10時をすぎたら食べない
健康を保つ ─ 食事を変える┤
                        └ カロリー ─┬ コーヒーに砂糖を入れない
                          を減らす   └ おやつを減らす

                        ┌ できるだけ歩く ┬ エレベーターに乗らない
                        │                └ ひと駅前で降りて歩く
            運動を増やす┤
                        └ スポーツをする┬ 地域の運動クラブに入る
                                        └ 地域スポーツのコーチをする
```

（具体的対策は1目的→2手段以上が基本）

(3) 対策系統図による最適策の選定

いろいろな対策案について，対策系統図を用いて総合的な評価を行う。対策の評価は「効果」，「実現性」，「コスト」の3要素で行うのが一般的である。

① 効　　果：設定した目標値にどれだけ寄与するのかで評価する。効果把握は目標値と同じ"単位"でもって行わなければならない。

② 実　現　性：現有の技術，マンパワー等で，納期的にみて，実施可能かどうか実現の度合いを評価する。

③ コ ス ト：その対策を実施するのにいくら費用がかかるのかで評価する。

④ 総合評価：上記①～③を5段階評価（5, 4, 3, 2, 1）する。

対策実施上，最も有利なものが「5」，最も不利なものを「1」とする。判定しやすくするためには，足し算よりかけ算で総合評価点の合計の差をつけて判定するとよい。

また，評価で気を付けなければいけないのは，単純に掛け算の総合点で判断しないことである。つまり，実現性やコストよりも効果があるか，ないかを重

3. 対策を立案する

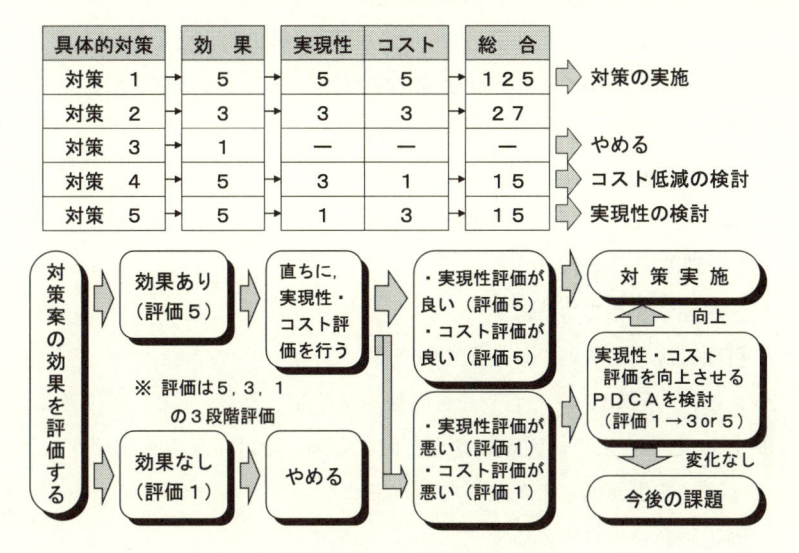

具体的対策	効果	実現性	コスト	総合	
対策1	5	5	5	125	対策の実施
対策2	3	3	3	27	
対策3	1	—	—	—	やめる
対策4	5	3	1	15	コスト低減の検討
対策5	5	1	3	15	実現性の検討

対策案の効果を評価する
 → 効果あり（評価5） → 直ちに，実現性・コスト評価を行う
  → ・実現性評価が良い（評価5）・コスト評価が良い（評価5） → 対策実施 （向上）
  → ・実現性評価が悪い（評価1）・コスト評価が悪い（評価1） → 実現性・コスト評価を向上させるPDCAを検討（評価1→3 or 5）（変化なし）→ 今後の課題
 → 効果なし（評価1） → やめる

※ 評価は5, 3, 1の3段階評価

図2.44 効果重視の対策選定評価の考え方

要視する考え方である。例えば，効果が「5」でありながら，コストや実現性評価が低いために採用できなかった対策である。これらの対策は総合評価が低いからといって捨て去るのではなく，「宝の山」であると考え，コストダウンや実現性を高めるための活動を展開しなければならない。このような粘り強い活動が必要である（図2.44参照）。

(4) アイデアを発想する
1) 発想には固定観念の打破が必要

ヘンリー・フォードは，シカゴの精肉出荷業者が，牛肉を天井トロリーコンベアで動かしながら職人たちがロース，ランプ，サーロインと肉を切り分けているのをみて，自動車生産に応用できないか考えた。

ニュートンはリンゴが木から落ちるのをみて，万有引力の法則を発見した。アルキメデスは，風呂の中で溢れるお湯をみて，アルキメデスの法則をひらめいた。これらの話に共通しているのは，彼らには解くべき課題があって絶えず考え続けていたこと，そして関連情報は調べ尽くしていた。そのような追いつ

められた状況下で，ふと見た事実の中に，課題の解決策が見えたのである。

限られた時間で，多くのアイデアを出すには，次のような点を配慮するとよい。

1. 考える対象の知識が必要
2. 「なんとかしたい」と思い込みが必要
3. ある瞬間のヒントが必要

これらを達成するためには，

① 目標を決めて無理やり考えてみる！

例えば，「最低10のアイデアを出せ」と強制したり，「まともに考えてもダメ！」というように固定観念を打破する働きかけを意識的に行うことが，アイデアを引き出すことにつながってくる。

② 固定観念を乗り越える！

固定観念は自分自身が作ってしまっている。これを乗り越えられないのは情報不足による。対象について情報収集を行うとともに，整理し，それらを活用する知恵を働かすことが大切である。

2) 固定観念を打破するには

① 固定観念を打破するとは

ありきたりの対策では問題が解決しない場合，今の枠から思い切って飛び出すようなアイデアを出すときに必要な考え方である。

② 固定観念を打破した例として

固定観念は，日常の何げないアイデアや発想からのヒントを掘り下げることによって生まれてくる。例えば，スナック菓子をカップめんの容器に入れてみるとどうなるだろうか，実際に，お湯を注いで試してみたら？　なんと，マッシュポテトができちゃった!!!　というようなことが起こる。

③ 固定観念を打破するためには

人間には，自分が知っている部分Aと知らない部分Cがある。他人も知っている部分Aと知らない部分Bがある。このBやCを開くことによっ

3. 対策を立案する　　　151

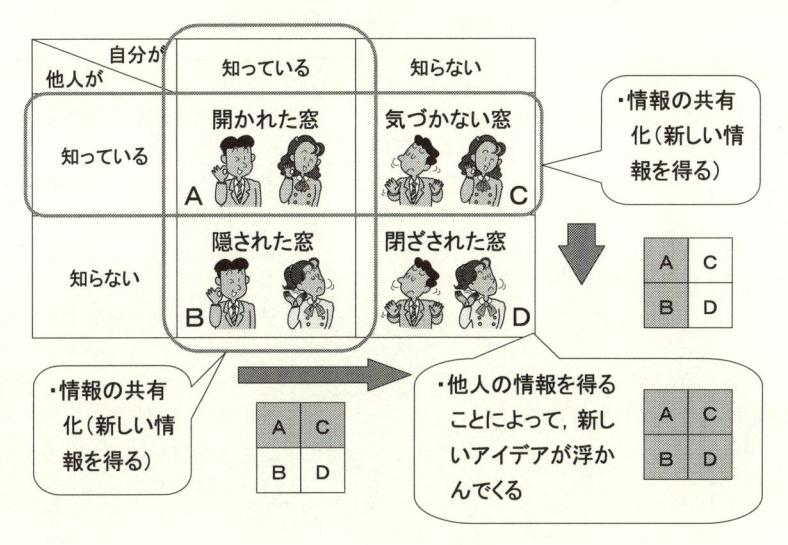

自分が 他人が	知っている	知らない
知っている	開かれた窓 A	気づかない窓 C
知らない	隠された窓 B	閉ざされた窓 D

・情報の共有化（新しい情報を得る）

・情報の共有化（新しい情報を得る）

・他人の情報を得ることによって，新しいアイデアが浮かんでくる

図2.45　一人の発想では限界がある

てAが拡大して，Dも開かれる．Aを拡げることが想像力豊かな人間になるが，そのためには，できるだけ多くの情報を得る必要がある（図2.45参照）．

3) 発想法による想像力の発揮

発想法とは，アイデアをたくさん出すためにいろいろなヒントを与えて発想していく方法である．

アイデアが思いつかなければ，ヒントを与えてみてはどうか．例えば，「こんなものとくっつけてみてはどうか？」，「止めたら？」などなど，「発想チェックリスト法」[15]を使ってみてはどうか．

また，全く関係のないものの要素からヒントを得る「焦点法」[16]もある．どんなシーンが想定できるのか．お客様との対応などで，そのシーンを書き出し，そのシーンの問題点とニーズからアイデアを考えてみてはどうか．こんなとき，「組合せ発想法」[15],[16]を使ってみる．

画期的な企画をしたい，しなければならない．こんなとき，類似するものを

III. 魅力的な課題達成法の具体的展開

表 2.12　いろいろな発想法

発想の仕方		発　想　法	
自　由 連想法	思いつくまま自由に発想する	ブレーンストーミング法	発言した意見から発想を生み出す方法
		ブレーンライティング法	書かれたカードから発想を生み出す方法
強　制 連結法	各種ヒントを強制的に結び付けて発想する	焦点法	強烈な関係付けでアイデアを生む方法
		発想チェックリスト法	アイデア発想を誘発する方法
類　似 発想法	テーマの本質に似たヒントから発想する	組合せ発想法	お客様の使用ニーズから改良点を見つける方法
		アナロジー発想法	新たな発想を常識の逆設定から見つける方法

ヒントに「アナロジー発想法」[15),16)]を使ってみるという方法もある。

　発想法は思いつくまま自由発想するブレーンストーミング法やブレーンライティング法の自由連想法や焦点法，発想チェックリスト法といった各種のヒントを強制的に結び付ける強制連結法，また，テーマの本質に似たヒントから発想する組み合わせ発想法やアナロジー発想法といった類似発想法に大きく分類できる。

4)　発想チェックリスト法とは

　発想チェックリスト法[15)]とは，効果的に発想やアイデアを出すときに，「ほかに使い道は？」，「応用できないか？」などといったチェックリストを用意して，発想を導く手がかりにする手法である。発想を導くためのリストは，いろいろと考えられているが，ここでは，アレックス・オズボーン氏が作成したオズボーンのチェックリストを紹介する（図 2.46 参照）。

　表 2.13 はオズボーンの発想チェックリストを参考に「地域の大型スポーツ施設の有効活用」の企画・アイデアを出した事例である。内容は，用途・使い方を考えるものが主題となっているが，単に「違った使い方を考える」といっ

3. 対策を立案する

オズボーンのチェックリスト

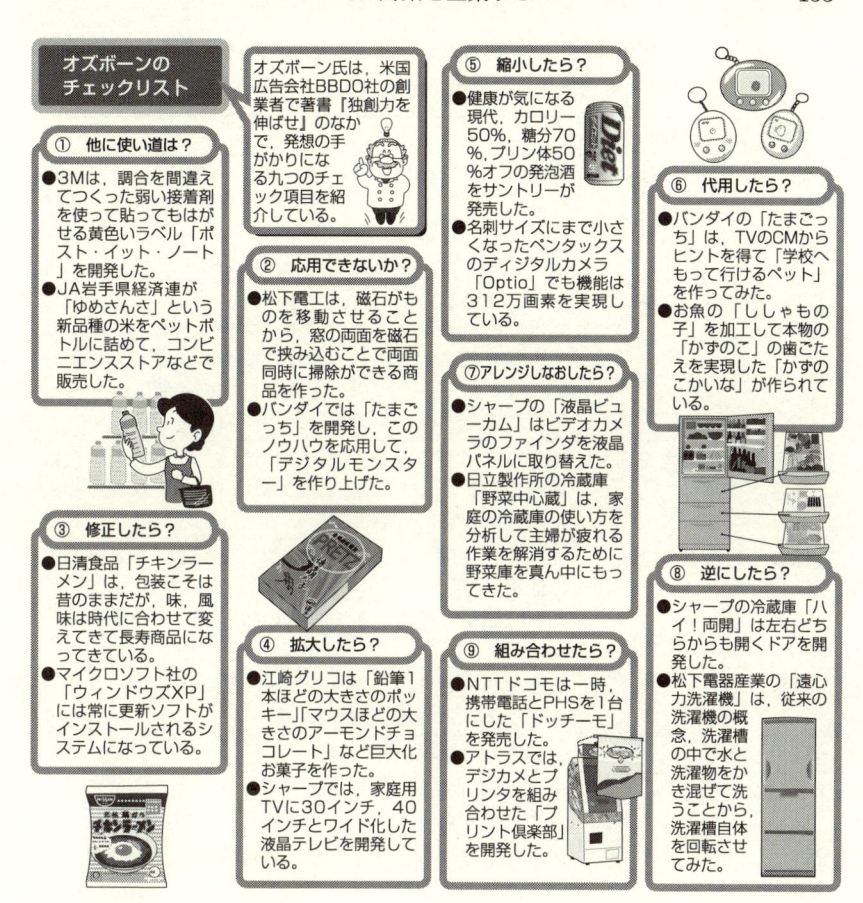

オズボーン氏は、米国広告会社BBDO社の創業者で著書『独創力を伸ばせ』のなかで、発想の手がかりになる九つのチェック項目を紹介している。

① 他に使い道は？
- 3Mは、調合を間違えてつくった弱い接着剤を使って貼ってもはがせる黄色いラベル「ポスト・イット・ノート」を開発した。
- JA岩手県経済連が「ゆめさんさ」という新品種の米をペットボトルに詰めて、コンビニエンスストアなどで販売した。

② 応用できないか？
- 松下電工は、磁石がものを移動させることから、窓の両面を磁石で挟み込むことで両面同時に掃除ができる商品を作った。
- バンダイでは「たまごっち」を開発し、このノウハウを応用して、「デジタルモンスター」を作り上げた。

③ 修正したら？
- 日清食品「チキンラーメン」は、包装こそは昔のままだが、味、風味は時代に合わせて変えてきて長寿商品になってきている。
- マイクロソフト社の「ウィンドウズXP」には常に更新ソフトがインストールされるシステムになっている。

④ 拡大したら？
- 江崎グリコは「鉛筆1本ほどの大きさのポッキー」「マウスほどの大きさのアーモンドチョコレート」など巨大化お菓子を作った。
- シャープでは、家庭用TVに30インチ、40インチとワイド化した液晶テレビを開発している。

⑤ 縮小したら？
- 健康が気になる現代、カロリー50%、糖分70%、プリン体50%オフの発泡酒をサントリーが発売した。
- 名刺サイズにまで小さくなったペンタックスのディジタルカメラ「Optio」でも機能は312万画素を実現している。

⑦ アレンジしなおしたら？
- シャープの「液晶ビューカム」はビデオカメラのファインダーを液晶パネルに取り替えた。
- 日立製作所の冷蔵庫「野菜中心蔵」は、家庭の冷蔵庫の使い方を分析して主婦が疲れる作業を解消するために野菜庫を真ん中にもってきた。

⑨ 組み合わせたら？
- NTTドコモは一時、携帯電話とPHSを1台にした「ドッチーモ」を発売した。
- アトラスでは、デジカメとプリンタを組み合わせた「プリント倶楽部」を開発した。

⑥ 代用したら？
- バンダイの「たまごっち」は、TVのCMからヒントを得て「学校へもって行けるペット」を作ってみた。
- お魚の「ししゃもの子」を加工して本物の「かずのこ」の歯ごたえを実現した「かずのこかいな」が作られている。

⑧ 逆にしたら？
- シャープの冷蔵庫「ハイ！両開」は左右どちらからも開くドアを開発した。
- 松下電器産業の「遠心力洗濯機」は、従来の洗濯機の概念、洗濯槽の中で水と洗濯物をかき混ぜて洗うことから、洗濯槽自体を回転させてみた。

図 2.46 オズボーンのチェックリストと話題の商品をくっつけてみると

てもなかなかアイデアは浮かんでこない。そこで、チェックリストのキーワードで、切り口を変えてアイデアを出した。

表2.13 地域の大型スポーツ施設の有効活用
発想チェックリストを使って企画・アイデアを抽出

発想チェックリスト	抽出したアイデア
①他に使いみちはないか	専用コートを多目的に活用，種々の球技コートに活用 移動式フロアでテニス，バレー，バトミントン，卓球会場 博覧会場・イベント会場に使用　地域の活性化に活用
②さらに応用した使いみちはないか	ドーム型施設であれば，大型プラネタリウム 夏は，仮設プール，冬はアイススケート場 七夕祭り等の毎年の地域のイベントのメイン会場として，ストリートとは違った集いの場の設置 子供が安全に楽しめる屋台，出店の企画
③修正・少し考えを変えてみたら	建物をライトアップ，恒久膜構造は，光を通し，夜は地域のシンボルとして，やわらかいソフトなフォルムで美観を視覚的な訴え
④拡大したらどうなる	大空間を利用：サーカス，空中ブランコ，見本市会場に活用 利用時間帯の拡大　多くの人の活用できる時間枠を設定
⑤縮小したらどうなる	大きなコートを小さなリング，相撲の土俵で，タイトルマッチ，大相撲巡業場
⑥代用したら	巨大迷路，絵画展覧会場
⑦アレンジしなおしたら	自然の素材を活用したアスレチック広場 ゴルフ練習場（レッスン，パット），釣り堀
⑧逆にしたら	運営も地域ボランティアによる経験者による営業 プロ活用頻度より，アマチュアが主体の会場活用 コンサート，絵画展，学校の共同音楽祭，舞踊，ダンス
⑨組み合わせたら	建物と回りの広場を組み合わせて催しものを計画する。明るい開放的な広場と映画やスポーツ観戦のような会場の人の心をひとつにするような施設の組合せにより，魅力ある空間を創造

（出典：太陽工業株式会社　品質管理教育資料　作成　山岸優）

3. 対策を立案する

5) 焦点法とは

焦点法[16]とは，はっきり定義されたテーマに対して，次元の違う異質な世界から任意のキーワードをでたらめに選び，これをテーマと強制的に結びつけてアイデアを得ようとする手法である。最初に選んだ対象を，連想を広げながら次々に発展させて（連想ワードという），これらのすべてを「テーマ」という一点に集中させ，飛躍したアイデアを量もろとも生み出そうというものである。

図2.47は，世界No.1の出張修理サービス会社の仕組みを考えるにおいて，高級レストランに焦点を当て，レストランの特性「料理の盛り付けも味も美味しい」から中間アイデア「技術力だけでなく，観たり聴いたり総合的なサービスを提供する」を導き，「修理品周りのアドバイスやその他商品の点検サービスを行う」，また「支払い金額を気にしない」から中間アイデア「値段があまり明確でない」を導き「お客様に修理代金を決めてもらう」など世界No.1を

アイデアを出すもの
世界No.1の出張修理サービス会社

⬇

焦点をあてるもの
高級レストラン

レストランの特性	中間アイデア	アイデア
料理がおいしい（盛り付けも味も）	技術力だけでなく，観たり，聞いたり総合的なサービスを提供する。	修理品周りのアドバイスやその他商品の点検サービスを行う。
店員の応対が良い	マナーの良いサービスマン（身なり，言葉遣い）	お客様の層や要望に合わせて派遣したり，サービスマンの指名制を行う。
インテリアが豪華	高級車のようなサービスカーにする。	黒塗りのワゴンタイプのサービスカーにする。
高価な備品（食器・テーブルなど）	ブランド品のような修理工具にする。	修理に影響部位をおしゃれなデザイン仕上げのオリジナル工具にする。
身なりの良い客が多い	修理サービスにプレミアをつける。	修理訪問ごとに修理特典ポイントを付け，ポイントによって便利な製品メンテグッズをお渡しする。
タイミングよく料理が出てくる	お客様の希望どおりの日程で修理ができる。	故障しないように定期的にネット診断サービスを行う（いかがコール）。
支払い金額を気にしない	値段があまり明確でない。	お客様に修理代金を決めてもらう。

図2.47 世界No.1の出張修理サービス会社を焦点法で考案
（出典：シャープ(株)社内研修会演習事例）

目指す出張サービスのアイデアを引き出している。

別の例では，世界一流のレストランのアイデアを得るのに，一流ホテルからアイデアを得るのに，どうしてもホテルの要素をそのままレストランに取り入れたくなり，独創性に欠ける。したがって，似たような対象であれば，全く異質なものに変更するとよい。

図2.48では，「誰もがつい行きたくなるファンタジーなレストラン」のアイデアを得るのに，まず，全く異質なもの"子犬"に焦点を当て，子犬から連想される要素を小さい→ヨチヨチ歩く→表情があどけない→抱きしめたくなる→心が和む→手がかかる→ミルクが好き→よく遊ぶ……と列挙し，これら要素をヒントに「健康を考えたヘルシーメニューで，お客様の名前を入れた料理を出し，おとぎの国のような内装で，椅子も身長に合わせて高さが自由に変えられ，食後はゲームで楽しむことができる」をヒントにファンタジーなレストランへのアイデアを引き出している。

焦点をあてるもの

子犬

アイデアを出すもの

つい行きたくなるレストラン

子犬の特徴	中間アイデア	アイデア
小さい	カロリーを考える	健康を考えたヘルシーメニューを提供
ヨチヨチ歩く	安全を考える	身体障害者も安心して利用できる
表情があどけない	可愛さがあふれる	おとぎの国のような内装にする
抱きしめたくなる	母性本能を発揮する	やさしい笑顔と言葉と態度で接する
心が和む	疲れがとれる	お客様の名前を入れた料理を出す
手がかかる	面倒見が良い	送迎サービスをする
ミルクが好き	食べやすくする	身長に合わせられる高さ可変式の椅子
よく遊ぶ	楽しめる	食後も楽しめるところをつくる

図2.48 世界一流のレストランを焦点法で考案

[出典：シャープ(株)社内研修会演習事例]

3. 対策を立案する

6) 組合せ発想法とは

組合せ発想法[15),16)] とは，アンケート調査などから得られたお客様ニーズをもとに，商品や事業のアイデアを発想する方法である。発想のポイントは，5W1H，商品の属性（素材，形態，仕様，機能，イメージなど）などである。これらを組み合わせて，新しい商品や事業の発想を得るのに用いる。

表2.14は，組合せ発想法を使って「これからの家族にやさしい住まい」を考えた例である。近未来の住まい等については，テレビやマスメディア等でもよく取り上げられ，それらに関する情報も多い。組合せ発想法は，現実のシーンをベースに，そこからアイデアを出そうとするため，オーソドックスな実現性の高いアイデアが生まれてくることが多い。アイデアは，今，話題となっている情報を，テーマの個々の項目に当てはめると，現在の状況を一歩抜き出たアイデアとなる。さらにそのアイデアを発展させることにより，現時点では，実現困難ではあるが，将来の夢を描いたものが描かれる。実現性と照らし，どこまでのアイデアを求められるか吟味することも必要である。

例から表の使い方を述べると，主婦の日常生活のシーンをいろいろ思い浮かべてみると，例えば，「主婦が，日中，外出中に雨が降る」といったとき，主婦は「ベランダに干してある洗濯物」が気になる。このとき「洗濯物を濡らしたくない」といったニーズが生まれる。問題点は，「洗濯物を取り入れてくれる人がいないこと」が浮かぶ。そこで，少し考えていくと，「ベランダで雨センサーが雨を感知すると庇（ひさし）が自動で迫り出し洗濯物を保護し，晴れると庇がたたまれる」といったアイデアが生まれてくる。以下順次，アイデアを展開し，それらをまとめると，表2.14のような住まいのアイデアが生まれてくる。

7) アナロジー発想法とは

アナロジー発想法[15),16)] は，既存商品の現状打破をすることに主眼がある。既存商品では飽き足らない消費者を想定し，その商品が本来持っている常識的な機能や特徴を列挙し，それらを否定する。これが逆設定である。その際にクリアになる問題点を，キーワードで改革の方向性を示す。しかし，具体的にそ

III. 魅力的な課題達成法の具体的展開

表2.14 組合せ発想法を使って「これからの主婦にやさしい住まい」を考案

(山岸優 作成)

シーン	時	場所	だれ・対象	ニーズ	問題点	アイデア
朝夕,雨戸を開閉する 夕方に,雨戸を閉めてまわる	朝 夕方	全室の雨戸	家族	毎日,朝夕,雨戸を,楽に開けたい	必ず,家族が雨戸の開閉を行わねばならない	センサーによる自動開閉雨戸
屋外の音や光が必要以上に入る	日中	窓	家族	静かな居室で生活したい	外の音は,家族が制御できない。窓から音・光が入りすぎる	窓のブラインドは遮音,断熱,遮光効果のあるスクリーン材料を使用する
毎日,家の掃除を行う	朝	部屋,廊下,階段	主婦	楽に隅々まで掃除をしたい	主婦の労力がたいへん	家庭用掃除ロボット:家の中の段差やコーナーを読み取り,隅々まで掃除
家族の外出中に雨が降る	日中 夜	自宅のベランダ	洗濯物	洗濯物を雨で濡らしたくない	洗濯物を取入れる家族が家にいない	センサーが雨を感知し,庇が自動でせりだしベランダを覆う
家族が出入り時,ドアをロック・開錠する	外出・帰宅時	玄関	家族	家族であれば,ドアが勝手に開く	主婦が,家事に取組み中は,玄関にすぐに出れない	家族の識別センサーをドアに設置,センサーの識別によりドアが自動開閉する
パートに出ている主婦が夕食の買い物にでかける時間がとれない	昼間	パート先	主婦	主婦が買い物に出かけなくても,買い物ができる	主婦が買い物にでかけないと,必要な買い物ができない	買い物は献立表をパソコンが読み取り,スーパー,小売り店,八百屋,酒屋に自動オーダー・自動配送
家族が家で,安らぎ,疲れを癒す	毎日	居間 部屋 風呂場	家族	家族が疲れを取り,安らぎ,リラックスできる	出かけないで,家の中でリラックスしたい	各部屋でやすらぎのある照明,癒し系BGM,香等の雰囲気を制御
家族が生活,資源を消費する	毎日	各居室	家族	環境を考えた住まいの効果的光熱利用	電力,ガス,水道は供給され,使用量に応じた支払方式	自家発電方式を採用 太陽熱自家発電・家庭用資源 ゴミの再燃料化設備
電気設備の消し忘れを消す	日中・夜	各部屋	家族	必要な電気以外は使わない	電気を消し忘れる	家族を感知しないとき,部屋の電気が自動的に消える省エネ設定

3. 対策を立案する

れが実現できた商品は，これまでの市場にないので，解決できた姿を別な分野に求める。これが類似（アナロジー）である。それらをもとに，新商品のアイデアを考え出すのがアナロジー発想法である。

表2.15は，アナロジー発想法を用い，「初めてパソコンを使う高齢者にも使いやすいパソコンを開発する」を考えた例である。常識として一般的に「キー

表2.15 アナロジー発想法で「初めてパソコンを使う高齢者にも使いやすいパソコンを開発する」を考えた例

常識	逆設定	問題点	キーワード	アナロジー	アイデア
キーボードがある	キーボードがない	入力できない	キーボードがなくても入力でき，使える	リモコン 短縮番号 ATM，券売機	タッチパネル 操作ボタンがない 対話しながらできる
画面がある	画面がない	表示できない	画面がなくても機能する	考える知能を持ち人と会話できるコンピュータロボット	対話しながらコンピュータが使用者の考えを汲み取り操作を忠実に実行し出力する パソコンがロボットになる
マウス操作がある（ポイントを選択）	操作がない	機能が使えない	マウスがなくても入力できる	リモコン 短縮番号 ATM，券売機	タッチパネル 操作ボタンがない
用語の知識が必要である	必要ない	使いづらい	場所・人を問わない	コンビニ，公園 掃除機，自転車	統一規格（基本操作の部分） 見た目で操作が分かる
価格が高い	安い	作れない	個人負担が少ない	医療費 高齢者に対する割引	高齢者への補助制度を活用
周辺機器をつなぐ	つながない	拡張できない	ケーブルでつなげない	ラジコン，ワープロ リモコン親子電話	すべての通信接続機能を内蔵したパソコン（オールインワン）
購入時，アドバイスが必要	アドバイスされない	選べない	見た目で選べる	自転車 家電，洋服	イージーオーダー，オーダーメイドパソコン（ソフト，デザイン）

［シャープ（株）社内研修会演習事例を一部加筆］

【アイデア例】 対話型で入力者の意図をパソコンが読み取り，プログラムを実行する。規格は業界で統一化され，汎用性があり，購入者の意図の応じたオプションが追加できる。周辺機器との接続が極めて簡単。高齢者が購入の際は，補助制度が活用できる。

ボードがある」に対して，逆設定欄として「キーボードがない」，そのときの問題点としてキーボードがなければ，「入力できない」が思い浮かぶ。キーワードは，問題点を逆手にとったような，あるいはその問題点が活かされるような用語や言葉で考えをまとめたものを表現する。「キーボードがなくても入力ができる」，そのようなアナロジーは，「リモコンや，短縮番号，ATMや切符の発券機」がある。それらから「タッチパネル方式，操作ボタンがなく，音声入力で対話しながら入力できる」というアイデアに結びつけている。以下，順次，項目に従って表を完成させていき，総合的にまとめあげる。

(5) ベンチマーキングによるベスト・プラクティスの追求
1. ベンチマーキングとは
　ベンチマーキングとは，ある分野で極めて高い業績を上げているといわれている対象と自らを比較しながら，自ら仕事のやり方（業務プロセス）を変えていこうとする改善・改革活動をいう。

ベンチマークの語源
○ ベンチマークとは，土木建築における高低測量の基準となる印を語源とする。

ベンチマーキング（Benchmarking, 略してBM）とは
○ 他所の調査に基づきベンチマークを決め，それを達成するための一連の活動
○ ある分野で極めて高い業績を上げているといわれている対象と自らを比較しながら，自ら仕事のやり方（業務プロセス）を変えていこうとする改善・改革活動

---

2. ベンチマーキングの種類
　ベンチマーキングはベンチマーキング対象箇所によって，「社内ベンチマーキング」，「競合ベンチマーキング」，「異業種ベンチマーキング」に分類できる。
　社内ベンチマーキングの方が簡単であるが，異業種ベンチマーキングへいくほど実施の困難さは大きくなるが，逆に画期的なヒントを得ることの機会が増えてくる。

3. 対策を立案する　　　　　　　　　　161

表2.16　ベンチマーキングの種類特徴

種類	説明	対象	特徴
社内ベンチマーキング	企業内の同一，又は類似の業務プロセスを異なった組織間で比較する	・事業所間 ・異部門間 (他部門間)	社内のみで対応可能であることから，ベンチマーキングの初期の段階で実施する
競合ベンチマーキング	競合企業に対して，特定の業務プロセスを自社と比較する	・同種会社間 ・各社	競合企業の業績は把握できるが，プロセスまでは把握しにくい
異業種ベンチマーキング	業界に関係なく，特定の業務プロセスがベストである企業に対し自社と比較する	・ホテル (窓口対応) ・保険会社 (提案活動)	競合しない分かなり詳細な情報が得られ，同業界では得られないヒントが得られる

（簡単↑困難　参考↓有用）

■　ベンチマーキング（BM）による業務効率化

　ある会社でコスト低減を目的にベンチマーキングを実施した。ベンチマーキングのターゲットは，最近大幅な効率化を行ったA企業（仕事時間を５０％カット）とB企業（200人いた従業員を50名まで効率化）の効率化した仕事のシステムを調査した。
　その結果，両企業とも「不必要な書類は作成しない」というノウハウが共通する点だと分かった。
　そこで，この会社は，「この書類は誰が満足するのか？」「お客様が満足するのであれば良し，ある特定の社員のために作成している書類であればやめて，その人に我慢してもらう！」ということで，すべての書類の洗い出しを行った。結局，この会社では，慣例的に作成されていた書類を廃止することによって２０％の書類を破棄することができた。

例えば，異業種ベンチマーキングの実施例として，次のようなものがある。

3. ベンチマーキングの実施手順

　ベンチマーキングは，何をベンチマーキングするかを決めることから始める。そして，どの企業のどんなやり方がベスト・プラクティスなのかを探し出し，

調査を行いベスト・プラクティス企業のノウハウを得て，自社や自所の方策を考える。

ベンチマーキングの実施手順は，次のとおりである。
手順1　何をベンチマーキングするか決定する
手順2　情報をいかにして収集するか計画する
手順3　どの企業の何がベスト・プラクティスかを決定する
手順4　自所の業務プロセスを分析し，問題点を整理する
手順5　綿密な調査計画を立て，調査を実施する
手順6　他社から何を教訓として学び取れるかを整理する

手順1　何をベンチマーキングするか決定する
解決しなければならない問題や達成すべき課題を抽出する。
このとき，課題の達成状況を把握する評価尺度を決定し，その状態を把握するとよい。

手順2　情報をいかにして収集するか計画する
情報収集は，画一的な方法ではなく，実際に進める中で効果的・効率的な方法を自ら見いだす。情報源の例としては次のようなものがある。
　○統計便覧　　　　○業界誌　　　　　　○社内のデータ集
　○各種業界新聞　　○各種新聞　　　　　○情報誌
　○各種調査報告書　○インターネットの活用

手順3　どの企業の何がベスト・プラクティスかを決定する
①　項目・相手を決める
調査した情報の中から，どこ（相手）の何（項目）を学ぶべきかを決める。
ベンチマーキング対象の選定に当たっては，規模や環境等が同じ土俵で比較評価できるものが望ましい。

3. 対策を立案する

② ベスト・プラクティス

どの企業のどんなビジネス・プロセスが業界のベストであり，又は世界レベルであるのかを集積した知識ベースが必要である。

③ アポイントの可能性

調査対象となる企業に訪問する際に，知人・友人あるいは取引関係上の知り合いがあるかどうかによって，ベンチマーキング成功が左右される場合が多い。したがって，事前にアポイントの可能性を検討しておくとよい。

表2.17 ベンチマーキング候補企業のリストアップ

	調査企業名		
	A社	B社	C社
事業分野 売上高 従業員数 組　織 企業能力 ……			
ベストプラクティス			
アポイントの可能性			
優先順位	3	1	2
情報入手の可能性 ……	○	◎	△

手順4　自所の業務プロセスを分析し，問題点を整理する

ベンチマーキングを実施する業務プロセスについて，作業手順を具体的に整理し，業務プロセスに潜む問題点を把握する。業務プロセスを分析する方法として次のような方法がある。

- 指標や数値データ：グラフ，パレート図，ヒストグラムなど
- 業務の流れ：IE，業務フロー図，アローダイヤグラムなど
- 問題点や課題の抽出：言語データ（親和図，連関図），アンケート結果など

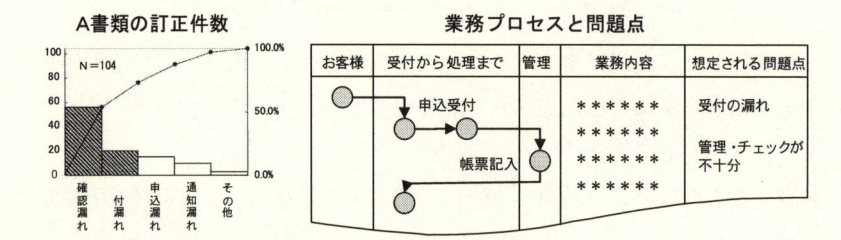

図2.49 自所の問題点の抽出

手順5　綿密な調査計画を立て，調査を実施する

① データの収集計画

情報の収集の仕方については，画一的なやり方を決めて押し付けることはせず，実際やっていく中で効果的・効率的な方法を自ら見つけていくという考え方で進めていく。

データの収集方法には，「質問書」，「電話インタビュー」，「個人面談」などがあり，それぞれメリットやデメリットがあるのでベンチマーキングする内容にあわせて計画を立てるとよい。また，これら三つの方法をうまくとり入れて，まず概略を「電話インタビュー」を行い，その結果から「質問書」を作成して事前に先方にお願いする。その後に先方に伺って「個人面談」するという方法もある。

② 他社の調査のポイント

調査をする側，される側，どちらにとっても貴重な時間を有効に使うには準備が必要である。また，ベンチマーキングは先方に多大な負担をかけるので，改善や改革の目的意識の薄い安易な他企業調査は厳に慎むように心がけたいものである。

[事前の準備]

○公開情報を集め，調査計画に反映する。

○自社のデータと比較し両者の格差を見極める。

○対象企業との仲介者の有無を確認する（仲介者を利用すると調査が容易になる）。

3. 対策を立案する

表2.18　データ収集方法とその特徴

	質問書	電話インタビュー	個人面談
メリット	・回答に対して首尾一貫した質問の構造が分かる ・質問書の回答を作成する時間が与えられる ・質問書を関係者に回覧することにより多くの情報が得られる	・時間の節約ができる ・アレンジが簡単にできる ・多くの参加者にインタビューできる	・人間関係を構築できる ・質問書のフォローアップに利用できる ・協力関係，雰囲気をつくれる
デメリット	・完成させるのにかなりの時間と努力を要する ・直接面談でないので誤解する可能性がある ・回答の創造性に限界がある	・直接コンタクトの不足から誤解が生じる場合がある ・回答が安易になり，機械的になる恐れがある ・中身が薄くなる可能性がある	・首尾一貫した発言事項にならない可能性がある ・時間がかかり，費用もかかる ・アレンジが大変で，方向付けが難しくなる場合がある

○調査の繰返しを避けるため実績を確認する。

○分かりやすい質問を心がける（社内の常識が社外に通じないときが多い）。

○対象企業の利益となる自社情報を見つけ出す。

○自社の機密情報を見極める。

○あらかじめ質問表を送付する。

[調査時の注意]

○趣旨をよく説明する。

○メモ，録音の可否を事前に確認しておく。

○質問書等を用い，効果的に行う。

○調査者は最低2人，多くても4名までとする。

○たとえ部長が同行しても一調査員として振る舞う。

○調査後は，速やかに文書で礼状を送る。

手順6　他社から何を教訓として学び取れるかを整理する

他社との比較は同じベースに補正して行う必要がある。よく活用する方法は％表示し，規模の違いがあっても同じ土俵で比較できるよう変換する。

また，他社とのギャップというものは常に変化するものであるので，将来どうなるのかということも理解しておく必要がある。

データの情報源は定期的にレビューでき，常に更新できるものでなければならない。

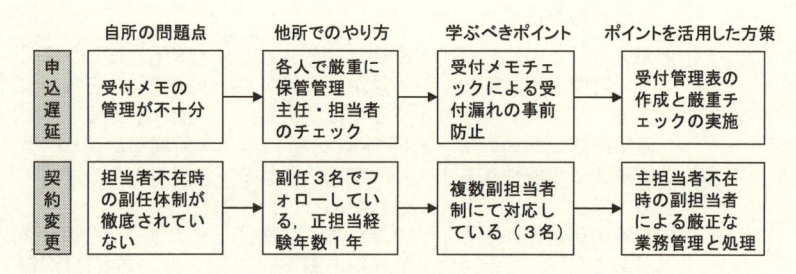

	自所の問題点	他所でのやり方	学ぶべきポイント	ポイントを活用した方策
申込遅延	受付メモの管理が不十分	各人で厳重に保管管理　主任・担当者のチェック	受付メモチェックによる受付漏れの事前防止	受付管理表の作成と厳重チェックの実施
契約変更	担当者不在時の副任体制が徹底されていない	副任3名でフォローしている，正担当経験年数1年	複数副担当者制にて対応している（3名）	主担当者不在時の副担当者による厳正な業務管理と処理

図2.50　他所から学び取ったポイントと方策

(6) 絡み合った課題をマトリックス図で解明

マトリックス図法は，現象と原因，原因と対策などの究明すべき層の要素を行と列に配置し，その要素を組み合わせた各対の交点又は行と列の集計結果に着目して，要素間の関係や要素そのものの評価を行う手法である。このことにより，各層全体から，個々の要素の重要性を知る手がかりを得たい場合に用いる。混然としていたいくつもの事象や要素が，マトリックス図は，要素そのものや要素間の関係をウェイト付けすることにより，それらの重要性が浮かび上がってくる。その結果，各々について，評価・判定が可能となり，考えをまとめていくことが可能となる。

現象―原因といった2層の組合せを行と列に直行させたL型や，L型を二つ組み合わせ，3層の組合せ（例：現象―原因，原因―プロセス）からなるT型，4層（例：現象―原因，原因―プロセス―種別）を組み合わせたX型マトリックス図などがよく使われている（図2.51参照）。

3. 対策を立案する

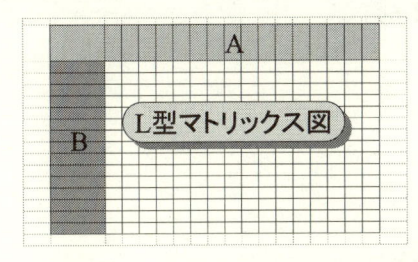

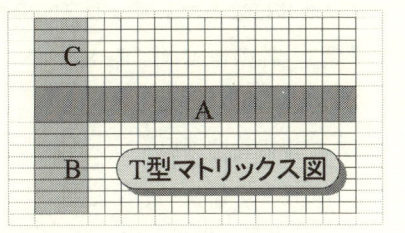

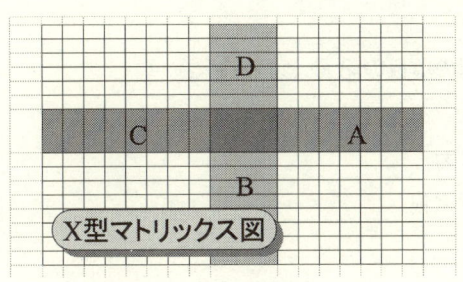

図2.51　いろいろなマトリックス図

　また，系統図と組み合わせて，方策の評価に使われたり，パソコンソフトを活用し，マトリックスの各要素の集計をマトリックス図上にグラフ表現するなど，工夫した使い方もできる。

1)　マトリックス図から情報を読み取り，次のアクションに結びつける

　事前に要素間の関連の強さを5段階で表したり，適否を評価しマトリックス図に書き込まれたもの，また，各要素を縦，横等に集計された場合，次のように見ることができる。

① 各層の要素と要素の交点より，要素間の関係を読み取ることができ，どの要素が強い影響力をもつのかを読み取ることができる。この着眼点から問題解決のためのアイデアや方策を得ていく。

② 各要素の行と列の集計結果から値の大小を読み取る。得点の高い要素は必然的に，評価内容に関わる重大な大きな点を有しており，それらの要素を，重点的に絞り込んで対策に結びつけていく。

エクセルによるマトリックス図の作図手順
手順1　枠の作成（図Ex 8-1）
① 枠の作成
  1. 枠の範囲選択
  2. 枠をクリック
  3. 「格子」選択

手順2　行と列の項目の記入（図Ex 8-2）
② 関連するマスに文字を入れる
  1. 言葉を入力
  2. 語群より選択

手順3　関連するマスの記入（図Ex 8-3）
③ 関連するマスに記号を入れる
  1. 「まる」を入力
  2. 語群より選択　「○」or「◎」など

手順4　マトリックス図の完成（図Ex 8-4）

3. 対策を立案する　　　　　　　　　　　　　　169

手順1．枠の作成（Ex8-1）

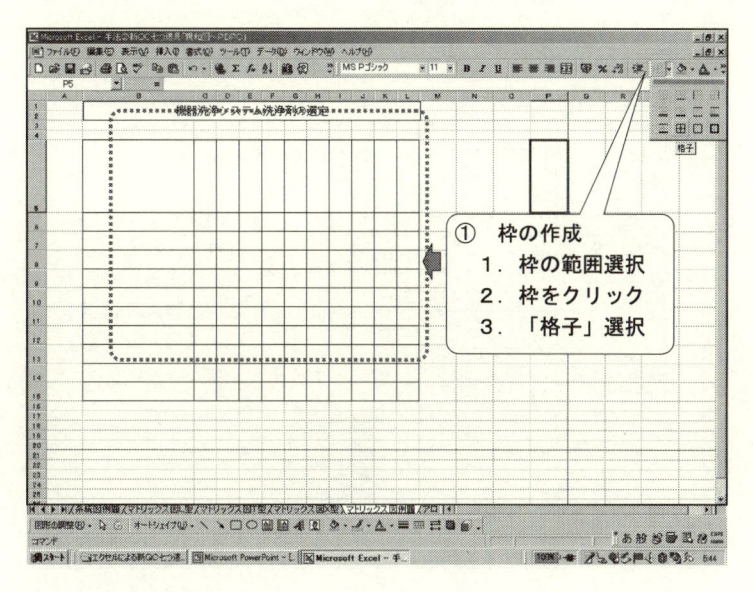

① 枠の作成
　1．枠の範囲選択
　2．枠をクリック
　3．「格子」選択

手順2．行と列の項目の記入（Ex8-2）

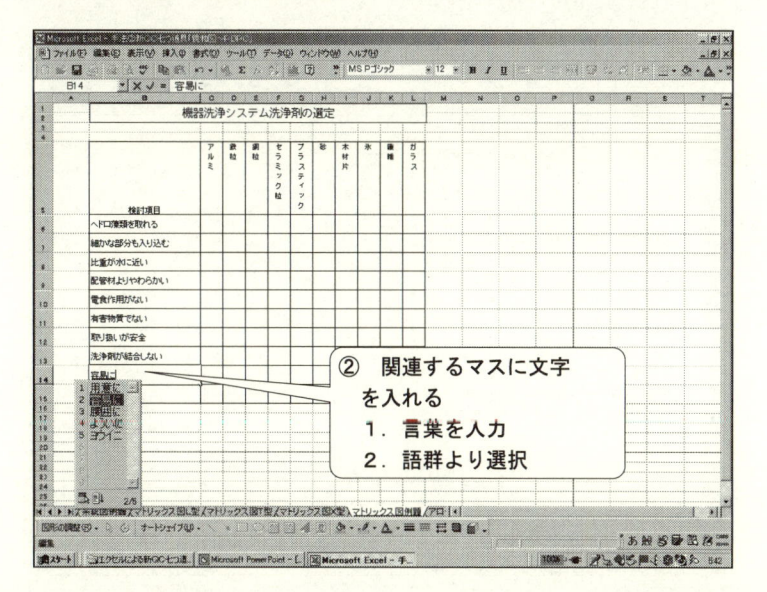

② 関連するマスに文字を入れる
　1．言葉を入力
　2．語群より選択

170   III. 魅力的な課題達成法の具体的展開

手順3. 関連するマスの記入（Ex8-3）

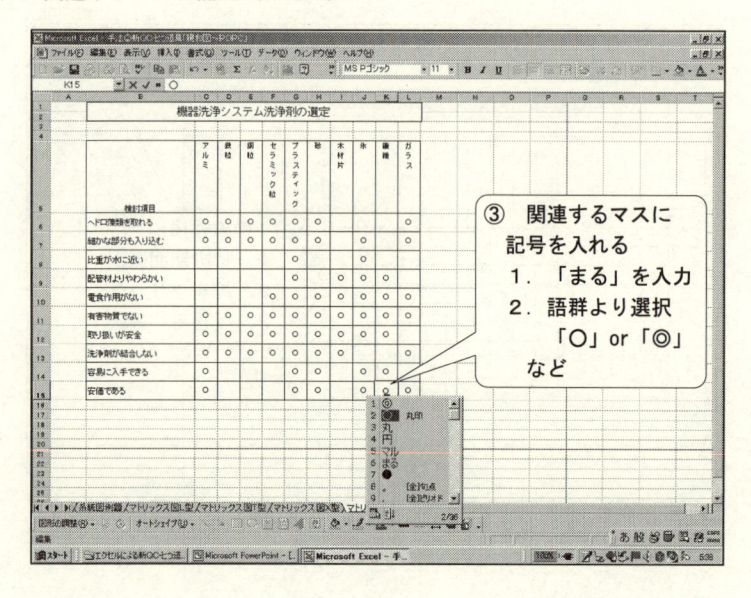

③ 関連するマスに記号を入れる
1．「まる」を入力
2．語群より選択
　　「○」or「◎」
　など

手順4. マトリックス図の完成（Ex8-4）

3. 対策を立案する

2) 成長型マトリックス図によるアイデアの発想

図2.52に示す事例[22]は，水車発電機の空気冷却器を分解せずに洗浄するシステムを検討するに当たり，配管内に入れる洗浄材の選定にマトリックス図を成長させながら最適なプラスチックペレットを見つけ出したものである。

まず，「他社でアルミとか砂を使っていた」ということをメンバーの一人が思い出した。そこで，材料にアルミ，砂，鉄粒や銅粒を横軸に記入して，検討事項の項目で評価してみた。「ゴミなどが除去できるか」という検討事項には「○」が記入されたが，「電食や配管損傷がないか」という項目については，どの材料も不適当であった。そこで，新たな材料と木片，氷や繊維を考えて横軸の材料に記入した。そして，再度，検討事項を評価して見ると問題なく「○」がついた。しかし，また新たな検討事項が発生した。「容易に入手できるか」ということであった。この検討事項に対して，今までに考えられていた材料では満足することができないと予想されたので，新たな材料を考えてみた。そこ

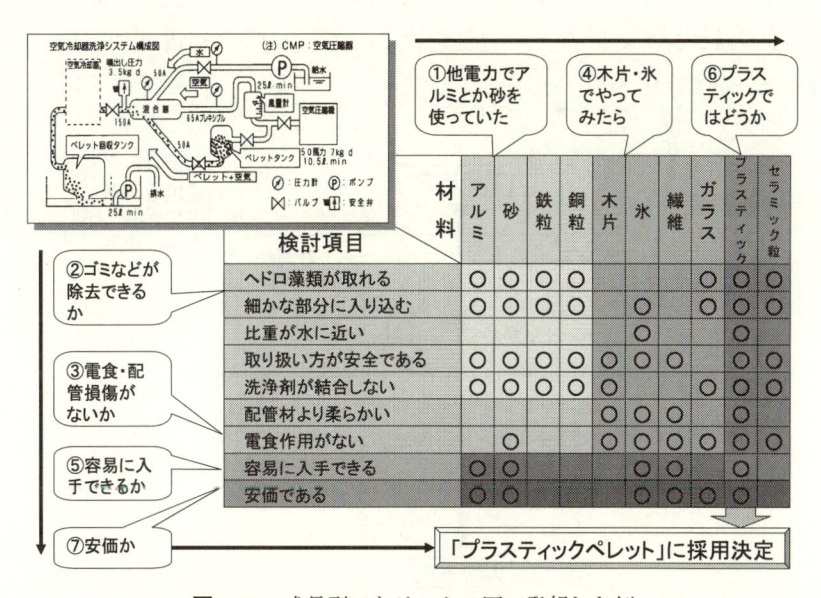

図2.52 成長型マトリックス図で発想した例
（出典：『発電機空気冷却器の洗浄工法の改善』1995.11 関西電力神通川電力所）

で，メンバーの誰かが，「プラスチックペレットなんかがどうだろか」ということで，プラスチックペレットとよく似たセラミック粒を検討材料に加えてみた。そして，さらに検討事項として加えた「安価か」という項目について評価した結果，洗浄システムに最適な材料を見つけ出すことができた。

このように，最初は小さなマトリックス図を描き，検討する段階で横軸や縦軸を成長させながら目的を達成できるものに至ることができる。

3) マトリックスでターゲットを絞る

マトリックスは，二つの軸を設定し，対象となるものの位置関係を明らかにすることによって，進むべき方向が明らかになる。このとき，二つの軸に何を設定するかがキーポイントとなる。

例えば，図2.53では，大型飲食店が並ぶ某都市駅近くへのレストランの出店を計画したとしよう。駅周辺では，老舗の和食食堂がすでに何軒か営業している事実から，R社は「高級志向―大衆志向型」そして「和食―洋食」の2軸でポジショニングマップをつくることによって，自分たちの店の方向性を見つけることができた。

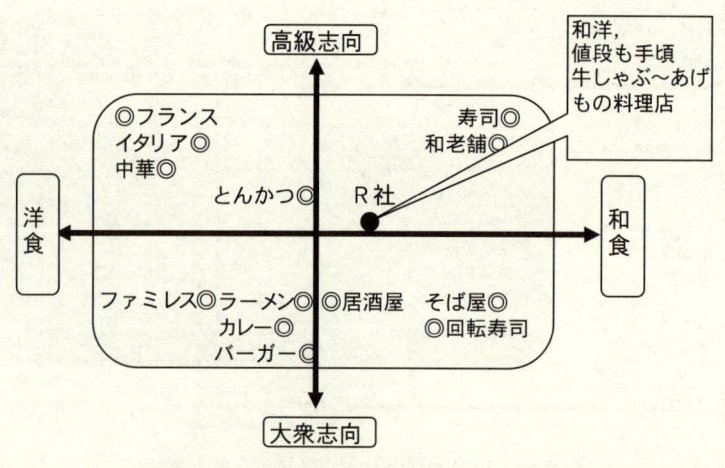

図2.53 2軸で出店するレストランを抽出

4. 対策を実行する

(1) こだわりを持って対策を実施する

苦労して考えた対策を必ず実現させるために，「何とかしてやる」，「絶対作り上げる」というこだわり，この気持ちでアイデアを実現させていく。このとき，過程決定計画図PDPC (Process Decision Program Chart) での実行計画策定が役に立つ。新製品開発などのものづくりなら品質機能展開表QFD (Quality Function Deployment) で展開する。

さらに，モデルチェンジもマイナーチェンジも大切である。対策のPDCAを繰り返し実施し，目標の達成をねらう。

まずは，やってみること。これにつきる。そのために，誰が，どうして，いつまでに，と5W1Hで具体的な実行計画書を作る必要がある。これがないと，誰もがやらない結果に終わる場合がある。

対策の実施中は，チェックリストなどで予定どおりできているのか，いつもみんなで見ていく必要がある。

最適策を実施するに

・5W1Hで計画書を作成する

①	だれが	Who
②	いつ	When
③	なにを	What
④	どこで	Where
⑤	なぜ	Why
⑥	どのように	How

(2) 必ずやれるという思い込みが課題を実現

まずは,「夢」ありき,しかるに「夢だけでは実現しない」。

アニメのどらえもんのポケットのように,たやすく取り出せるとよいのだが,現実にはそんな便利のいいポケットは存在しない。

しかし,今世の中にある商品は,「あったらいいなぁ! できるといいなぁ!」と最初は夢を見るように,想いがあったに違いない。その夢を夢で終わらせず,必ず実現しようと言う思い込みが夢を形にし,そして数々の商品を世に誕生させた。

ライト兄弟は,鳥のように大空を飛びたい,と想い実現した。その夢の実現には,多くの時間と労力とお金をつぎ込み決してあきらめることがなかった。電球をはじめ,数々の発明で知られる世界の発明王のエジソンは,「天才とは,1%のひらめきと,99%の努力のたまものである」と語った。

不燃性の「燃えないカーテン」を発明した株式会社I.S.Tの阪根社長は,「どんなに難しい開発テーマでも必ず成功するコツを開発者に教えている。それは,"もうダメ!と思っても決して諦めずにその一歩先を進むこと"。繰り返しによって,I.S.Tでは夢が形となる開発テーマを100%の実現を目指している。」と話している。

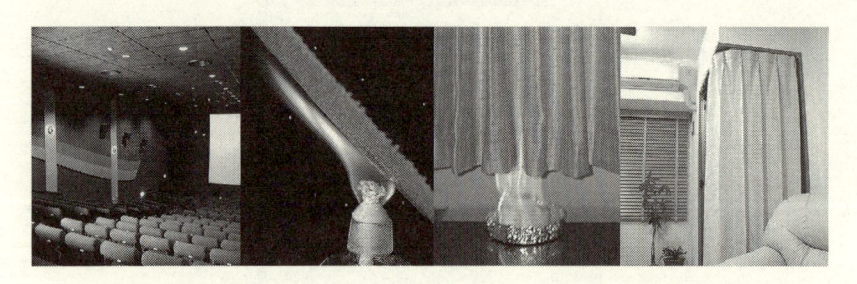

完全不燃で燃焼させても煙が出ないI.S.Tの「燃えないカーテン」

新幹線の壁用不燃クロスや,映画館・スタジオなどの音響施設で実績を重ねてきた不燃性素材でできた高安全性カーテン。炎にかざしても,全く燃えず,溶けず,火災では非常に恐ろしいとされる有毒な煙やガスも出ない。

図2.54 不燃カーテン

4. 対策を実行する

(3) 品質機能展開表（QFD）による製品の実現化

品質機能展開表（QFD）とは，お客様等が要求する品質や改善活動でねらうべき品質を言語データによって体系化し，その品質がもっている品質特性との関係の度合いを整理分析することによって，要求している事項を品質特性に変換し，設計への仕様目標を決めていくための手法である。

具体的には，L型マトリックス図を使い，縦軸に要求品質（製品に要求される品質やお客さまの要望など）を系統図的に展開した項目を並べ，横軸に品質特性（製品の機能や対応策など）を並べることによって要求品質が満たされているかどうかのチェックを行い，マトリックスの下段に設計への具体化として品質目標（設計仕様）を設定する手法である（図2.55参照）。

図2.56の事例[22]は，水力発電所の発電機に取り付けてある冷却器が，河川の水を利用して発電機を冷却している。この冷却器も年数が経てば，管内に藻などが付着するため，1年に1回分解して洗浄している。

ところが，この冷却器は1ユニットの大きさが3×2×2 mもあり，取り外すのにクレーンを使ったりしている。そのため，1基の発電機の冷却器を洗浄するのに5日間かかっていた。

そこで，洗浄時間を短縮するために，冷却器を取り外さずに空気と水，洗剤，

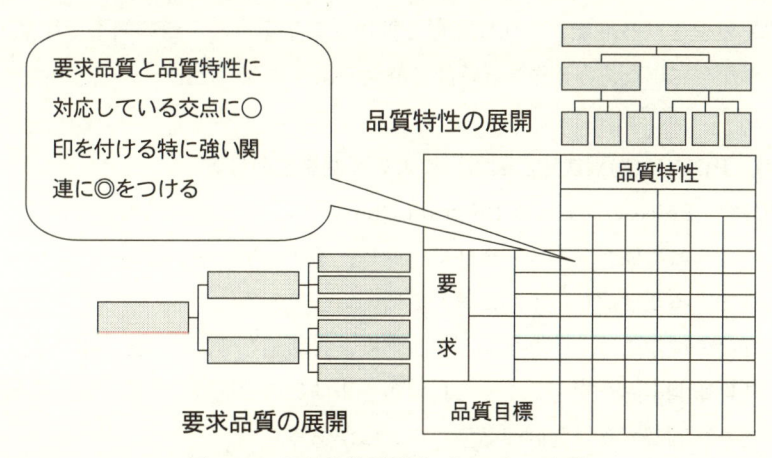

図2.55　品質機能展開表（QFD）の概念

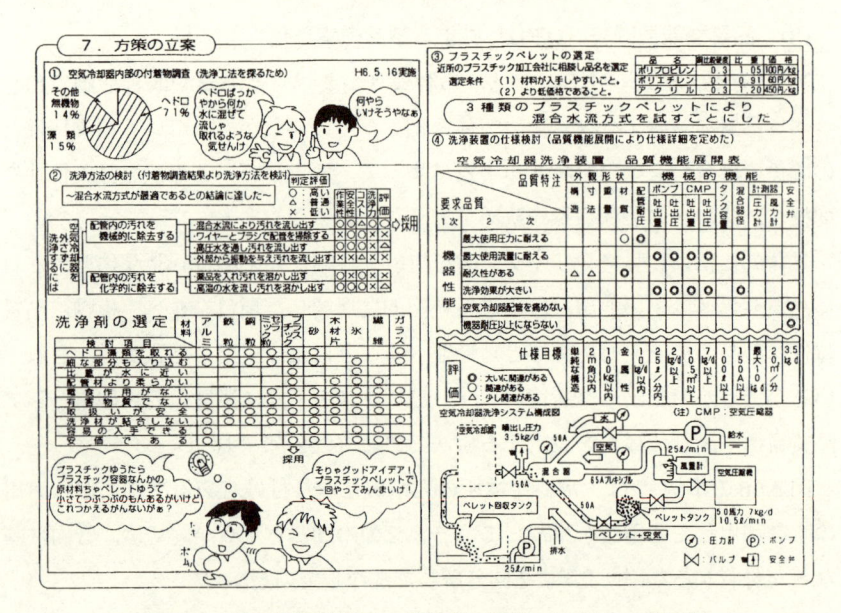

図2.56 品質機能展開表の実施例（洗浄システムの設計）
（出典：『発電機空気冷却器の洗浄工法の改善』1995.11 関西電力神通川電力所）

プラスティックペレットを入れて巡廻させるアイデアを考えることにした。このシステムを開発するに当たって、品質機能展開表を活用し、システムの品質特性を要求される性能から仕様目標を抽出するに至った。この結果、従来、5日間かかっていた洗浄作業を3時間で終えるようになった。

(4) PDPC（過程決定計画図）による不測事態の打破

PDPC (Process Decision Program Chart) は、過程決定計画図といい、事前に考えられる様々な事態を事前に予測し、不測の事態を回避し、プロセスの進行をできるだけ望しい方向に導くための方法である。

PDPCの種類には、不測事態の発生都度、打開策を考える「逐次展開型」と計画時に不測事態を想定してその打開策を事前にいく通りか考え、重大事態に至ることを回避する「強制連結型」の二つがある。

図2.57は、「全階層がQC手法を習得するための受講ができる」を目的に、

4. 対策を実行する

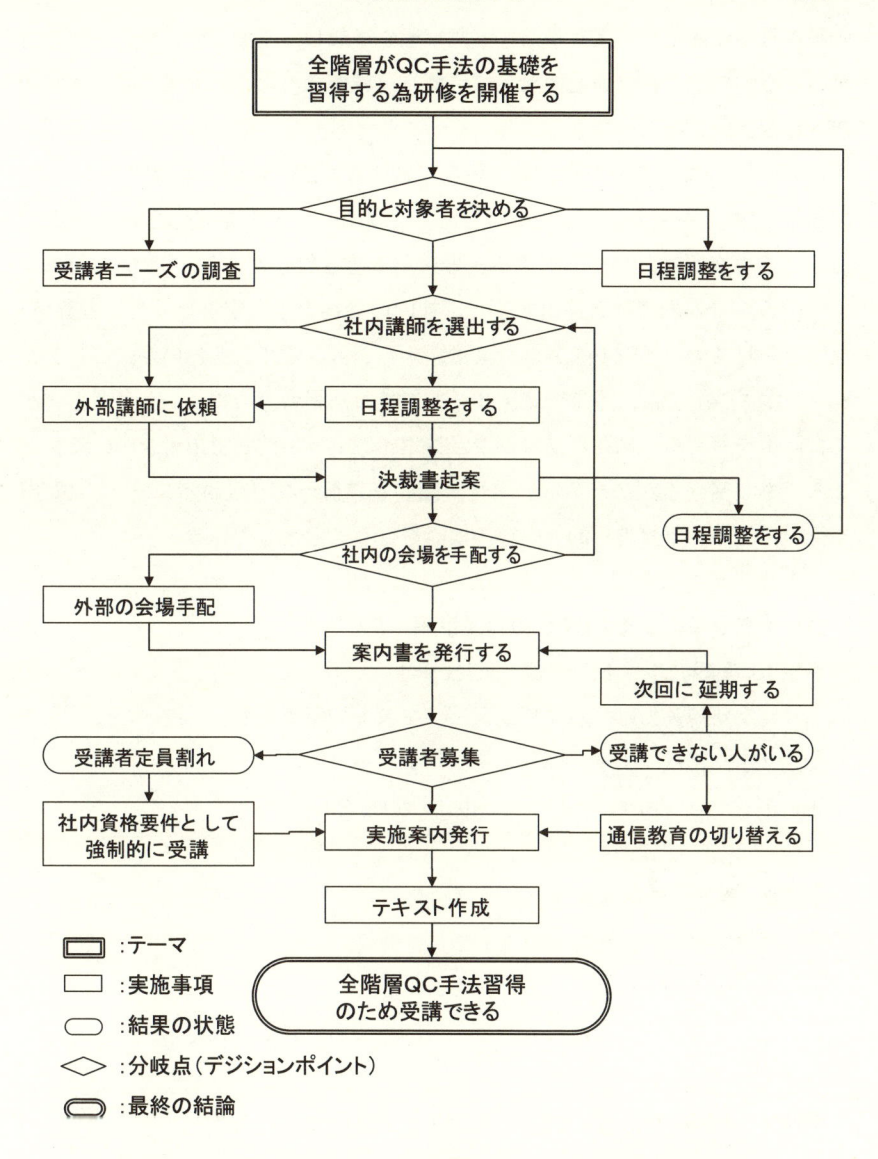

```
                ┌─────────────────────┐
                │ 全階層がQC手法の基礎を │
                │ 習得する為研修を開催する│
                └──────────┬──────────┘
                           │
                      ◇目的と対象者を決める◇────────────────┐
                      ╱                ╲                    │
         ┌────────────┐                ┌────────────┐       │
         │受講者ニーズの調査│                │ 日程調整をする │       │
         └────────────┘                └────────────┘       │
                      ◇社内講師を選出する◇◄──────────       │
                      ╱              ╲                      │
     ┌──────────┐   ┌────────────┐                          │
     │外部講師に依頼│◄──│ 日程調整をする │                          │
     └──────────┘   └────────────┘                          │
                      ┌────────────┐                        │
                      │  決裁書起案  │                        │
                      └──────┬─────┘                        │
                             │              ( 日程調整をする )─┘
                      ◇社内の会場を手配する◇
                      ╱
         ┌──────────┐
         │ 外部の会場手配 │
         └──────────┘
                      ┌────────────┐
                      │ 案内書を発行する│◄─────────────
                      └──────┬─────┘         ┌──────────┐
                             │                │次回に延期する│
                      ◇受講者募集◇           └──────────┘
                      ╱        ╲                  ▲
     (受講者定員割れ)           (受講できない人がいる)
         │                              │
     ┌──────────┐                   ┌──────────┐
     │社内資格要件として│──►┌──────────┐◄──│通信教育の切り替える│
     │  強制的に受講  │   │実施案内発行│    └──────────┘
     └──────────┘     └─────┬────┘
                             │
                      ┌────────────┐
                      │  テキスト作成 │
                      └──────┬─────┘
                             ▼
                      ╭────────────╮
                      │ 全階層QC手法習得│
                      │ のため受講できる │
                      ╰────────────╯
```

□ :テーマ
□ :実施事項
◯ :結果の状態
◇ :分岐点 (デジションポイント)
◯ :最終の結論

図 2.57 「QC 手法取得のため受講ができる」の強制連結型 PDPC

研修を無事開催できるよう事前に不測事態を予想し，不測事態の発生が予想されるところでは，打開策を検討して目標を達成できるよう計画書を強制連結型PDPCで作成したものである。

　この事例では，まず"テーマ"から"最終の結論"に至る楽観的なルート，図2.57では，中央のルートを作成する。このルートが理想的な計画ルートである。この楽観的なルート上で不測事態が予想されるところ，「目的と対象者を決める」，「社内講師を選出する」，「社内の会場を手配する」，「受講者募集」などでありこのポイントを分岐点又は，デジションポイントという。このデジションポイントでは，本来の楽観ルートを外れた場合，楽観ルートへもどすべく打開策を考える。例えば，デジションポイント「目的と対象者を決める」ところでもし受講者が決まらない場合，図の左に行って「受講者ニーズの調査」を行い，改めて研修の目的と内容の検討を行うこととしている。

1) エクセルによるPDPCの作図手順

手順1　楽観的ルートの作成（図Ex 9-1）
① 文字新規入力は，右クリック→テキストの編集（X）
② 文字修正は，文字の部分をダブルクリックする
③ デジションポイントは，基本図形（B）ひし形を選択

手順2　事態の進展を矢印で結合（図Ex 9-2）
④ コネクタ（N）直線矢印コネクタを選択
⑤ 枠の上下左右のポイントどうしを結ぶ
⑥ カードをマウスで移動すれば，矢印もついてきてくれる

手順3　不測事態に対する打開策の検討（図Ex 9-3）
⑦ 不測事態への対応策の検討と作成

手順4　PDPCの完成（図Ex 9-4）

4. 対策を実行する

手順1. 楽観的ルートの作成（Ex 9-1）

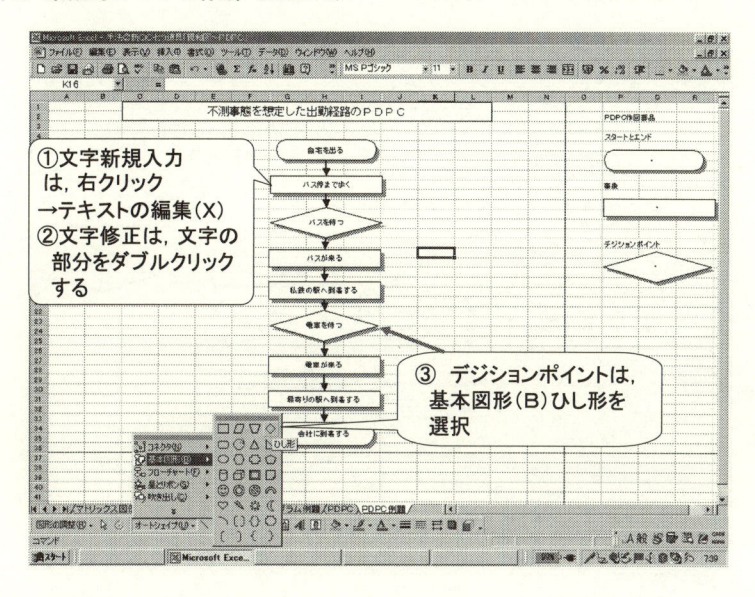

①文字新規入力は, 右クリック
→テキストの編集(X)
②文字修正は, 文字の部分をダブルクリックする

③ デジションポイントは, 基本図形(B)ひし形を選択

手順2. 事態の進展を矢印で結合（Ex 9-2）

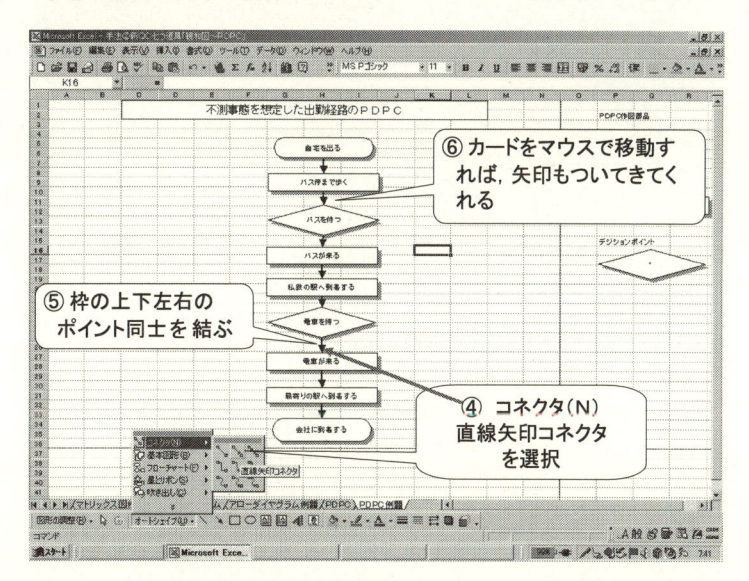

⑥ カードをマウスで移動すれば, 矢印もついてきてくれる

⑤ 枠の上下左右のポイント同士を結ぶ

④ コネクタ(N)
直線矢印コネクタを選択

180　　　　　　　　　III．魅力的な課題達成法の具体的展開

手順3．不測事態に対する打開策の検討（Ex 9-3）

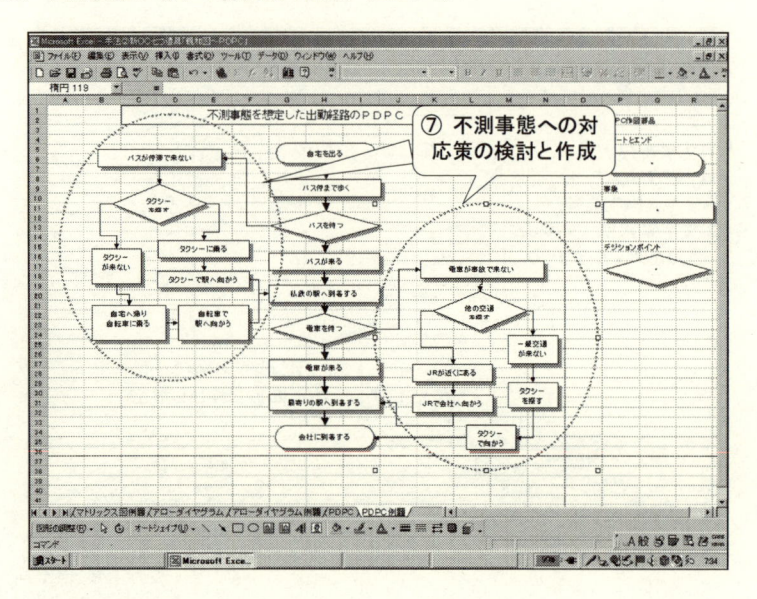

手順4．PDPC の完成（Ex 9-4）

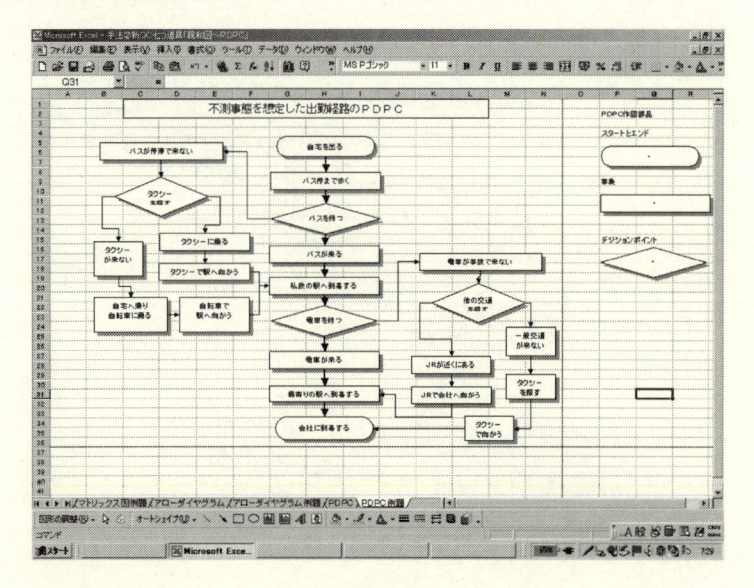

5. プロセスを改革する

(1) プロセス改革とは

プロセス改革とは，単に1業務を改善するのではなく，その仕事のスタートから完了までの全体を見渡して改善していくことをいう。

取り組むテーマが「○○時間の短縮」や「○○業務の効率化」など業務のやり方を変えることを目的とした場合には現状の業務のプロセスを明らかにすることから始める。

この場合，IEの考え方を利用して業務のプロセスを分解し，分析した工程の流れや作業内容を作業項目として矢線に示して，アロー・ダイヤグラムを作成する。工程短縮を検討するとき，具体的に次の観点から検討を行う。

① 時間を多く費やしている作業を改善する。
② 余裕のあるルートに作業を分担替えする。
③ 直列作業のうち，可能な作業を並列作業にする。

(2) アロー・ダイヤグラムによる工程短縮の検討

今，ある会社で11日後に開催される会議を問題なく準備できるよう，アロー・ダイヤグラムで管理することとなった。そこで書かれたアロー・ダイヤグラムが，図2.59(a)である。

ところが，部長から指示があり，会議の開催日が急に3日早く開催されることとなり，11日必要な工程を8日で仕上げなければならなくなった。

そこで，このアロー・ダイヤグラムのクリティカルパス（時間に余裕のない工程：CP）に着目し，3日かかる会場探しをインターネットによって2日間で探すことにした。さらに，「会場探し」，「開催案内作成」，「出席者抽出」の各作業をメンバーが手分けして同時作業で行い，「開催案内」を仕事に余裕のある隣の担務にお願いすることとした。その結果をアロー・ダイヤグラムに表してみると，図2.59(b)のようになり，3日間短縮できることが分かった。

III. 魅力的な課題達成法の具体的展開

手順1　IEによる工程分析・作業分析

手順2　アローダイヤグラムの作成

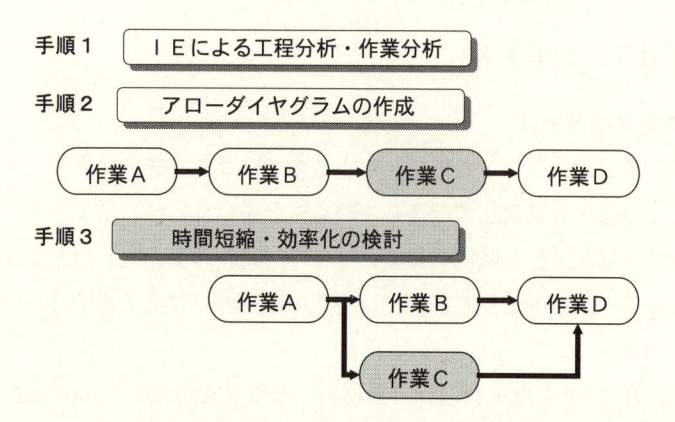

作業A → 作業B → 作業C → 作業D

手順3　時間短縮・効率化の検討

作業A → 作業B → 作業D
      ↘ 作業C ↗

図2.58　業務プロセスを把握するための手順

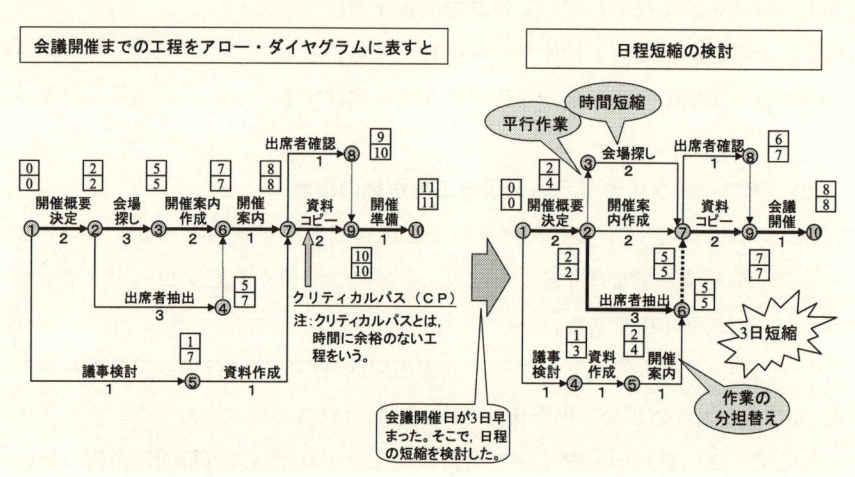

(a) 当初計画のアロー・ダイヤグラム　　　(b) 工程短縮後のアロー・ダイヤグラム

図2.59　アロー・ダイヤグラムによる工程短縮の検討

5. プロセスを改革する

(3) アロー・ダイヤグラム法の作図方法[17)]

アロー・ダイヤグラムとは，計画を推進する上で必要な作業手順を整理するのに有効な手法である。その中から，新しい問題点の発見あるいは新しい発想を得ることをねらいとした手法である。

アロー・ダイヤグラムは，図2.60に示すよう，作業の流れを開始から終了までを左から右へ矢線と結合点で結んでいく図である。その構成は，作業と作業の区切りを結合点といい①，②……と○で表し，○の中に開始から順に番号をつけていく。二つの結合点の間が作業であり，結合点から次の結合点まで矢線で結ぶ。また，作業はないがある作業が終わらないと次の作業にいけない場合は，矢線を点線で結ぶ。これを「ダミー」といい，作業所要時間「0」のつなぎを表す。

また，アロー・ダイヤグラムを作成するときに，次のような約束ごとがある。

① 1組の結合点は一つの作業・実施事項のみ表す（図2.61の①参照）。
　この約束ごとを守るために"ダミー"が必要になる。
② 図の中にループを作ってはならない（図2.61の②参照）。
　アロー・ダイヤグラムはフローチャートとは違う。作業・実施事項を目的達成のために時系列従属関係で前進させる図である。
③ 不必要なダミーを使わないこと（図2.61の③参照）。
　不必要なダミーがあると，結合点日程の計算まちがいの原因にもなる。

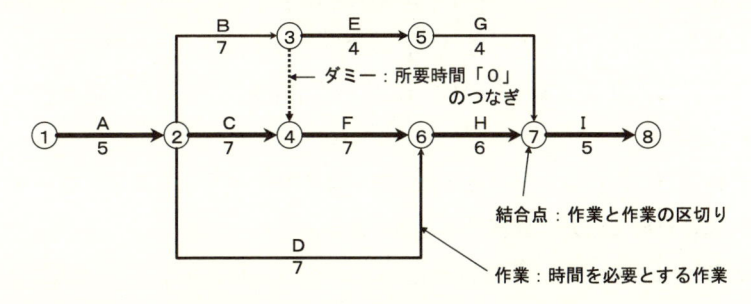

図2.60 アロー・ダイヤグラムの各要素

① 1組の結合点は一つの作業・実施事項のみ表せる。

| 誤りの表現 | | 正しい表現 |

② ループを作ってはならない。　　③ 不必要なダミーは使わない。

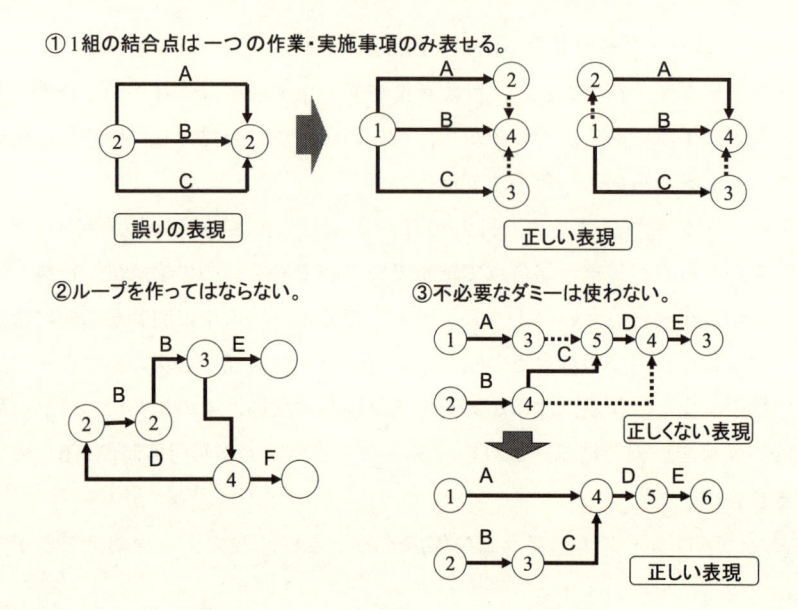

正しくない表現

正しい表現

図2.61　アロー・ダイヤグラムの約束ごと

1) 日程計算の方法

アロー・ダイヤグラムには，結合点日程を計算することによって工程の管理や工程短縮の検討ができる。結合点日程とは，アロー・ダイヤグラム上の「結合点」で二つの日程，「最早結合点日程」と「最遅結合点日程」がある。

最早結合点日程とは，その結合点から始まる作業が，開始できる最も早い日程で，着手可能日ともいえる。

図2.62の上段の日程，出発は結合点①の0日よりスタートし，順次作業日数を加算していく。注意すべき点は，二つ以上の矢線が入り込む結合点⑥である。ここでは，計算上③→⑥の35日と⑤→⑥の30日があるが，最大値をとって35日とする。

最遅結合点日程とは，その結合点で終わる作業が遅くとも終了していなければならない日程で，完了義務日程ともいえる。

図2.62の下段の日程，出発は結合点⑦の55日よりスタートし，順次作業日数を減算していく。注意すべき点は，二つ以上の矢線が出ている結合点②であ

5. プロセスを改革する

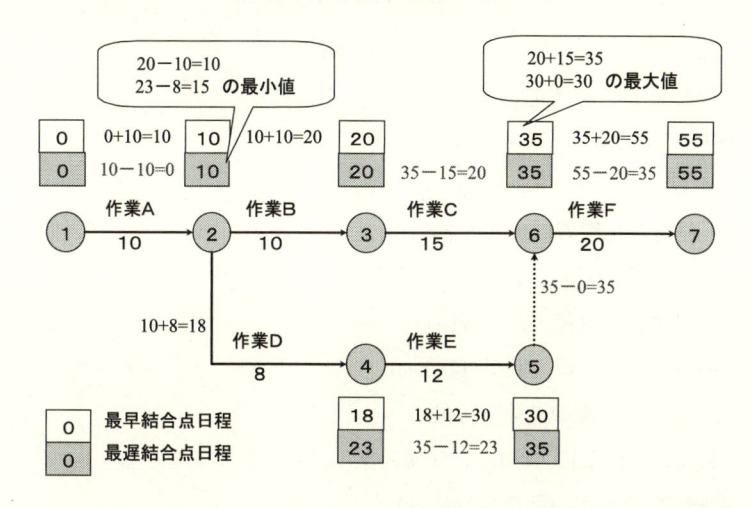

図2.62 結合点日程の計算方法

る。ここでは，計算上③→②の10日と④→②の15日があるが，最小値をとって10日とする。

この図2.62の最早結合点日程と最遅結合点日程が異なる場合（最早結合点日程が小さく最遅結合点日程が大きい場合）は，その作業工程に余裕があるということである。逆に，最早結合点日程と最遅結合点日程が同じ作業は余裕がない，これをクリティカル・パス（CP）と呼んで，工程短縮上着眼点とすべきところである。

2) エクセルによるアロー・ダイヤグラムの作図手順
手順1　工程と結合点，所要日程の記入（図 Ex 10–1）
① 部品よりコピー
② 接続線の作成
　1．オートシェイプ（U）
　2．コネクター（N）
　3．カギ線矢印コネクターを選択

    4. 線の元を指定（丸の4点から1点を指定）
    5. 線の先を指定（丸角の4点から1点を指定）
③　所要日程を入力

手順2　結合点日程の計算（図 Ex 10-2）

④　結合点日程の計算（通常）
　1. 最早結合点日程（F9+G15）
　2. 最遅結合点日程（J13-I15）
⑤　最早結合点日程の計算（分岐点）
　1. MAX（L2, L12, L26）で各流入する日程の最大値をとる
⑥　最遅結合点日程の計算（分岐点）
　1. MIN（F3, F10, F17, F24, F31）で各流出する日程の最小値をとる

手順1．工程と結合点，所要日程の記入（Ex 10-1）

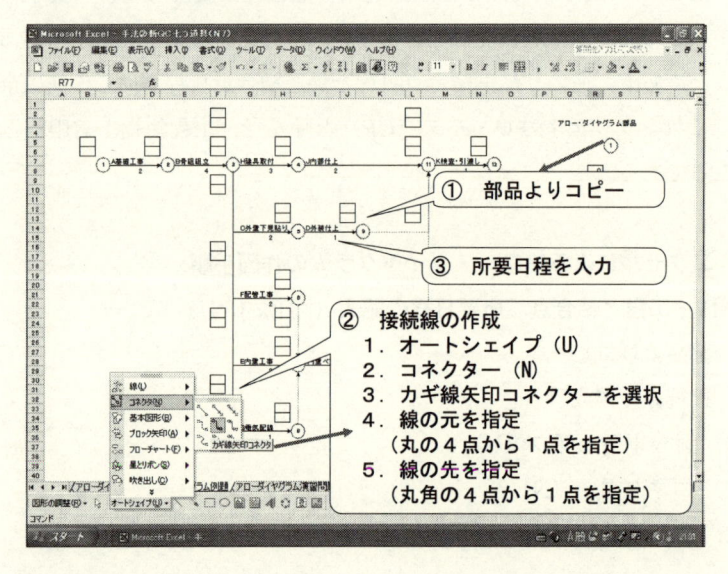

5. プロセスを改革する

手順2. 結合点日程の計算（Ex 10-2）

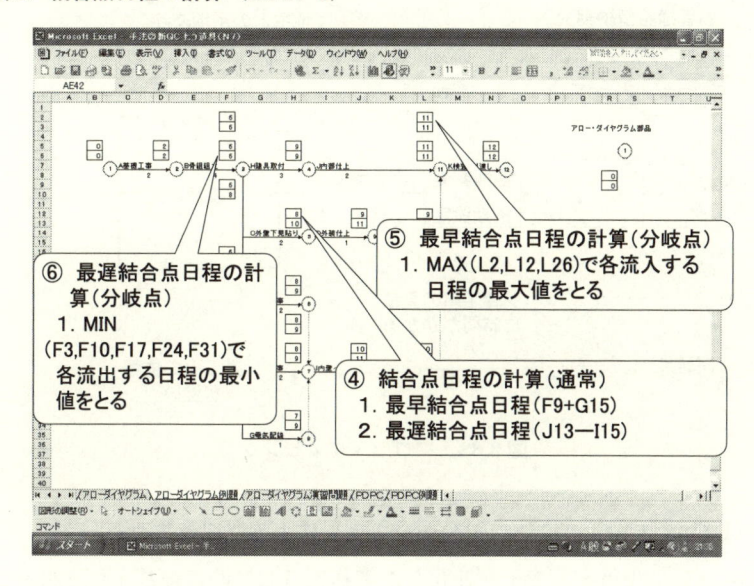

（スクリーンショット：Excelによるアロー・ダイヤグラム部品）

吹き出し内の記述：

- ⑤ **最早結合点日程の計算（分岐点）**
  1. MAX(L2,L12,L26)で各流入する日程の最大値をとる

- ⑥ **最遅結合点日程の計算（分岐点）**
  1. MIN(F3,F10,F17,F24,F31)で各流出する日程の最小値をとる

- ④ **結合点日程の計算（通常）**
  1. 最早結合点日程(F9+G15)
  2. 最遅結合点日程(J13−I15)

(4) プロセス改革の方法

1) プロセスマッピングで業務プロセスの問題点を抽出する

プロセスマッピングとは，プロセス（業務の流れ）を明らかにするためにフロー図にプロセスを詳細に描くことをいう。このことにより，プロセスの問題点を視覚化することができる。プロセス改革のスタートは，まず問題となる仕事のプロセスマッピングを書き出してみることである。

プロセスマッピングが書けたら，プロセス上に潜む問題点を書き出してみる。このとき，工程内問題点に着目するだけでなく，工程間のつなぎ上での問題点も抽出することを忘れないようにする。図2.63は，お客様の申し出に対して，お客様から「処理が遅い」という苦情に対して作成されたプロセスマッピングとそこに潜む問題点を書き出したものである。

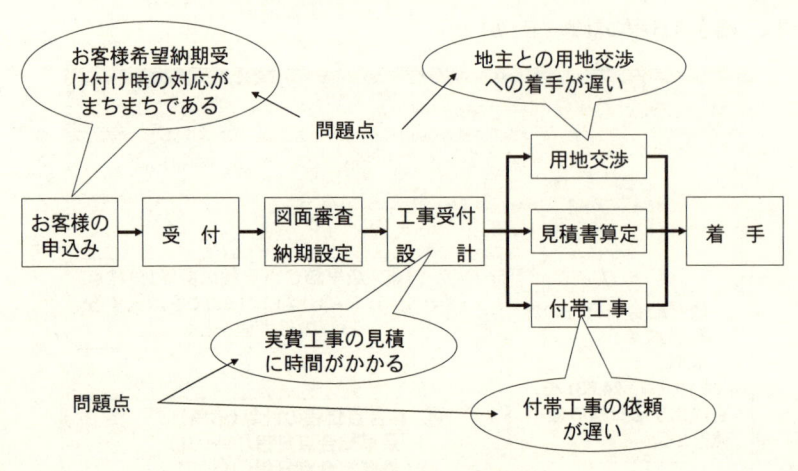

```
                        ┌─ 用地交渉 ─┐
お客様  →受付→ 図面審査 → 工事受付 →│ 見積書算定 │→ 着 手
の申込み       納期設定   設 計   └─ 付帯工事 ─┘
```

問題点の吹き出し:
- お客様希望納期受け付け時の対応がまちまちである
- 地主との用地交渉への着手が遅い
- 実費工事の見積に時間がかかる
- 付帯工事の依頼が遅い

図 2.63　プロセスマッピング

2) DOA（Data Oriented Approach）によるプロセス改革

DOA とは，現行業務をモデル化し，業務プロセス間にやりとりされる情報を中心に業務の流れを分析し，改善する手法である。現状プロセスの改善のポイントは，

① インプットとアウトプットでデータ変換のないプロセスの排除
② 後続のプロセスで活用されていない帳票・伝票等の排除
③ 活用されていない帳票・伝票等と関連するプロセスの排除（最終結果を出すために必要性がないデータ等）
④ 入力データ項目と出力データ項目が同一のプロセスの排除（重複したプロセス等）
⑤ データ項目が重複している複数の帳票・伝票等の排除（重複した帳票・伝票等）
⑥ 同一の帳票・伝票等を作成するプロセス群の統一
⑦ 異なる名称で使用されているが，意味が同じデータグループの整理

さらなる改善をするには，

① システム開発・構築

② 権限委譲
③ 組織の集中化／分散化
④ プロセスの組替え

を行う（図2.64参照）。

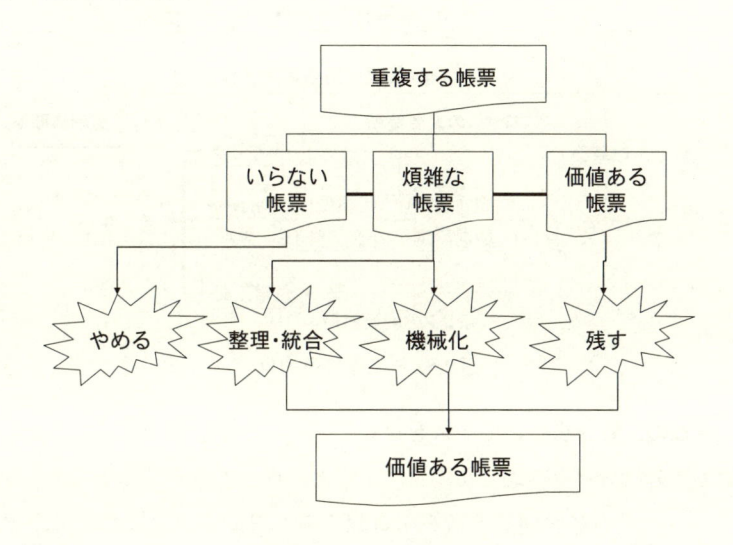

```
                    重複する帳票
                    ┌────┼────┐
              いらない  煩雑な   価値ある
               帳票    帳票     帳票
                │    ┌─┼─┐    │
              やめる 整理・統合 機械化 残す
                └────┴─┬─┴────┘
                    価値ある帳票
```

図2.64 DOAの概念

3) 複数の工程を並列化し，工程の短縮を行う

これまで一つの流れで連続して行われていた複数の工程を，並列化して同時に行うことで仕事の工期の短縮が期待できる。

例えば，図2.65のように，今までは，お客様から受け付けた申込みに対して，希望日に着工できず，お客様にご迷惑をおかけしていたとする。その原因を調査した結果，用地交渉や，付帯工事が遅れることであることが判明した。従来は用地交渉や付帯工事の工程は，設計の工程の後であったものを，早い段階で設計の工程などと並行して行うように，プロセスを改善した例などが挙げられる。

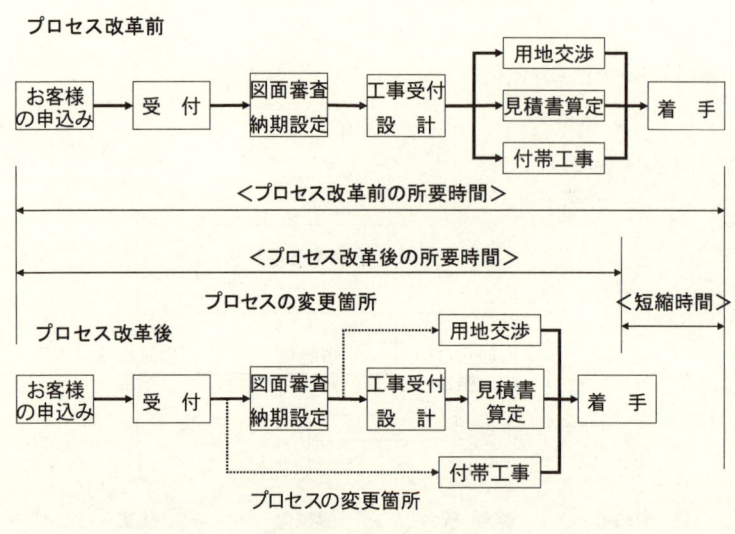

190　　　　　　　Ⅲ. 魅力的な課題達成法の具体的展開

図2.65 工程の並列化

4) 複数の工程をまとめてミスをなくす

プロセスの細分が行き過ぎた場合，工程と工程との間のコミュニケーションが悪くなり，それが原因でミスを引き起こす。このような場合には，従来は別々にやっていた工程を統合して一つにまとめることにより改善することができる。

例えば，図2.66のように，ある営業所でお客様からの故障修理について，当日修理率100％を達成することを目標としてあげたとする。従来はサービス担当と保守担当で役割分担してサービス店への手配を実施していたが，時間短縮のため，サービス担当が単独で行うように変更した例などが挙げられる。

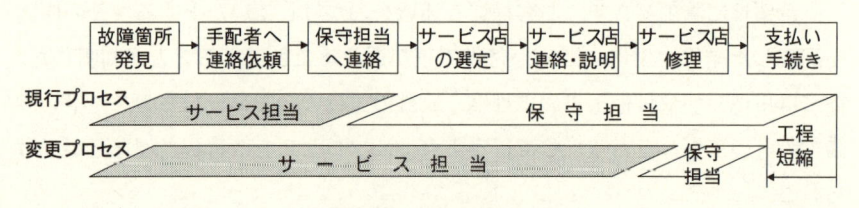

図2.66 工程の統合

5. プロセスを改革する

事例 プロセス改革で大幅な効率化を実現した事例
テーマ：通信線配電柱共架「設備貸借業務」[23]

関西電力(株) 東海支社 電気グループ　原　克也

　関西電力(株)東海支社においては電力部分自由化等を背景に，お客様本位の経営を追求すべく更なるコストダウン・効率化を行う必要性があることから，従来とは異なる根本的な業務プロセスの改善を行うこととした。これまでの改善は帳票類の簡素化や会議体の見直しなど問題が発生した部分的な改善に終わっていたが，一連の業務を最初から最後まで通じてのプロセス改善を行う必要性から，今回DOA（Data Oriented Approach）手法を用いることとした（図2.67）。

　DOA手法は帳票類をベースに業務のプロセスマップを作成し，改善を図るものであり，年間を通じて繰り返し業務を行い効果が現れやすく，帳票類をベ

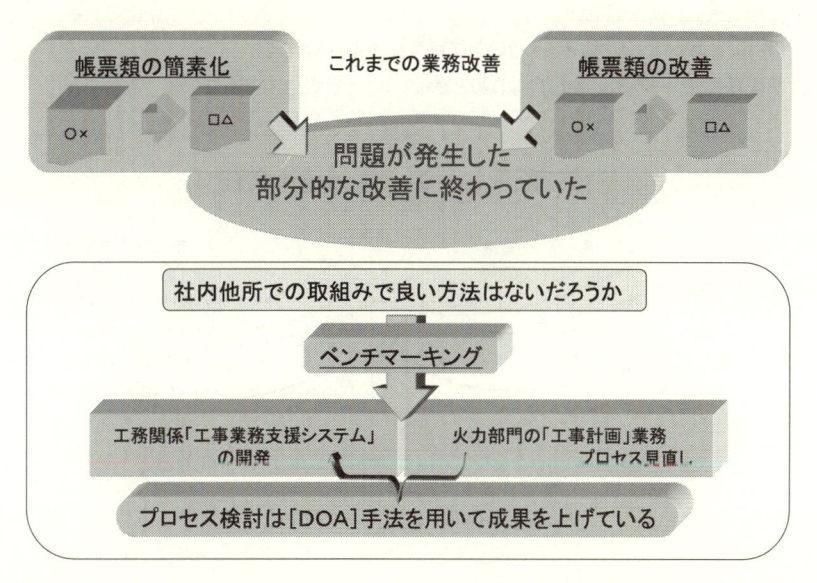

図2.67　業務プロセス分析方法の試行錯誤

ースに業務の初めと終わりがはっきりしているものがテーマとして扱いやすいことから，今回は通信線配電柱共架「設備貸借業務」の改善に取り組むこととした。この業務は図2.68に示すように他社が所有する「電柱」に関西電力の通信線を「共架」させてもらうというように各会社が所有する設備を有効活用するため相互に設備の貸し，借りを行うものである。

今までの業務の流れは工事所管箇所において共架の必要性が判明した時点で設備管理箇所へ共架申請を行い，これを受けて設備管理箇所は設備貸借窓口へ共架申請を行う。設備貸借窓口は相手方電力会社の設備貸借窓口へ共架申請を行って当社側の業務は終了する。

相手方電力会社設備貸借窓口は設備所管営業所へ技術検討依頼を行い，問題がなければ承認通知を相手方電力会社設備貸借窓口へ返し，以降今までと逆のルートで工事所間箇所へ共架承認が届いて工事着工するという複雑なステップを踏んでいた。これを業務フロー図に書き出したものが図2.69である。

しかし，これでは業務の大まかな流れしか分からないことから，ここに打合

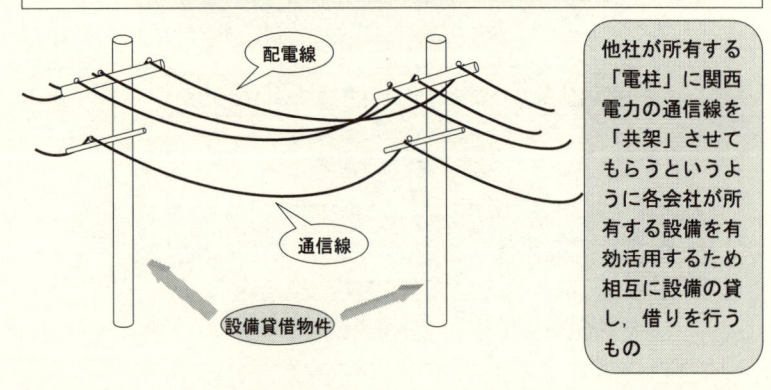

図2.68　検討対象業務の選択

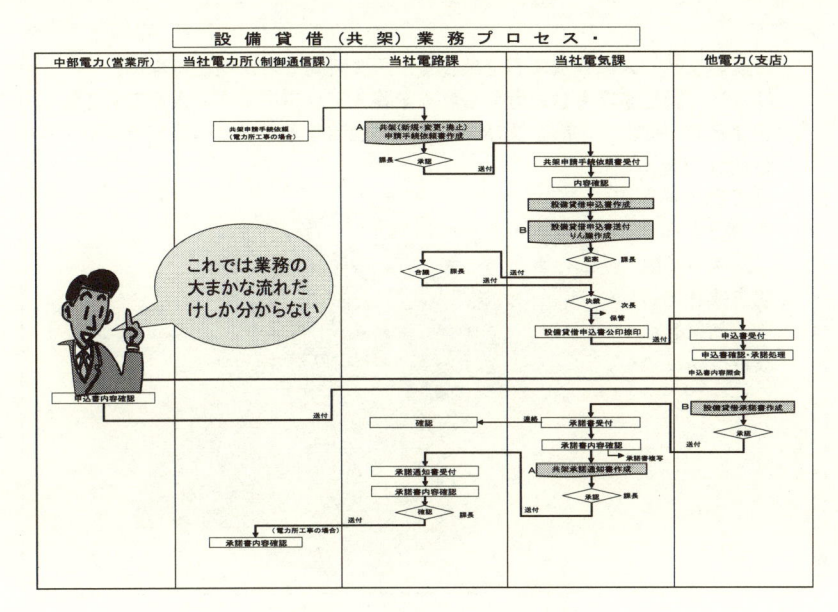

図 2.69　業務フロー図の作成

せや問合せなど，更に詳細な業務を記載したプロセスマップを作成して検討を進めることとした。ここでプロセスマップ作成についての留意点を列記する。
　○帳票類をベースに作成する（業務量，所要時間などが明確になる）。
　○打合せ，調整時工も含め考えられる業務ステップをすべて表記する（電話による打合せ，調整及び関係者への説明など，すべての業務プロセスが網羅できる）。
　○関係者と内容を確認する（関係者が問題を共有化し，最も効果的な改善に結びつく）。
が挙げられる（図 2.70 参照）。

　これらを踏まえて作成したプロセスマップを図 2.71 に示す。このプロセスマップ作成には3人で1か月間と膨大な時間を必要としたが，このときの詳細なデータ取得が功を奏し，先ほどの業務フロー図に比べて複雑なステップが分かるようになった。

・帳票類をベースに作成する（業務量，所要時間などが明確になる）
・打合せ，調整事項も含め考えられる業務ステップをすべて表記する（電話などでの打合せ，調整及び関係者への説明などすべての業務プロセスが検討できる）
・関係者と内容を確認する（関係者が問題を共有化し，最も効果的な改善に結びつく）

この部分はどうやって仕事を進めているの？

担当者への聴取

業務の流れに沿って一つひとつのステップごとに進め方を聴取した

業務の流れはこれでまちがいないかなあ

検証

関係者が集まり業務の流れ全体をチェック

図 2.70 プロセスマップ作成上の留意点と業務の実態把握

プロセス改善にはこのように打合せ，調整事項も含めたプロセスマップが必要

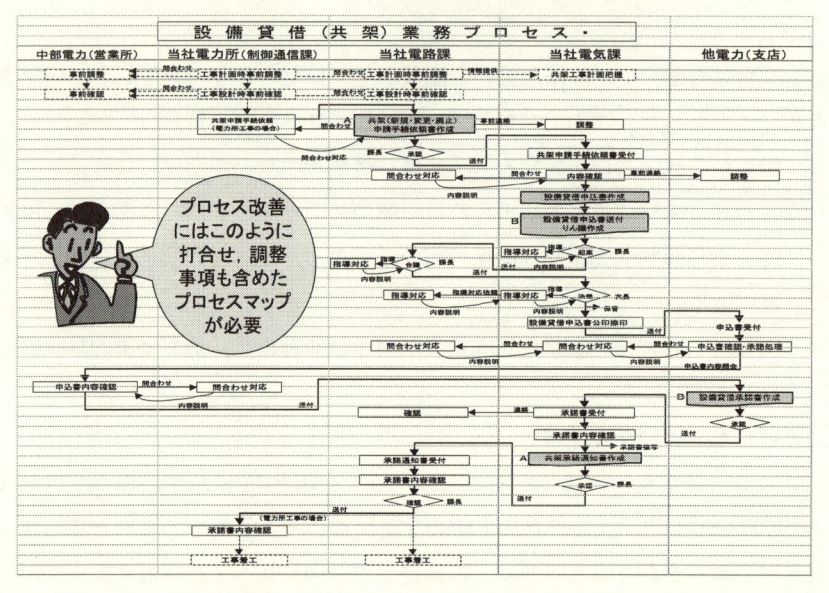

図 2.71 実際のプロセスマップの作成

5. プロセスを改革する

このプロセスマップを元に当社側の業務処理日数を分析したところ，「共架の手続き業務のプロセスが多く，承認までの時間がかかる」という問題点が分かり，それらを業務プロセスごとに分類して問題点連関図法（図2.72）によって要因追求を行った。ここで明らかになった改善点についてプロセス改善を行うものと個別対応のものとを整理して改善を実施した。主な着眼点としては一連の業務プロセスにおいて「設備実態を把握している工事所管箇所が窓口業務をできないか？」，「設備貸借窓口として必要な事項は何か？」である。

以上のプロセス上の問題点から，申請業務のところでは，工事所管箇所と設備管理箇所が行っていたものを，工事所管箇所が直接申請業務を行うこととした。図2.73四角の上段箇所であり，これをプロセスの簡素化という。

また，調整段階では，電気グループと電路グループが行っていたやり取りの業務を排除した。図2.73の中段箇所であり，これを不要なプロセスの省略という。

さらに，結果連絡段階では，電気グループへの経由業務を省略した。これも

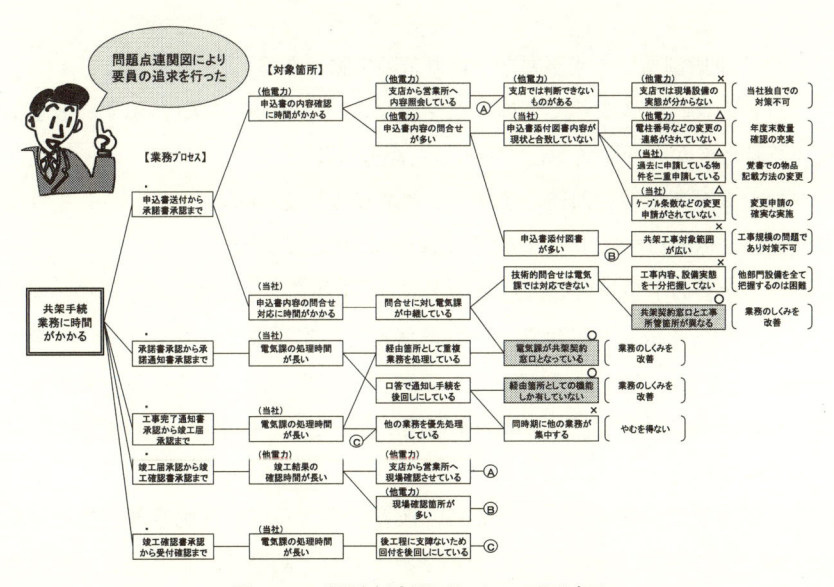

図 2.72 問題点連関図による要因追及

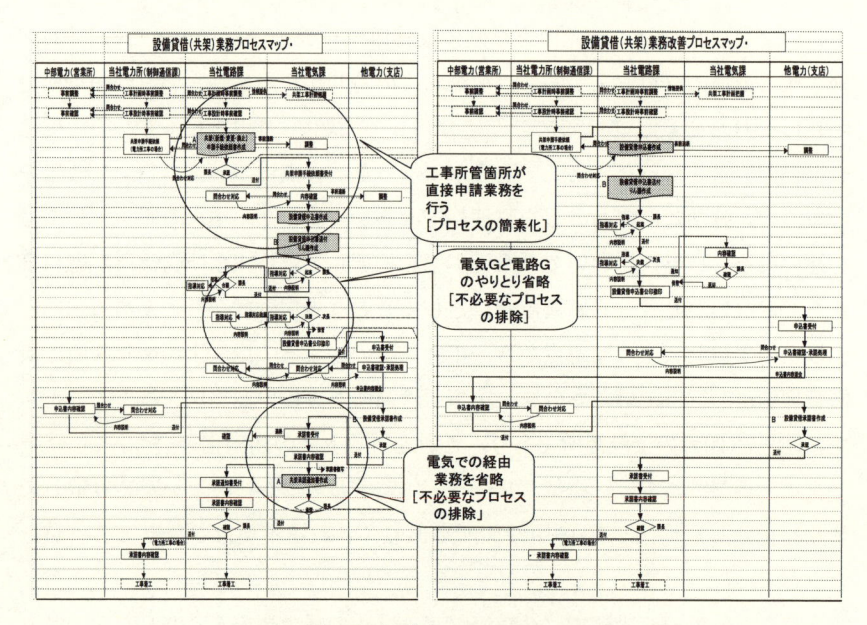

III. 魅力的な課題達成法の具体的展開

図2.73　業務プロセスの整理・改善

図2.73の下段箇所に示す不要なプロセスの排除である。

　これらのプロセス改革で実施したプロセスマップを図2.73に示す。改善前後でプロセスが大きく減少していることが分かる。

　プロセス改革の改善前後のイメージにすると図2.74のようになり，主な業務が設備貸借窓口をスルーパスして流れるようになった。

　これら改善の予想効果は図2.74のとおり，1件あたりに発生する業務の減少として，手続き依頼～工事着工～設備移動処理するまでの主要プロセス数で30個から20個になり10個のプロセス数が削減されたことになる。業務数では，82個から50個になり32個の業務数がされたことになる。帳票枚数は138枚も削減された。

　この効果を翌年度実証したところ，改善効果として当社側処理日数で平均11日かかっていた業務が6日に短縮されており，約半分の業務量に減少させることができたということが分かった。

6. 効果を把握する　　　　　　　　　　　　　　　　　197

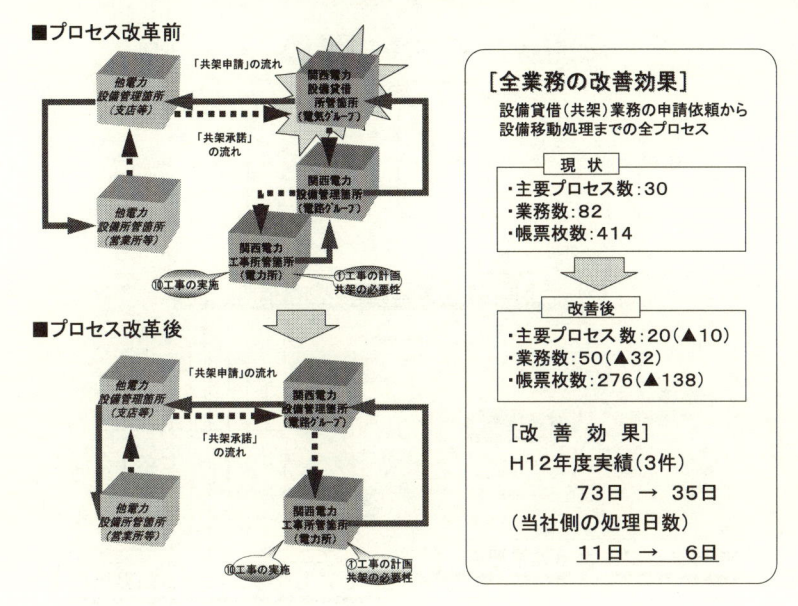

図2.74　プロセス改善の効果

6. 効果を把握する

(1) 効果を把握するとは

効果の把握は，現状把握において抽出された問題がどうなったのかを確認することであり，最終的に目標値が達成できたのかどうかということを把握することである。具体的には，図2.75に示すように，現状の問題が対策前後で減ったのかどうかを対策前後のパレート図を横に並べて改善の効果を図示してみる。

時系列グラフで対策実施後，特性値が問題ならどれだけ減少したか，特性値が満足度や売上高など増加させるものならどれだけ増加したか，などを把握してみる。

また，副作用など悪影響に対する評価をきちんと行う。方策の実施によって，他への悪影響（副作用，反対特性など）が予測される場合もある。そのため悪

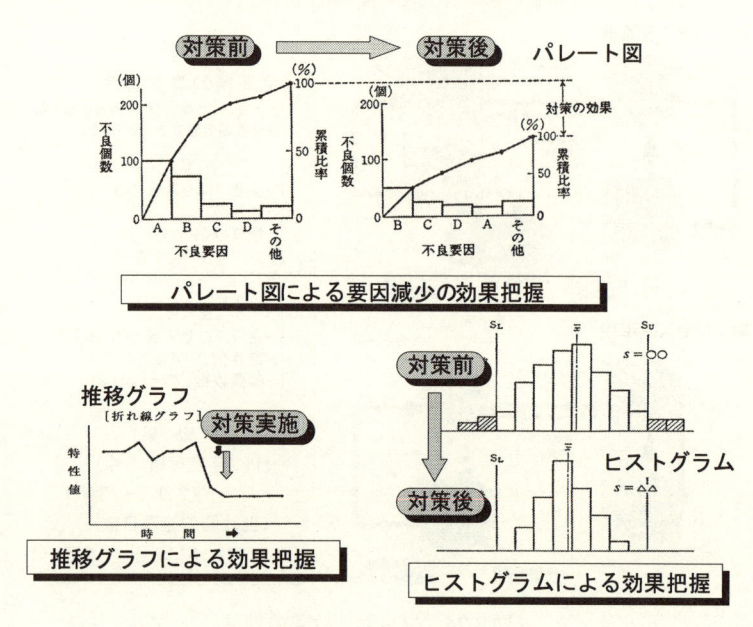

図2.75 効果把握

(パレート図／推移グラフ／ヒストグラムによる効果把握)

影響に対する評価をきちんと行い,それを事前に防止する方策も考えておく。特に,コスト低減・時間短縮・業務効率化などに取り組んだ場合には,必ずチェックをかけておくこと。これには,FMEAなどの信頼性手法や品質チェックマトリックス図などで検討すればよい。

図2.76は,関西電力(株)の電力ケーブルを河川横断で布設する工法のコスト低減を行った際に,品質低下が起こらないかどうかのチェックをFMEAで行った事例である。具体的には,滋賀県は琵琶湖を中心に,そこへ流れ込む河川や水路が約480本と多く,名神高速道路をはじめ,新幹線などが湖を囲むように走っており,これらの箇所に配電線を布設する方法として,圧入工法で横断する工事の最も多い地域である。そのために,圧入工事費のコスト低減に取り組む必要があり,小型軽量化の鋼管推進機械を開発し,その機器構成の信頼性の検討にFMEAを活用した例が,図2.77である[24]。

6. 効果を把握する

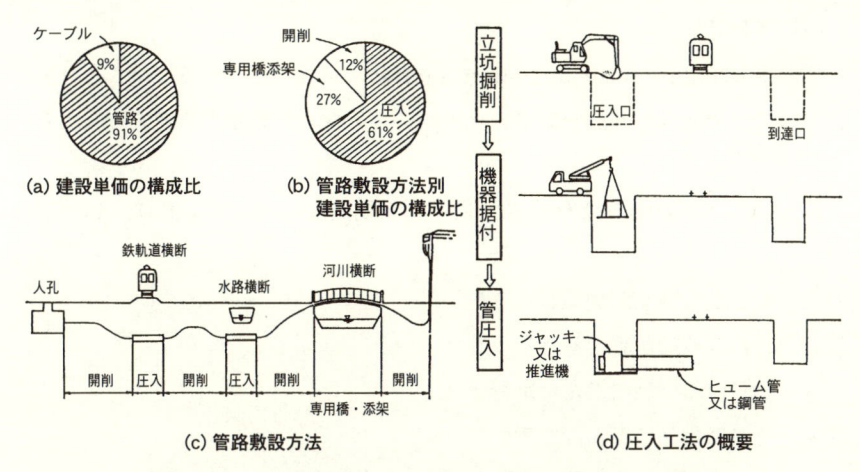

(a) 建設単価の構成比
ケーブル 9%
管路 91%

(b) 管路敷設方法別建設単価の構成比
開削 12%
専用橋添架 27%
圧入 61%

(c) 管路敷設方法

(d) 圧入工法の概要

図2.76 コスト低減を考えた地中配電線圧入工法の改善

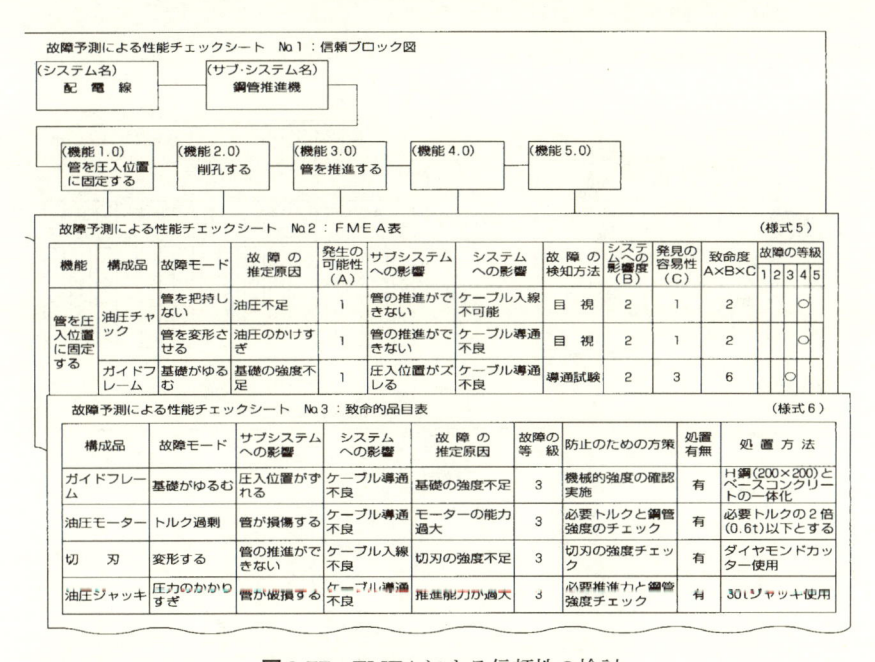

故障予測による性能チェックシート No1：信頼ブロック図
(システム名) 配電線
(サブ・システム名) 鋼管推進機
(機能1.0) 管を圧入位置に固定する
(機能2.0) 削孔する
(機能3.0) 管を推進する
(機能4.0)
(機能5.0)

故障予測による性能チェックシート No2：FMEA表 (様式5)

機能	構成品	故障モード	故障の推定原因	発生の可能性(A)	サブシステムへの影響	システムへの影響	故障の検知方法	システムへの影響度(B)	発見の容易性(C)	致命度 A×B×C	故障の等級 1 2 3 4 5
管を圧入位置に固定する	油圧チャック	管を把持しない	油圧不足	1	管の推進ができない	ケーブル入線不可能	目視	2	1	2	○
		管を変形させる	油圧のかけすぎ	1	管の推進ができない	ケーブル導通不良	目視	2	1	2	○
	ガイドフレーム	基礎がゆるむ	基礎の強度不足	1	圧入位置がズレる	ケーブル導通不良	導通試験	2	3	6	○

故障予測による性能チェックシート No3：致命的品目表 (様式6)

構成品	故障モード	サブシステムへの影響	システムへの影響	故障の推定原因	故障の等級	防止のための方策	処置有無	処置方法
ガイドフレーム	基礎がゆるむ	圧入位置がずれる	ケーブル導通不良	基礎の強度不足	3	機械的強度の確認実施	有	H鋼(200×200)とベースコンクリートの一体化
油圧モーター	トルク過剰	管が損傷する	ケーブル導通不良	モーターの能力過大	3	必要トルクと鋼管強度のチェック	有	必要トルクの2倍(0.6t)以下とする
切刃	変形する	管の推進ができない	ケーブル入線不良	切刃の強度不足	3	切刃の強度チェック	有	ダイヤモンドカッター使用
油圧ジャッキ	圧力のかかりすぎ	管が破損する	ケーブル導通不良	推進能力が過大	3	必要推進力と鋼管強度チェック	有	30tジャッキ使用

図2.77 FMEAによる信頼性の検討

(2) FMEAとは

FMEAはfailure mode and effect analysisの略称で，「故障モードと影響解析」のことであり，部品→故障モード→システムへの影響を評価する手法である．

FMEAは従来の経験と知識を活用する系統的な技術手法であり，その手順は，

① もしこの部品が故障したら？
② どんな故障が起きるだろうか？
③ それは組立品にどんな影響が？
④ それは製品にどんな影響が？
⑤ それはどの程度重要な問題なのか？
⑥ どんな予防対策をすればよいか？

といったような推測をするのである．

構成部材					システムへの影響評価		評　価			
システム	サブシステム	部品	故障モード	推定原因	サブシステムへの影響	システムへの影響	発生頻度	きびしさ	検知難易	危険優先
ドライヤー	本体部									
	ヒータ部	ニクロム線No.1	断線	劣化	熱くならない	温風が出ない	3	5	3	45
		ニクロム線No.2	断線	劣化	熱くならない	温風が出ない	3	5	3	45
		取付盤	破損	衝撃	がたつく	待ちづらい	1	3	1	3
	ファン部									
	配線部									

発生頻度
5：たびたび発生
3：普通に発生
1：ごく希に発生

きびしさ
5：機能不能
3：機能低下
1：影響なし

検知の難易
5：検知不能
3：比較的可能
1：目視で検出

危険優先数
（発生頻度）×
（きびしさ）×
（検知難易）

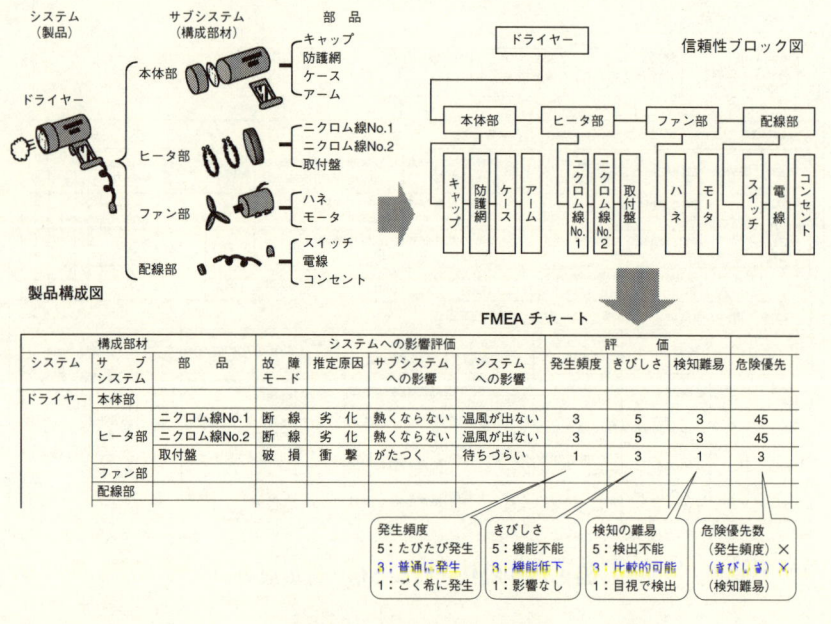

図2.78　FMEAの実施手順

ここで，ドライヤーのFMEAを考えてみると，まず，製品の構成図から部品を書き出し，信頼性ブロック図を作成する。

次に，故障モードを想定して，システムへの影響度を考える。これらの検討結果をFMEA用紙の各項目に記入して，評価を行い危険優先数を計算する。

予防対策の考え方としては，
① まず，危険優先数の高い故障モードを取り上げる。
② 故障モードの発生させる確率ランクの高い場合には，故障の発生源を除去することに重点をおいた改善がなされる必要がある。
③ 故障モードを検知し得ない確率ランクが高い場合には，検知の対策に重点をおいた改善に力を入れる必要がある。

(3) 改善の結果はアウトプット，本当の成果はアウトカム
1) 本当の成果を何で評価するのか

目標を決め，計画を作り実施したら，その目標をどれだけ達成したか。それを測定，評価する場合，活動の成果を次のようにアウトプット指標だけでなく，アウトカム指標を設定して最後にお客様からの評価をみてみる必要がある。
① アウトカム（Out Come）：総合的な結果であり，制御できないもの
　　例えば，顧客満足度，従業員満足度，売上，自社の株価など
② アウトプット（Out Put）：プロセスからの直接成果であり，制御できるもの
　　例えば，社員の教育時間，お客様への訪問回数など

一般的な改善活動では，「プロセス指標」と「アウトプット指標」で改善の効果を確認して活動を終える場合が多い。例えば，効率化に取り組んで業務のIT化を進めたとしよう。今まで手作業で行っていたものをパソコンで行うことになり，結果として作業時間が1/10になったことで目標を達成したと祝杯をあげる。でもよく考えてみると，パソコンを導入することによって作業時間が1/10になることは当然のことである。この場合，作業時間が1/10になったことで，お客様がどう満足されたのか，あるいは，残業時間や作業人員が減る

ことにより，かかる人件費がどの程度減ったのか，あるいは余裕ができたことによって，どんな新しい仕事ができるようになったのかを把握する必要がある。

この「アウトカム指標」は総合的な結果であり，改善当事者だけでは制御できないものである。また，「プロセス指標」から「アウトプット指標」は一般的に1対1につながっている場合多いが，「アウトカム指標」は複数の「アウトプット指標」から構成されることが多い。したがって，改善活動の結果「アウトプット指標」がどの程度「アウトカム指標」に寄与しているかを把握することが必要になってくる。このとき，アンケートなどを実施し，その結果を重回帰分析やポートフォリオ分析などを行うことにより，結果から改善効果の把握をすることも一つの方法である。

2) アンケートによるアウトカム評価の方法

アンケート[16]を行う前には，必ず調査の目的や仮説が明確に決定されており，さらに調査設計を進める上で，補助機能となる様々な情報が収集されている方が望ましい。

調査目的や仮説の決定等では，既存データや観察法の新規データで十分活用できるが，具体的な調査票を設計する段階になると，他の情報も必要になってくる。そこでインタビュー調査を行い，その結果を調査票設計に活用していく。あるいは，事前に考えた質問でプレアンケートを実施してデータを十収集し，整理しておくと，調査目的・仮説の設定や，それ以降の調査設計に大いに役立てられる。

3) 仮説は結果系指標と要因系指標で考える

アンケートを設計するには，結果系指標と要因系指標を考える必要がある。

＜結果系指標＞　図2.79（T1～T3）
　　目的変数で当該プロジェクトの成否を測る指標として設定

＜要因系指標＞　図2.79（E1～E5）

6. 効果を把握する

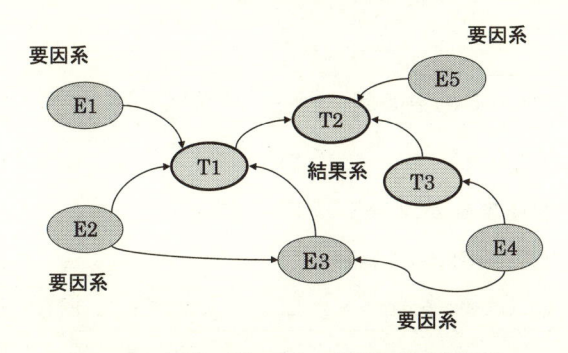

図2.79 仮説の洗い出し（結果系と要因系）

説明変数で究極的には要因系としてコントロールできるものを設定

つまり何をどのように分析したいのか，アンケートの第1ステップは問題の構造の検討から始める。

4) 質問は，SD法で設計する

SD法[16)]とは，アンケートなどの質問に，言葉（形容語）を度合いの順序に並べて与えておき，評価対象がどのカテゴリーに属するかを回答させる形式をSD法という。このSD（Semantic Differential Scale）法は，主成分分析や因子分析，重回帰分析などを行うためにも必要な方法である。

具体的には，図2.80のような，反対語や否定語など意味的に対になる形容語を両端に配置したり，形容語を片側において同意の度合いを並べる。

段階数は5段階又は7段階がよいが，一般的には5段階が評価しやすい。「どちらでもない」，「どちらともいえない」という中立的な回答のために必ず奇数段階とする。評価点は，$-2, -1, 0, +1, +2$又は$5, 4, 3, 2, 1$のどちらでもよいが，主成分分析や因子分析にかける場合は$5, 4, 3, 2, 1$でないと解析の計算ができない。

図2.81は，「10年後に勝ち組となっている会社」に重要な企業活動や企業風土を抽出するために，設計されたアンケートの質問表である。Q1〜Q9までが，企業活動や企業風土であり，これが要因系の質問，アウトプット評価に

アンケートの質問例

	非常にそう思う	そう思う	どちらともいえない	そう思わない	まったく思わない
Q 1 信用がある	□	□	□	□	□
Q 2 意外と風通しがいい会社	□	□	□	□	□
Q 3 社員や地域にやさしい会社	□	□	□	□	□
Q 4 安心して働ける会社	□	□	□	□	□

図 2.80　SD 法によるアンケートの質問

テーマ「10年後に勝ち組となっている会社」

今回のアンケートは「お客さまニーズをうまく掴む方法」の研修会で教育のためにアンケートが必要となり，みなさまにご協力頂くこととなりました。
アンケートはこの研修で分析や発表しか使えませんのでよろしくご協力ください。

質問	ここからは5択です。みなさん自身の「関西電力のイメージ」はどうですか？ 下記のイメージについてそれぞれ該当するものを選んでください。					
Q1	a. 自らの努力で仕事を変えようと思えば変えられる。	□非常にそう思う	□そう思う	□どちらともいえない	□そう思わない	□まったくそう思わない
Q2	b. 信用がある	□非常にそう思う	□そう思う	□どちらともいえない	□そう思わない	□まったくそう思わない
Q3	c. コミュニケーションを大切にする会社	□非常にそう思う	□そう思う	□どちらともいえない	□そう思わない	□まったくそう思わない
Q4	d. 意外と風通しがいい会社	□非常にそう思う	□そう思う	□どちらともいえない	□そう思わない	□まったくそう思わない
Q5	e. 社員や地域にやさしい会社	□非常にそう思う	□そう思う	□どちらともいえない	□そう思わない	□まったくそう思わない
Q6	f. 安心して働ける会社	□非常にそう思う	□そう思う	□どちらともいえない	□そう思わない	□まったくそう思わない
Q7	h. お客さま本意の会社	□非常にそう思う	□そう思う	□どちらともいえない	□そう思わない	□まったくそう思わない
Q8	i. NTTと比べて競争の点では遅れている	□非常にそう思う	□そう思う	□どちらともいえない	□そう思わない	□まったくそう思わない
Q9	j. 宣伝・PRの仕方が下手	□非常にそう思う	□そう思う	□どちらともいえない	□そう思わない	□まったくそう思わない
Q10	g. 10年後には勝ち組になっている会社	□非常にそう思う	□そう思う	□どちらともいえない	□そう思わない	□まったくそう思わない
Q11	上記以外であなたの関西電力のイメージがありましたら自由に記入して下さい					
*性別	□男性	□女性				

勤務中で大変お忙しい中ご協力ありがとうございました。

図 2.81　企業イメージを測定したアンケート用紙の一例

なっている。Q10は，結果系の質問であり，アウトカム評価になっている。いずれの質問も「非常にそう思う」から「どちらでもない」，「全くそう思わない」の5段階評価のSD法の質問形式になっている。

5) アンケート結果の重回帰分析

重回帰分析とは，複数の変量から構成される資料において，特定の変量を，残りの変量の一次式で予測する分析法である。

特性値 y と，その変動を説明する変数 $x_1, x_2, \cdots, x_n$ について，n 組のデータが与えられているとき，これに，

$$y_i = \beta_0 + \beta_1 x_1 + \beta_2 x_2 + \cdots + e_i$$

という重回帰モデルを仮定して，パラメータ $\beta_1, \beta_2, \cdots, \beta_n$ と誤差分散 σ^2 に関して行う一連の統計解析を重回帰分析という。

このとき，y を目的変数，$x_1, x_2, \cdots, x_n$ を説明変数という。

つまり，ある目的変数（例えば販売実績など）に対して，どのような説明変数（経験年数，技術知識，接客態度，服装，など）との関係が強いか弱いかを偏回帰係数などで調べていく手法である。

重回帰分析を利用して，実際のデータを調べてみる。例として，今後「勝ち残れる会社」として重要な要素を見つけるために九つの説明変数を設定し，19名にアンケートを行った結果を重回帰分析で調べることにした。

これくらいの資料でも計算は膨大なので Excel の「分析ツール」を利用して，得られた回帰方程式を示してみると，各説明変数にかかる係数（偏回帰係数）が次のように計算される。

計算結果から得られる情報として，まず，回帰方程式の当てはまりのよさの目安として

　　　決定係数(寄与率)　$R^2 = 0.523$　　重相関係数　$R = 0.723$

であり，「まあまあ」の精度である。

この決定係数が 0.5 未満であると，この目的変数に対しここで設定した説明変数以外にもっと重要な変数が抜けている可能性があり，再度説明変数の検討が必要になる。

計算結果の偏回帰係数から回帰方程式を書き下してみると，

　　　Y(勝ち組の会社) $= -2.5708 + 0.8150 \times$ コミュニケーション $+ 0.4726$
　　　　　　$\times$ 地域への優しさ $+ 0.2958 \times$ お客様本位

概要

回帰統計	
重相関 R	0.723067
重決定 R2	0.522826
補正 R2	0.045652
標準誤差	0.790614
観測数	19

0.723067 → 重相関係数 R

0.522826 → 決定係数（寄与率）R^2

分散分析表

	自由度	変動	分散	された分↑	有意 F
回帰	9	6.163845	0.684872	1.095672	0.446985
残差	9	5.625629	0.62507		
合計	18	11.78947			

→ 偏回帰係数

	係数	標準誤差	t	P-値	下限 95%	上限 95%	下限 95.0%	上限 95.0%
切片	-2.57084	3.471337	-0.74059	0.477818	-10.4236	5.28188	-10.4236	5.28188
改善意欲	0.012277	0.226809	0.054131	0.958014	-0.5008	0.525356	-0.5008	0.525356
信頼性	0.172185	0.655117	0.262831	0.798599	-1.30979	1.654163	-1.30979	1.654163
コミュニケーショ	0.815017	0.437507	1.862868	0.095377	-0.17469	1.804726	-0.17469	1.804726
風通しがいい	-0.27398	0.309313	-0.88576	0.398795	-0.97369	0.425738	-0.97369	0.425738
地域への優しさ	0.472622	0.333805	1.415862	0.190479	-0.2825	1.227742	-0.2825	1.227742
安心労働	-0.27776	0.273726	-1.01475	0.336725	-0.89698	0.341447	-0.89698	0.341447
お客様本位	0.295807	0.228741	1.293199	0.228148	-0.22164	0.813255	-0.22164	0.813255
競争力	0.276595	0.220338	1.255322	0.240975	-0.22184	0.775034	-0.22184	0.775034
宣伝PR力	0.136593	0.191675	0.712629	0.494135	-0.29701	0.570192	-0.29701	0.570192

図 2.82 重回帰分析の結果

$+0.2766 \times$ 競争力 $+0.1722 \times$ 信頼性 $+0.1366$
$\times$ 宣伝PR力 $+0.0123 \times$ 改善意欲 -0.2740
$\times$ 風通しがいい $-0.2778 \times$ 安心労働

この結果から，「勝ち組の会社」に影響の強い要因に「コミュニケーション」，「社員・地域への優しさ」，「お客様本位」などが挙げられ，これからの企業は，人間性を大切にすることが求められているようである。

6) エクセルによる重回帰分析の解析手順

手順1　データ表の作成（図 Ex 11-1）

手順2　ツール（分析ツール）の起動（図 Ex 11-2）

1. ツールバーの「ツール」をクリック
2. 「分析」ツールをクリック

手順3　回帰分析の起動（図 Ex 11-3）
　3.「回帰分析」をクリック
　4.「OK」をクリック

手順4　Y範囲の入力（図 Ex 11-4）
　5.「入力Y範囲（Y）」をクリック
データ範囲は，項目名も指定する。

手順5　Y範囲の選択（図 Ex 11-5）
　6.　Yのデータ範囲を指定
　7.　改行をクリック

手順6　X範囲の入力（図 Ex 11-6）
　8.「入力X範囲（X）」をクリック

手順7　X範囲の選択（図 Ex 11-7）
　9.　Xのデータ範囲を指定（エクセルの分析ツールを使用する場合は，Xの変数の数は，最大16変数までとする）
データ範囲は，項目名も指定する。
　10.　改行をクリック

手順8　条件指定（図 Ex 11-8）
　11.「ラベル」にチェックマーク「☑」を入れる
　12.「一覧の出力先（S）」をチェックマーク「☑」を入れる
　13.「出力先」をクリック

手順9　出力先の指定（図 Ex 11-9）
　14.「出力先」を指定

208　　　　　　　Ⅲ．魅力的な課題達成法の具体的展開

出力先は，右側及び下側にＡ４サイズ程度空白領域になっているところの左上のセルを指定する。

15．改行をクリック

手順10　重回帰分析の開始（図 Ex 11–10）

16．「OK」をクリック

手順11　重回帰分析の結果（図 Ex 11–11）

重回帰分析の結果が表示される。

手順1．データ表の作成（Ex 11–1）

6. 効果を把握する

手順2. ツール（分析ツール）の起動（Ex 11-2）

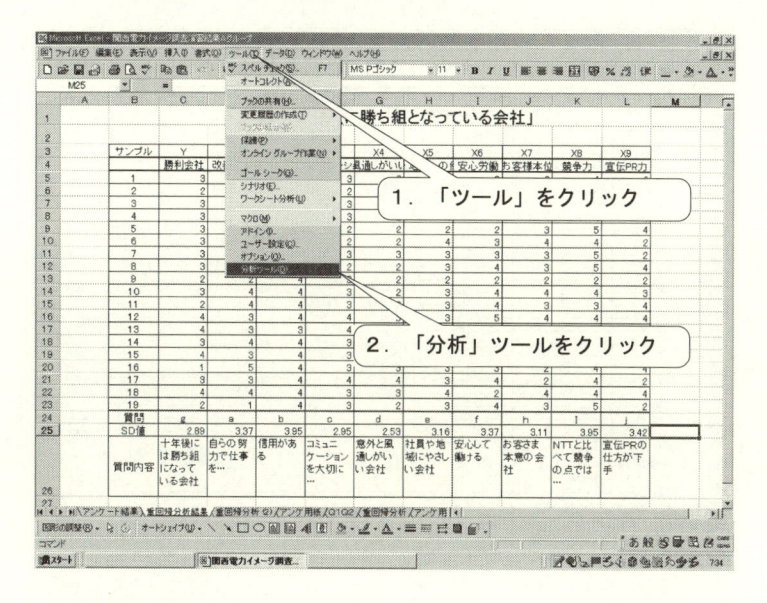

1. 「ツール」をクリック
2. 「分析」ツールをクリック

手順3. 回帰分析の起動（Ex 11-3）

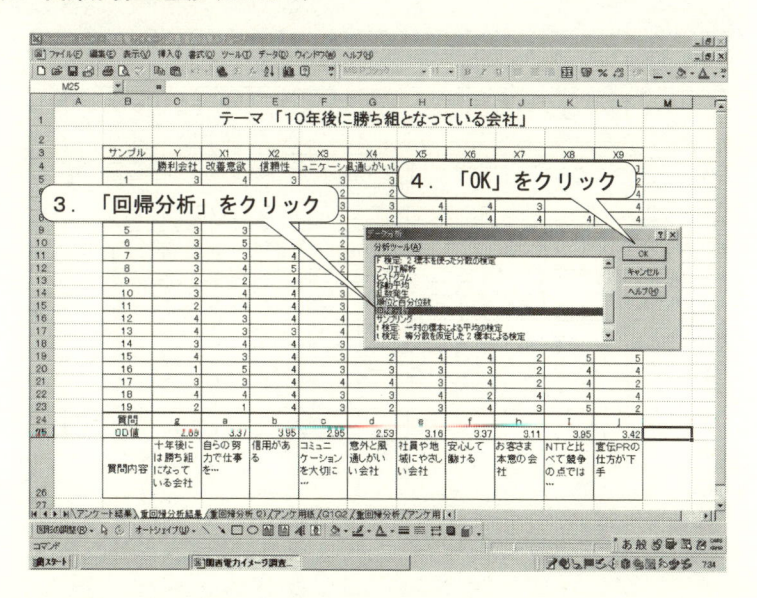

3. 「回帰分析」をクリック
4. 「OK」をクリック

210　　　III. 魅力的な課題達成法の具体的展開

手順 4. Y範囲の入力（Ex 11-4）

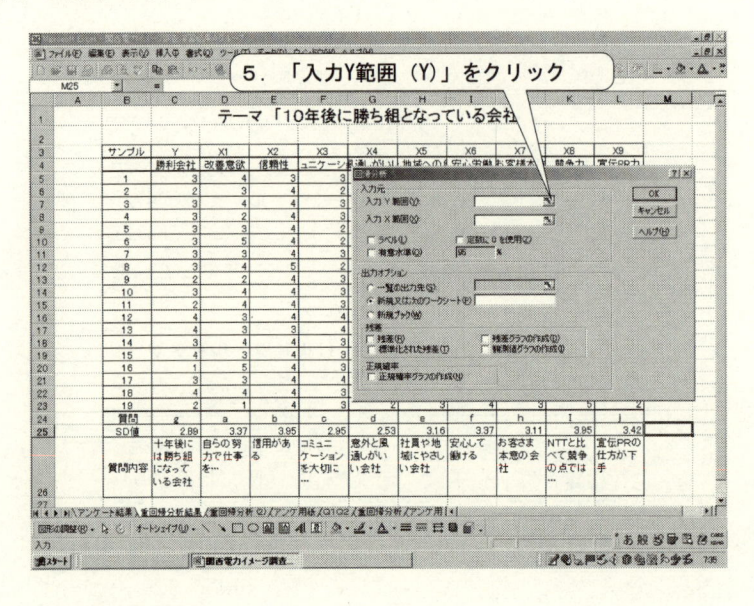

手順 5. Y範囲の選択（Ex 11-5）

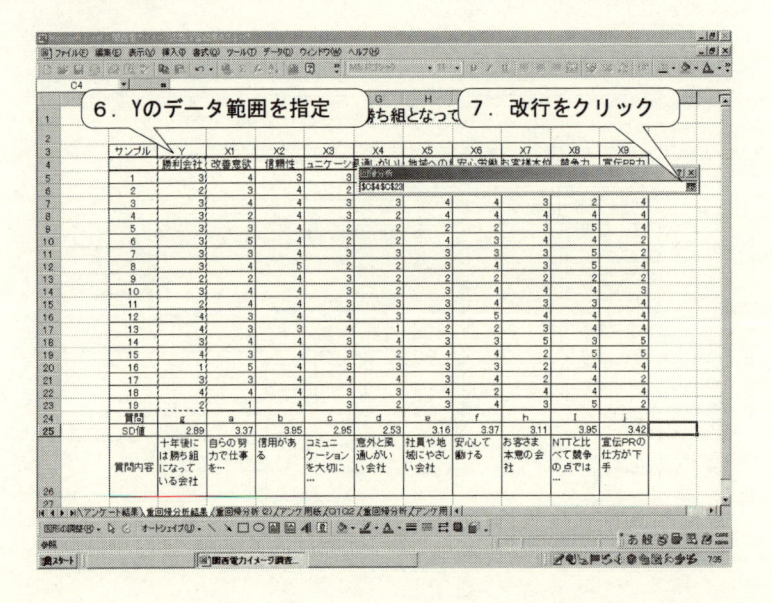

6. 効果を把握する

手順6. X範囲の入力（Ex 11-6）

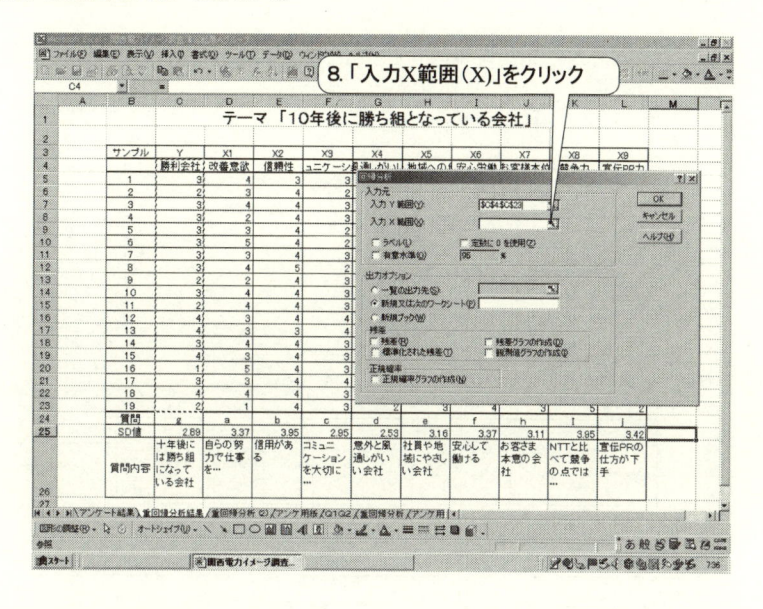

手順7. X範囲の選択（Ex 11-7）

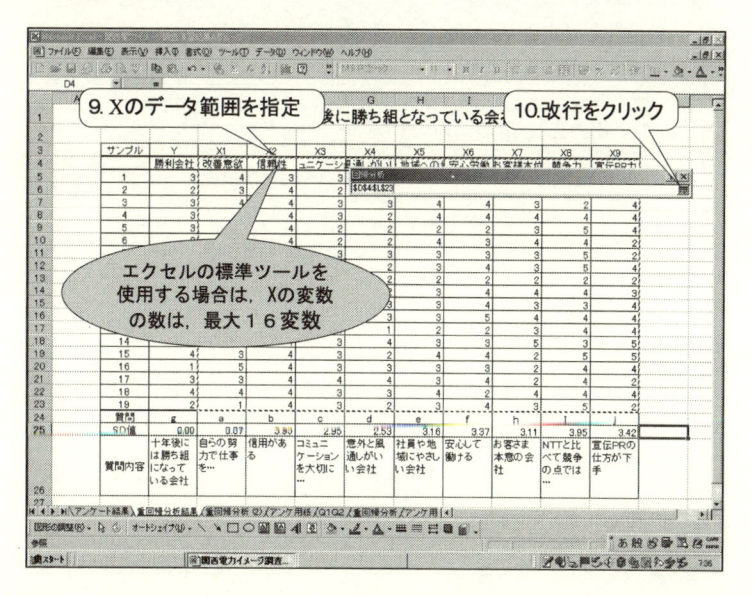

手順8. 条件指定（Ex 11-8）

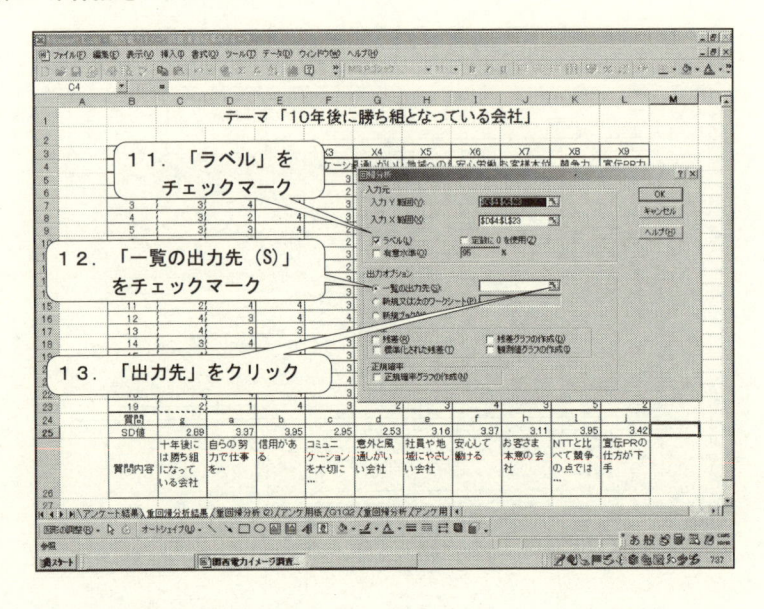

11. 「ラベル」をチェックマーク
12. 「一覧の出力先（S）」をチェックマーク
13. 「出力先」をクリック

手順9. 出力先の指定（Ex 11-9）

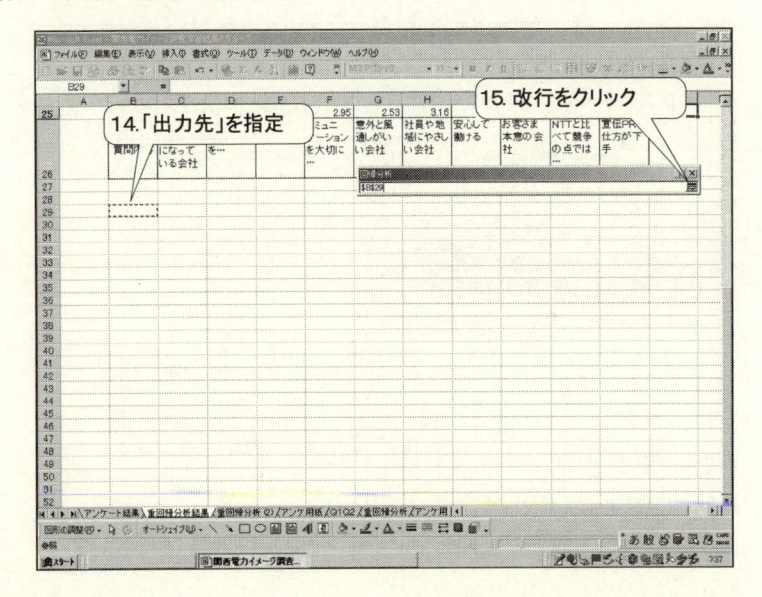

14. 「出力先」を指定
15. 改行をクリック

6. 効果を把握する

手順10. 重回帰分析の開始（Ex 11-10）

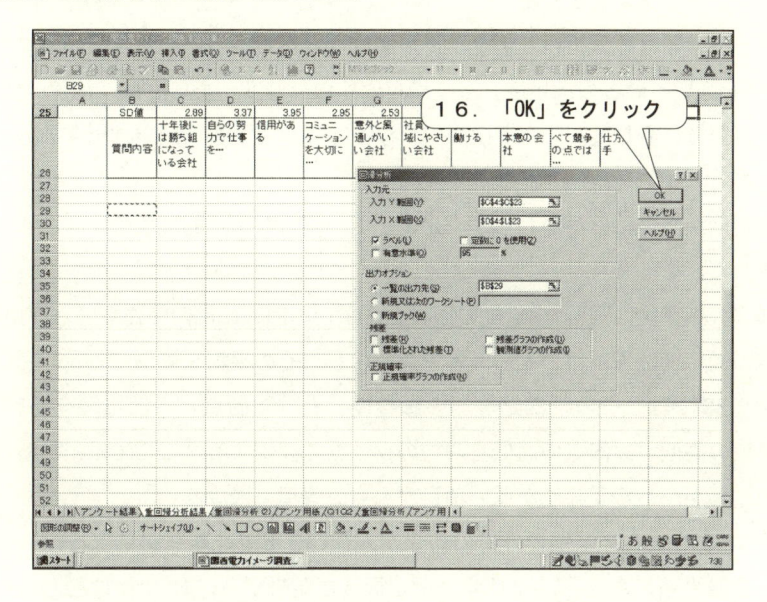

16.「OK」をクリック

手順11. 重回帰分析の結果（Ex 11-11）

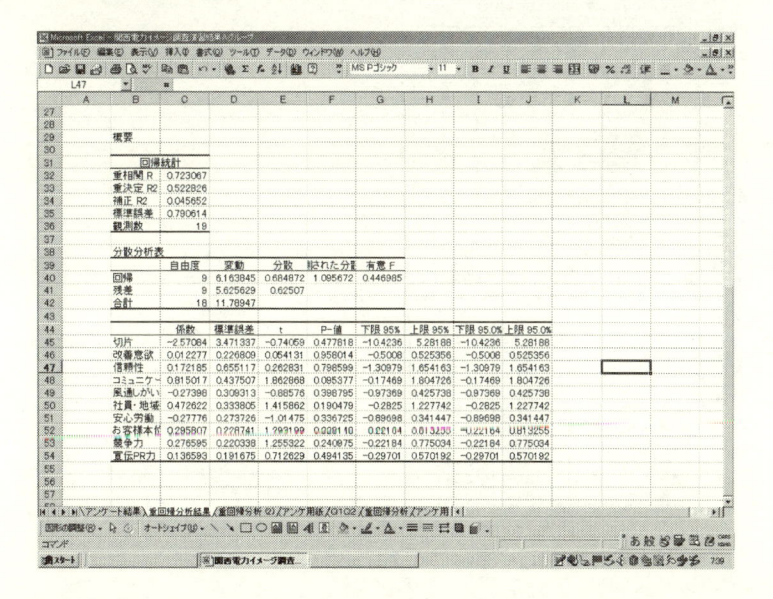

7) ポートフォリオ分析

ポートフォリオ分析は，アンケート調査などから得られた各回答項目について，例えば，「顧客の満足度」と「満足度への影響度」を算出し，(横軸に影響度)×(縦軸に満足度)のグラフにプロットして重点改善領域を抽出する分析手法である。

影響度が高いにもかかわらず満足度が低い項目が重点的に改善することが要求される。

顧客の影響度は，総合満足度の回答と各項目の回答の偏回帰係数から算出し，顧客の満足度は各項目ごとの回答を数値化し，その平均を算出する。

図2.83では，この「満足度への影響度」と「評価点」の散布図を描いて，影響度の高低と評価点の高低を四つのゾーンで評価する。ここでは，影響度が高いにもかかわらず評価が低い項目が重点改善項目になる。

図2.83 ポートフォリオ分析の結果から，「10年後に勝ち組になっている会社」を結果系にポートフォリオ分析を行った結果から，10年後に勝ち組にな

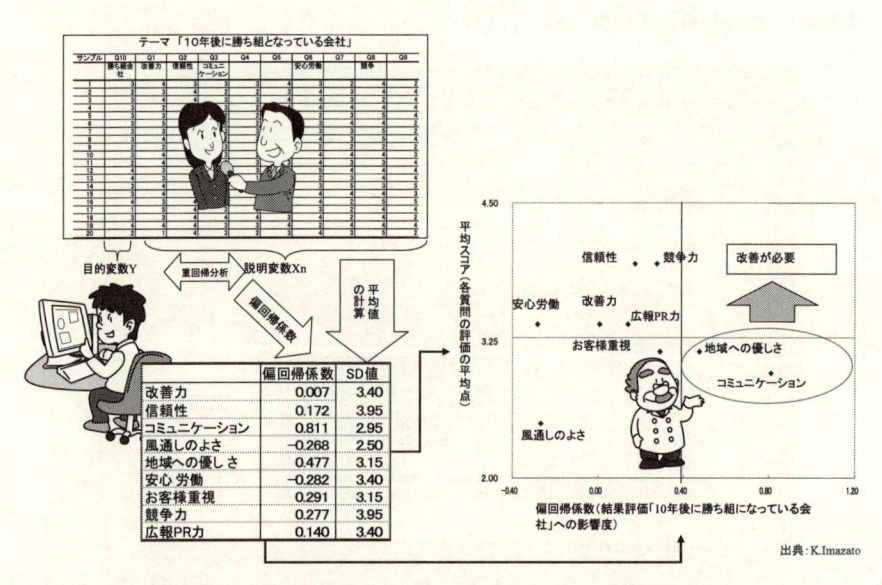

	偏回帰係数	SD値
改善力	0.007	3.40
信頼性	0.172	3.95
コミュニケーション	0.811	2.95
風通しのよさ	−0.268	2.50
地域への優しさ	0.477	3.15
安心労働	−0.282	3.40
お客様重視	0.291	3.15
競争力	0.277	3.95
広報PR力	0.140	3.40

出典：K.Imazato

図2.83　ポートフォリオ分析による評価

っている会社に強い影響がある項目に，「コミュニケーション」，「地域への優しさ」が挙げられるが，平均スコアが低いことから改善を要することが分かった。

8) エクセルによるポートフォリオ分析の解析手順
手順1　グラフ範囲の指定（図Ex 12-1）
重回帰分析から得られた「偏回帰係数」を横軸に，「各項目の平均点（平均スコア）」を縦軸に散布図を作成する。

1. グラフ範囲の指定
2. グラフウィザードをクリック
3. 散布図指定
4. 完了クリック

手順2　散布図の作成（図Ex 12-2）
5. 散布図の表示

散布図のグラフをほぼ正方形に拡大すると見やすくなる。
このとき，背景を「白色」に変更しておくことと，横軸の補助線を「白色」に変更しておくと，散布図として見やすくなる。

手順3　不要表示の削除（図Ex 12-3）
6. 凡例の削除
7. 目盛の調整
    - 「数値軸」をクリック
    - 「目盛」を指定
      目盛はデータの最大の少し上と最小の少し下の値を指定する。
      この操作を横軸にも行う。

手順4　目盛の指定（図 Ex 12-4）

8. 軸の目盛調整
    ① 最小値（N）：最小データの少し下の値
    ② 最大値（X）：最大データの少し上の値
    ③ 目盛間隔（A）：最大値（N）と最小値（X）を2分する値を入れる
    この操作を横軸も行う。

散布全体を四つのゾーンに分けることによって，領域設定する。

手順5　各項目の記入（図 Ex 12-5）

9. データの項目を記入

Excelでは，各ポイントのデータ名表示はできない。したがって，手間ではあるが各点ごとに項目名を記入する。このとき，マウスのポインタを点に当てれば，データ表示されるのでこの機能を利用する。

手順6　ポートフォリオ分析の完成（図 Ex 12-6）

10. グラフからコメントを記入

6. 効果を把握する

手順1. グラフ範囲の指定（Ex 12-1）

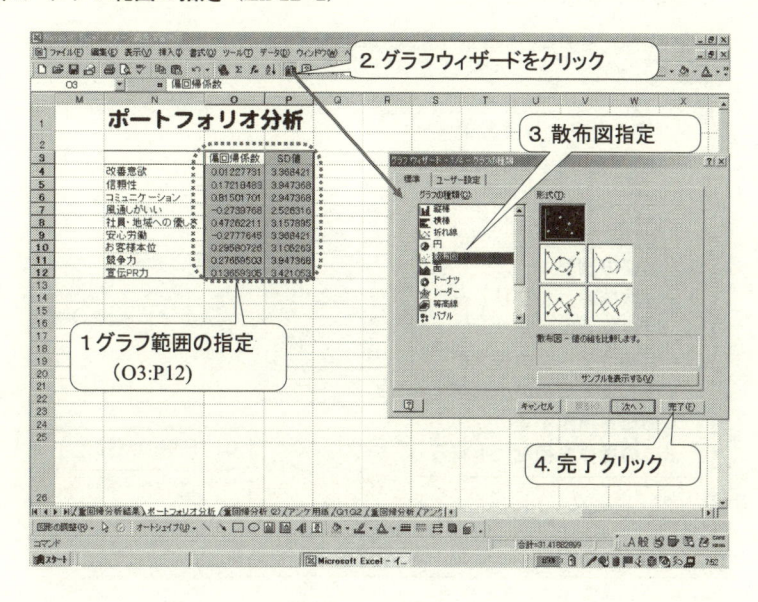

- 2. グラフウィザードをクリック
- 3. 散布図指定
- 1 グラフ範囲の指定（O3:P12）
- 4. 完了クリック

手順2. 散布図の作成（Ex 12-2）

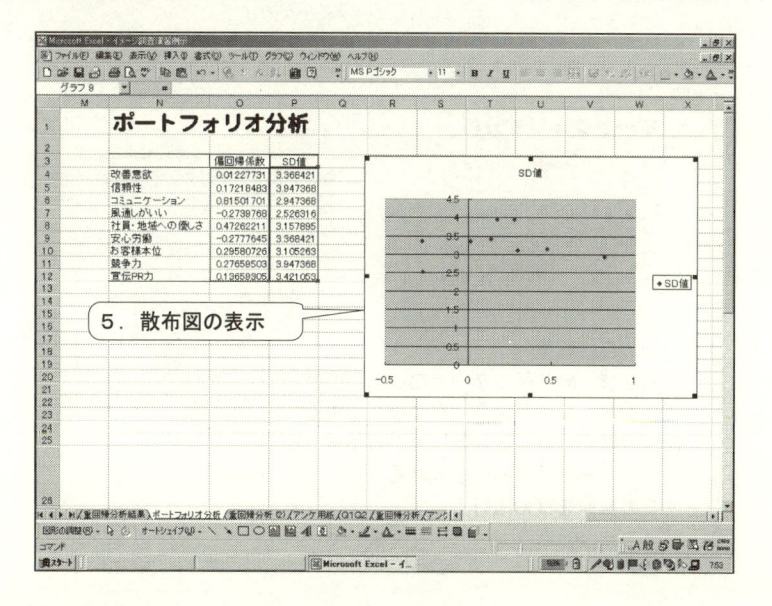

- 5. 散布図の表示

218　III. 魅力的な課題達成法の具体的展開

手順3．不要表示の削除（Ex 12-3）

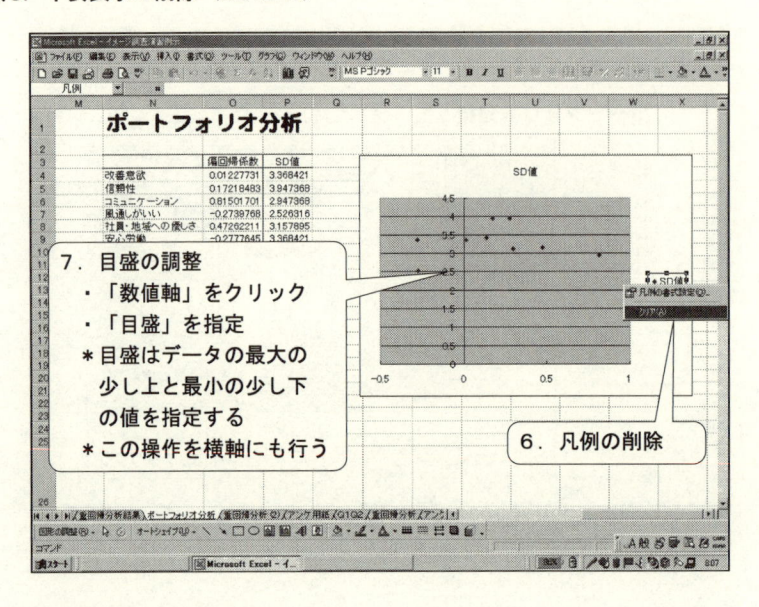

7．目盛の調整
・「数値軸」をクリック
・「目盛」を指定
＊目盛はデータの最大の
　少し上と最小の少し下
　の値を指定する
＊この操作を横軸にも行う

6．凡例の削除

手順4．目盛の指定（Ex 12-4）

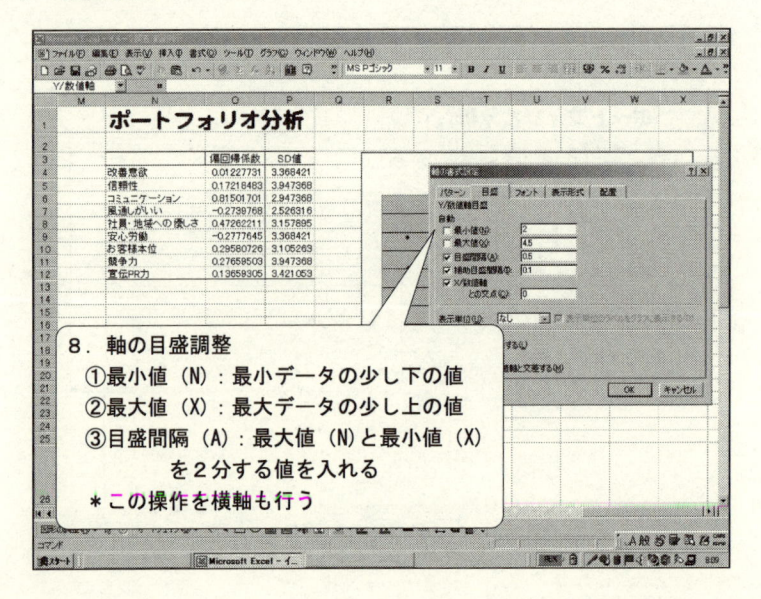

8．軸の目盛調整
①最小値（N）：最小データの少し下の値
②最大値（X）：最大データの少し上の値
③目盛間隔（A）：最大値（N）と最小値（X）
　　を2分する値を入れる
＊この操作を横軸も行う

6. 効果を把握する   219

手順5. 各項目の記入（Ex 12-5）

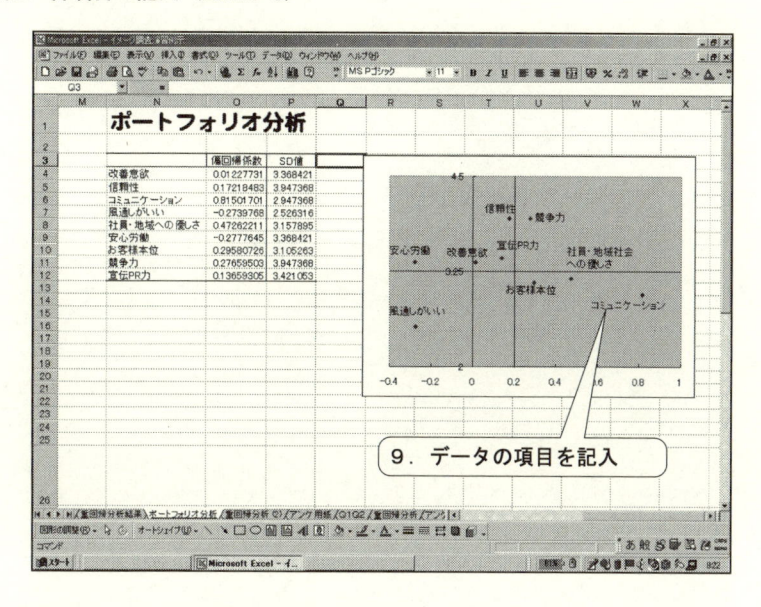

[Excelスクリーンショット：ポートフォリオ分析の表とグラフ。9. データの項目を記入]

手順6. ポートフォリオ分析の完成（Ex 12-6）

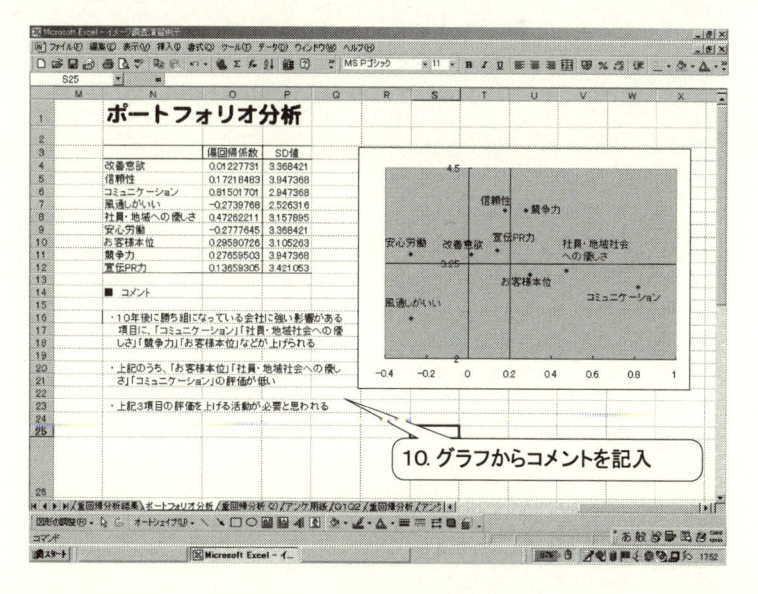

[Excelスクリーンショット：ポートフォリオ分析の完成表、グラフおよびコメント欄。10. グラフからコメントを記入]

おわりに

　本書を企画した動機は，従来のQC手法が数値データを基調としたものと言語データ基調としたものに分類され，企業における実践研究を通じて感じられた違和感にあった。企業において重要なことは，「経営課題を解決することであり，手法の峻別をすることではないはずである」との強い思いから，浅学な筆者らが集い，これも浅学な手法のパッケージをまとめることとなった。本書に与えた事例，手法適用のための解説，品質管理そのものに対する誤解があるとすれば筆者らの浅学の故ゆえであり，特に編著者のひとりである猪原の責任によるものである。読者諸氏からの叱責，読後感をうかがうことができれば今後の勉学にいかほどか役立つことと考える。読者諸氏からのご意見をこころ待ちにしています。

　なお，本書が，経営課題の解決に直面し，苦慮されている方にほんのわずかでも貢献することがあるとすれば，筆者らにとってこれ以上の喜びはない。

参考文献

1) 細谷克也(1989)：問題解決力を高めるQC的問題解決法，日科技連出版社
2) 納谷嘉信(1979)：管理者スタッフの新QC七つ道具，日本科学技術連盟
3) 小林裕(1996)：問題解決力をつける，日本経済新聞社
4) 稲崎宏治(2000)：問題解決力を鍛える，ダイヤモンド社
5) 納谷嘉信(1982)：新QC七つ道具による方針管理，日科技連出版社
6) 納谷嘉信(1991)：TQCの知恵を活かす営業活動，日科技連出版社
7) 狩野紀昭監修(1994)：課題達成型QCストーリー活用事例集，日科技連出版社
8) 狩野紀昭編著，日本科学技術連盟QHP研究会編(1997)：現状打破創造への道，日科技連出版社
9) 谷津進(1994)：現象の観察を活かした品質改善ストーリー，日本規格協会
10) 新藤久和(2000)：設計的問題解決法—TQC活性化へのアプローチ，日科技連出版社
11) 長田洋編著(2001)：TQM時代の戦略的方針管理，日科技連出版社
12) 勝見明(2002.12.4)：「仮説」と「検証」で顧客のこころを掴む 鈴木敏文の「統計心理学」，プレジデント社
13) 日経ビジネス編集部(2002)：決定版 気がつけば中国が「世界の工場」，日経BP社
14) QC手法開発部会編(1979)：管理者スタッフのための新QC七つ道具，日科技連出版社
15) 飯塚悦功監修，神田範明編(1997)：商品企画七つ道具，日科技連出版社
16) 神田範明(2000)：ヒットを生む商品企画七つ道具，日科技連出版社
17) 納谷嘉信編(1992)：おはなし新QC七つ道具，日本規格協会
18) 今里健一郎(2003.4)：標準化と品質管理「ソリューション・ツール・アラカルト」，日本規格協会
19) 神戸品質管理大会報文集「課題の設定と解決」(1994.5)，日本科学技術連盟
20) 関西電力病院 外来Cブロック あじさいサークル(2000)：「助勤技術レベルの向上 急用で看護婦が休んだ時にも業務を支障なく行うには」
21) 関西電力株式会社 神通川電力所 ホット5サークル(1995.11)：「発電機空気冷却器の洗浄工法の改善」
22) 関西電力株式会社 東海支社 電気グループ 原克也(2000)：「通信線配電柱共架「設備貸借業務」の効率化」
23) 関西電力株式会社 滋賀支店 田中正樹(1987)：「PC桁採用による専用橋工事費の低減」
24) 日産自動車株式会社 車両運動性実験グループ NP01サークル：「バキュームサーボブレーキ真空容量実験の予測型開発化への挑戦」

なお，参考文献にあげた以外にも，参考にさせていただいた書籍や論文などが多数あり，この場を借りてお礼申し上げる。

筆者紹介 (アイウエオ順)

猪原　正守
1976年東京理科大学理工学部数学科卒業。1984年大阪大学大学院基礎工学科博士課程修了。1989年大阪電気通信大学工学部経営工学科助教授。現在，大阪電気通信大学総合情報学部情報工学科教授，博士（工学）。

今里健一郎
1972年3月，福井大学工学部電気工学科卒業。1972年4月，関西電力株式会社入社，同社TQM推進グループ課長，能力開発センター主席講師を経て，2003年7月ケイ・イマジン代表。現在，ケイ・イマジン代表，追手門学院大学経済学部非常勤講師，財団法人日本規格協会嘱託，財団法人日本科学技術連盟嘱託

高木美作恵
1974年シャープ株式会社入社。海外事業本部配属。1977年商品信頼性本部 本部長秘書。1991年品質部門，CS部門，サービス部門を経て（SHARP CATS活動全社事務局），2003年現在CS・品質戦略室

西　敏明
1988年近畿大学農学部卒業。1994年大阪市立大学大学院理学研究科後期博士課程修了。現在，岡山商科大学商学部助教授，博士（理学）

山岸　優
1976年日本大学理工学部建築学科卒業。同年太陽工業株式会社入社，同社設計部，品質保証室品質管理課を経て，現在，株式会社ティー・ディー・エス 品質管理室長

経営課題改善実践マニュアル
　―魅力的な課題達成法を目指して―

　　　　　　　　　　　　　　　定価：本体2,300円（税別）

2003年12月10日　第1版第1刷発行

　編　　著　猪原正守・今里健一郎
　発 行 者　坂倉　省吾　　　　　　　　権利者との
　発 行 所　財団法人　日本規格協会　　協定により
　　　　　　　　　　　　　　　　　　　検 印 省 略
　　　　　〒107-8440　東京都港区赤坂4丁目1-24
　　　　　　　　　　電話（編集）(03) 3583-8007
　　　　　　　　　　http://www.jsa.or.jp/
　　　　　　　　　　振替　00160-2-195146
　印 刷 所　株式会社平文社
　制　　作　有限会社カイ編集舎

© M. Ihara, 2003
ISBN4-542-70143-3　　　　　　　　Printed in Japan

当会発行図書，海外規格のお求めは，下記をご利用ください．
　普及事業部カスタマーサービス課：(03) 3583-8002
　書店販売：(03) 3583-8041　　注文FAX：(03) 3583-0462